低薪的盛世

從**俸祿**窺看中國二千年
官場經濟與**腐敗人性**

張宏杰——著

目錄

第二部分

高薪未必養廉，但低薪一定腐敗：中國俸祿史的啟示

第三部分

高貴的窮人：荒誕制度下的官員真實生活狀態

自序
千年頑疾為何無良方

一

腐敗是傳統社會的頑疾，歷代皇帝為了治理腐敗，可謂絞盡了腦汁，想盡了辦法。比如鮮卑族建立的北魏，一開始非常腐敗，地方官幾乎無一不貪。北魏皇帝們反腐決心很大，措施層出不窮，很多辦法甚至非常「現代」。比如北魏太武帝建立「舉報制度」，號召天下百姓，可以跑到皇帝面前直接舉報其官長：「其令天下吏民，得舉告守令不如法者。」[1] 文成帝則要求對官員們實行「長期追責制」，雖然官員們已經任滿調離或者退休回家，如果發現有經濟問

1 《魏書》卷四上，《世祖紀上》。

題，也絕不放過：「牧守蒞民……雖歲滿去職，應計前逋，正其刑罪。」[2]北魏明元帝拓跋嗣則發明了類似今天西方國家「財產公開制度」的辦法。他專門派出一批使節到各地巡行，清查官員家裡的財產。巡行使節事先並不告知，而是突然襲擊，闖入官員家中，一項項清點財物。如果你不能證明哪些東西是合法所得，那就一律視作贓物，治以「巨額財產來源不明罪」。

看起來，北魏皇帝們的制度創新能力已經接近那個歷史時代的極致了。

但是皇帝們的百端治理整頓，幾乎毫無成效，北魏前期的腐敗程度在中國歷史上絕對名列前茅。不但沒有成效，有些措施還產生了嚴重的副作用。比如皇帝號召百姓舉報不法官員，詔令下達之後，各地倒是群起響應，不過響應的都是地方上的流氓地痞。「凡庶之凶悖者，專求牧宰之失，迫脅在位，取豪於閭閻。而長吏咸降心以待之，苟免而不恥，貪暴猶自若也」。[3]就是說，這些地方上的兇惡之徒，專門搜集地方官員的過錯，然後上門威脅，如果不給我好處，我就上報。地方官員不得不賄賂他們，回過頭加倍貪暴。皇帝的詔令，反倒成了地方黑惡勢力發財的機會。

五代十國時期，南漢皇帝劉鋹反腐方法更是出奇，為了防止官員們有私心，他選官是「閹然後用」。《新五代史·南漢世家》記載，劉鋹規定擬用官員均須先行閹割一下：「至其群臣有欲用者，皆閹然後用」。

為什麼要採取如此奇特的手段呢？劉鋹有這樣一番解釋：「自有家室，顧子孫，不能盡忠，惟宦者親近可任。」（《新五代史．南漢世家》）有家室子孫，官員們就不能做到公而無私。把他們全閹了，才能全心全意為國家服務。

雖然採取了如此「獨出心裁」的反腐奇招，但是南漢還是在劉鋹手中滅亡了。劉鋹在位期間，荒淫無度、統治昏庸，他寵愛一名波斯女子，與之淫戲於後宮，叫她「媚豬」，而自稱「蕭閑大夫」，不理政事。後來他又將政事交給女巫樊鬍子，連宰相龔澄樞和盧瓊仙都不得不依附於她。大寶十三年（北宋開寶三年，九七〇年），北宋大將潘美率軍攻打南漢，南漢官員已經全部腐化，掌兵權的全是宦官，「城牆、護城河，都裝飾為宮殿、水塘；樓船戰艦、武器盔甲，全部腐朽」。這樣的國家，怎能不亡。

到了明太祖朱元璋時期，反腐手段更是殘酷。

明太祖朱元璋是中國歷史上反腐措施最激烈的皇帝。《草木子》說，明太祖規定，地方官貪污受賄六十兩以上，就要在土地廟前剝下皮來，裡面填上草，放在官府大堂的公座邊上，以提醒下任官員不要貪污：「明祖嚴於吏治，凡守令貪污者，贓至六十兩以上者，梟首示眾，仍剝皮實草。府州縣衛之左，特立一廟，以祀土地，為剝皮之場，名曰皮場廟。官府公座旁，各懸一剝皮

2 《魏書》卷五，《高宗紀》。
3 《魏書》卷一一一，《刑罰志》。

實草之袋，使之觸目驚心。」實在令人毛骨悚然。

從洪武十八年到洪武二十八年，朱元璋幾乎無日不殺人。據說，朱元璋上朝時，如果把玉帶高高地貼在胸前，這一天殺的人就少一些；如果把玉帶低低地按在肚皮下面，這一天就大殺一批，官員們嚇得面如土色。傳說當時的京官，每天清早入朝，必與妻子訣別，到晚上平安回家便舉家慶賀，慶幸又活過了一天。

一般估計，朱元璋在反腐過程中殺掉的官吏在十萬到十五萬名之間，數量不可謂不多。由於誅戮過甚，兩浙、江西、兩廣和福建的行政官吏，從洪武元年（一三六八）到十九年（一三八六）竟沒有一個能做滿一個任期，做到一半就被罷官或者殺頭。有些衙門，因為官吏被殺的太多，已經沒有人辦公，朱元璋不得不實行「戴死罪、徒流辦事」、「戴斬、絞、徒、流刑在職」的辦法，叫判刑後的犯罪官吏，帶著鐐銬回到公堂辦公。

朱元璋還發明了透過群眾運動來反腐。他發布了針對全國民眾的《大誥》，號召底層民眾起來，造官僚階級的反。他在《大誥》中宣稱，在他的帝國之內，百姓們如果痛恨某一官吏，可以不經任何法律程式，直接闖入官府，捉拿官吏，送到他面前來審判。這在中國政治史上是從來沒有過的事情。此令一下，在通往南京的路上，經常出現一群衣衫襤褸的百姓押解著貪官污吏行走的情景。

雖然力度如此之大，然而朱元璋期望的良好吏治也沒能出現，洪武一朝貪污事件仍然層出不窮，「棄市之屍未移，新犯大辟者即」。「朝治而暮犯，暮治而晨亦如之，屍未移而人為繼踵，治癒重而犯眾多！」弄得朱元璋連聲哀歎：「似這等愚下之徒，我這般年紀大了，說得口乾了，氣不相接，也說他不醒。」[4]

而且允許百姓直接擒拿犯法吏員一舉不久就顯現了很大的的負面作用。群眾運動的火候是最難掌握的。不久，就有許多地方的地方官為了政治利益，威脅利誘百姓們保舉自己，打擊他人，更有許多地方群眾為了抗稅不交而把正常工作的稅收官員捉拿到京。這類事情遠比真正捉到的貪官要多，弄得朱元璋一個勁地嗚呼不已。在他死後，腐敗更是迅速發展，大明最終以中國歷史上最腐敗的王朝之一被列入歷史。

二

為什麼中國歷史上這些反腐措施不能取得治本之效呢？

原因很簡單，這些措施都沒有觸及到根本。

中國傳統社會的腐敗大多數時候都是一種制度性腐敗。它的產生是基於以下幾方面的原因。

4　朱元璋：《御制大誥武臣》序。

第一個原因是「權力決定一切」的社會運轉機制。

自秦朝至清末，中國歷史基本上就是一個皇權專制不斷強化的歷史。而皇權專制本身，就是最大的腐敗。

皇權專制制度的根本特徵是，皇帝不是為國家而存在，相反，國家是為皇帝而存在。用黃宗羲的話說，從秦朝開始的君主專制制度是「以天下之利盡歸於己，天下之害盡歸於人」。黑格爾則說傳統中國是「普遍的奴隸制」。只有皇帝一個人是自由的，其他的人，包括宰相，都是他的奴隸」。這句話在中國史書中得到這樣的注解：後梁宰相敬翔曾對梁末帝說：「臣雖名宰相，實朱氏老奴耳。」（《舊五代史．敬翔傳》）

這種制度安排，使天下成了君主的世襲產業：「其未得之也，荼毒天下之肝腦，離散天下之子女，以博我一人之產業，曰：『我固為子孫創業也』」，「其既得之也，敲剝天下之骨髓，離散天下之子女，以奉我一人之淫樂，曰：『此我產業之花息也』」。確實，在君主專制制度下，整個國家，就是給皇帝提供服務的莊園，全體臣民，其生存的意義都在於為皇帝奔走。換句話說，國家就是皇帝的盛筵，皇帝一家是唯一的食客，天下百官是負責上菜的服務員，而老百姓，則是餐桌上的食物。這就是所謂的「竭天下之財以自奉」、「四海之廣，足一夫之用」、「奪人之所好，取人之所爭」。這種狀況本身當然就是最大的腐敗。用黃宗羲的話說，皇權專制制度是「天下之大害」。用孟德斯鳩的話說則是：「專制政體的原則是不斷在腐化，因為這個原則性質上就是腐化的東西。」

利益如此巨大，風險當然也高。為了保證自己及後代的腐敗特權，皇帝們建立起龐大的官僚體系，試圖控制社會的方方面面，「人人而疑之，事事而制之」，甚至於「焚詩書，任法律，築長城，凡所以固位養尊者，無所不至。」這就導致權力籠罩一切。

記得我中學時讀世界歷史，課本上有一段是講西方資本主義是怎麼發展起來的，說因為歐洲的國王們很窮，打仗辦事得向商人們借錢，錢借多了還不起，結果國王們就被新興的資產階級控制，不得不制定有利於資本主義發展的政策。讀了這些之後我大惑不解：君主怎麼會被商人控制？抄了商人的家，商人的一切不就都是君主的了嗎？西方的君主怎麼那樣笨？

我的想法是典型的中國人思維方式。雖然私有制在中國起源很早，然而中國社會並沒有真正確立起「私有財產神聖不可侵犯」的概念，普天之下，莫非王土，率土之濱，莫非王臣。天下的一切，都是皇帝的。中國古代權力的起源主要依靠赤裸裸的暴力，因此「經濟基礎決定上層建築」，一定意義上而言對古代中國並不完全適用。傳統中國是一個「權力決定一切」的「超經濟強制」的社會。馬克思稱之為「行政權力支配社會」。皇帝們可以憑一己之喜怒，把國家像揉麵團一樣揉來揉去：秦始皇可以調集全國之力修陵墓、修長城，朱元璋在全國之內組織了數千萬人的大移民，甚至到了清朝康熙時代，尚可一道遷海令下，沿海三十里內，人民搬遷一空。如此巨大的行政動員能力，讓西方人驚歎不已。

傳統社會生產生活的各方面，都是在權力的直接支配之下進行。比如農業，劉澤華說：「國家通過權力系統對農業生產進行直接的監督和管理，貫穿於中國整個封建時代。……從官府集中大量耕牛、種子、生產工具在全國範圍內調配，到將幾十萬、上百萬的勞動者從東遷到西，又從西遷到東；更不必說產品徵收和轉運中組織、措施的複雜與嚴密，都體現著一種精神，即國家對於全部土地、農民、一切生產活動的主宰。農民幾乎沒有自由的獨立的自己的生產，一切都要納入符合封建國家需要的軌道。自由競爭或自由選擇的原則，在這裡完全沒有效應。」

不僅是大事由統治者決定，甚至普通百姓穿什麼樣的衣服，住多大的房子，也要由統治者具體規定。比如明朝開國之初，朱元璋就制定了一系列規章制度，對細民百姓生活的方方面面都進行了明確要求。他規定金繡、錦繡、綾羅這樣的材料只能由貴族和官員們使用。老百姓的衣料只限於四種：綢、絹、素紗、布。他還規定普通老百姓的靴子「不得裁制花樣金線裝飾。」也就是說，靴子上不得有任何裝飾。洪武二十五年，朱元璋一次微服查訪，發現有的老百姓在靴子上繡了花紋，勃然大怒，回宮後，「以民間違禁，靴巧裁花樣，嵌以金線藍條」，專門下令，嚴禁普通老百姓穿靴子。後來北方官員反映，北方冬天太冷，不穿靴子過不了冬。朱元璋遂用格外開恩，「惟北地寒苦，許用牛皮直縫靴」。就是說可以穿靴，但只許穿牛皮的，只許做成「直縫靴」這一種樣式。除了衣服之外，其他的生活起居也無不有明確的規定。比如老百姓的房子，洪武二十六年定制，不過三間，五架，不許用斗拱，飾彩色。百姓喝酒，酒盞用銀器，酒注只能用錫器，其餘的都只能用瓷器、漆器……事實上，在中國傳統時代，不存在公域與私域的區別，一切私人領域都具有政治性質，都是政治領域。一個人的生、老、病、死，衣、食、住、行，都需要由權力來規定。

而且中國皇帝對商人特別敵視。戰國時期，中國的統治者們就十分銳敏地認識到，經濟力量會威脅政權的穩定。因此中國多數朝代都對商人階層設置了歧視性規定。比如西漢「令賈人不得衣絲乘車」一樣。前秦皇帝苻堅規定「工商皂隸不得服金銀、錦繡。犯者棄市。」朱元璋則規定，在穿衣方面，商人低人一等。農民可以穿綢、紗、絹、布四種衣料。而商人卻只能穿絹、布兩種料子的衣服。即使你富可敵國，也沒權利穿綢子。商人考學、當官，都會受到種種刁難和限制。

歷代統治者都堅持「利出一孔」原則，什麼叫利出一孔，天下所有的好處，天底下所有的利益，都要從一個孔出來，那就是都要由權力這個孔出來，由皇帝來賜予。所以在傳統時代，財富不能給自己帶來安全，因為它隨時可以被權力剝奪。一定要攀附權力，才能安全。權力可以讓一個人一夜暴富，也可以讓他一夜赤貧。漢文帝寵幸為他吮瘡吸膿的黃頭郎鄧通。漢文帝病了，長了個瘡，怎麼也治不好。鄧通就為漢文帝吸膿，漢文帝很感動，特許他可以冶銅鑄錢，鄧通遂一躍而富甲天下；過幾年，漢文帝死了，漢景帝上台，厭惡這個靠拍馬屁上來的人，於是鄧通就「家財盡被沒收，寄食人家，窮困而死」。朱元璋時代一個有名的傳說是，江南首富沈萬三為了討好朱元璋，出鉅資助建了南京城牆的三分之一，孰料朱元璋見沈萬三如此富有，深恐其「富可敵國」，欲殺之，經馬皇后勸諫，才找了個藉口流放雲南。沈萬三終客死雲南，財產都被朱元璋收歸國有。這個傳說雖然被歷史學家證明為杜撰，卻十分傳神地表現了朱元璋時代富人財富的朝不保夕。在古代中國，「政治地位高於一切，政治權力高於一切，政治力量可以向一切社會生活領域擴張。」確實，如果說西方資本主義社會是金錢萬能；那麼中國傳統社會則是權力萬能。

因為權力支配一切，所以通過權力，很容易獲得巨額財富。所以在傳統社會，人們商品經濟意識不發達，對純粹的商業經營、經濟投資興趣不大，而對政治冒險、政治投機、權力經營十分投入。戰國時期的大商人呂不韋是中國式權力投資學的開創者。他說，耕田之利不過十倍，珠寶之利不過百倍，而政治投資贏利無數。後來他果然也透過擁立子楚為秦國國君而拜相封侯，一下子家僮萬人，食洛陽十萬戶。在古代中國，要想致富並且保持財富，只有通過做官：「三代以下，未有不仕而能富者。」

這是古代中國制度性腐敗的第一個基礎：權力支配一切。

第二個基礎則是權力不受約束。

中國古代傳統社會歷來講究人治，因此權力運用表現出極大的任意性。憑武力奪取天下的中國皇帝，可以對天下一切人隨意「生之、任之、富之、貧之、貴之、賤之」。而各地官員則是各地的「土皇帝」，在自己的地盤上，一手遮天，說一不二，獨斷專行。他們對上只對皇帝一個人負責，對下則永遠英明，永遠正確，永遠受到逢迎，下屬們除仰自己之鼻息外，別無他法。因此他們也很容易作威作福，專擅恣肆。康熙年間的工部右侍郎田六善曾這樣說：「今日官至督撫，居莫敢誰何之勢，自非大賢，鮮不縱恣。」[5]

雖然中國歷代王朝為了約束權力也進行了一些制度設計，但是因為相信「人性本善」，相信教化的作用，相信「有治人無治法」，所以實際上這些制度發揮的作用很小。

雖然中國古代王朝通常都很重視監督機制建設，御史台、都察院在歷代都是朝廷重要的衙門，但幾乎每一個王朝，監察系統發揮的作用都非常有限，甚至根本就是空轉。比如清代幾乎所有的貪污大案，都並非監察制度監察到的，而是一些非常偶然的因素或者是政治原因引發的。最典型的是清代最大一起貪污案王亶望案，涉及甘肅省官員二百餘人，其中布政使以下縣、令以上官員一一三人，形成了一個有組織的貪腐集團，捐糧案前有預謀有計畫、案中有分工有組織有步驟，案後有攻守同盟。這樣一個涉及全省的巨案，不但在甘肅是公開的祕密，在全國也為許多人所知。但是七年之內居然無一人舉報告發，最終還是貪污者自我暴露。

之所以出現這樣的結果，是因為監察機構只是皇權的附屬，並不能監督皇權。皇權不能分割，傳統監察制度本是為強化皇權而設的。在傳統社會，皇帝的權力從本質上講是不受制約的。

5《二十六史精粹今譯續編》，人民日報出版社（一九九二），頁一六五三。

意志強悍的皇帝很容易就可以繞開制度、更改法律，以一人之意志而為高下，甚至法外施情，以情代法。比如明代成化、嘉靖皇帝喜歡方術，很多術士只憑一紙符籙，便可官運亨通。到了一個王朝的中後期，皇帝往往帶頭腐敗，監察系統就完全失去作用。對於諫官來說，諫諍不合聖意，輕則遭貶，重則喪命。這樣的例子歷史上比比皆是。比如永樂年間刑科給事中陳愕「嘗言事忤旨，命坎瘞奉天門，露其首」，下場非常悲慘。

西方現代的反腐機構雖然大多直屬政府首腦，不能直接監督政府首腦，但是政府首腦往往會受到司法系統、議會系統及新聞輿論的有力監督。因此監察機制從理論上來說是無死角的。但是政治分工、權力制衡的觀念都是近代以來的產物。古代皇權是不可分割的，也不能讓渡，所以傳統社會不可能對皇權進行有效監督和制衡。

另外，中國傳統的權力制約機制是封閉的，它排除外來力量的參與，特別是拒絕引入民間的監督力量，因此是一種體制內的自體監督，效力自然非常有限。所有官員都處於同一權力體系之內，受到「官大一級壓死人」這個同樣的遊戲規則的左右，監察官員打「大老虎」，隨時可能為其反噬。所以傳統時代，大多數時候監察官員只能「打打蒼蠅」。萬曆年間，左副都御史丘舜曾經說：「（官場）貪墨成風，生民塗炭，而所劾罷者大都單寒軟弱之流」。[67]

此外，監察官員和其他官員一樣，也受利益最大化原則支配。當他們發現巴結權貴有利於自己時，就會輕易將手中的監察權力作為向權貴們討價還價的資本。所以，在歷史上很多時期，監督者與被監督者很容易貓鼠一窩，在竊取「天家」利益的時候，結成同盟。歷代王朝後期，隨著官僚體系的腐敗，監察系統也會高度腐敗。

明代言官的權力非常巨大，特別是「風聞言事」的特權讓他們擁有非同尋常的殺傷力。這並沒有導致明朝官場風紀特別嚴明，反而導致了明代後期言官系統的腐敗特別嚴重。因為手中握有的監督和考察官員的權力，所以他們公然索賄，買官賣官。明代後期人稱科道監察官員為「抹布」，「言其只要他人淨，不顧己污也。」監察系統腐敗的結果是這個系統完全失去作用。比如崇禎年間，都察院考核地方官吏，已經完全流於形式，拘私情，通關節，結果全是「稱職」，真是滑天下之大稽。

第三，低薪制導致腐敗的惡化。

在中國歷史上，薄俸制是主旋律。漢桓帝時的名臣朱穆，長期任中高級官員，「祿仕數十年，蔬食布衣，家無餘財」。東漢著名學者政論家崔寔，曾經在多地擔任太守，「歷位邊郡，而愈貧薄。建寧中病卒，家徒四壁立，無以殯斂」。東漢那些級別低的官吏，不但不能養活妻室兒女，甚至連冬夏衣被也買不起。比如東漢明帝時，河內欒松「家貧為郎，（尚書郎）常獨直台

---

6 《明臣奏議》卷三十，《陳吏治積弊八事疏》。

7 桓譚：《新論》，轉引自《太平御覽》。

上，無被，枕杜，食糟糠。」杜是指放在枉礎上面的板子。無獨有偶，《京兆舊事》載，「長安孫晨，家貧，為郡功曹，十日一炊，無被，有蒿一束，暮臥其中，旦則收之。」簡直如同叫花子一般。

某些王朝比如宋代對中高級官員局部實行了高薪養廉，但是對廣大低級官吏一直是薄俸制，因此從總體上說，宋代也是一個低薪制的朝代。宋代許多中低級官員的生活也是十分緊張的。宋朝時有人抱怨說：「閒曹奔走徒雲仕，薄俸沾濡不逮親。」更有打油詩說：「平江（治今江蘇蘇州）九百一斤羊，俸薄如何敢買嘗。只把魚蝦充兩膳，肚皮今作小池塘。」宋真宗時，張逸「（知）青神縣，貧不自給，（王）嗣宗假奉半年使辦裝。」低級官員甚至有貧至生不足養、死不得葬者。如「觀察推官柳某死，貧不能歸，乳媪挾二子行丐於市。」流落成了乞丐。

傳統社會的低薪制，到底低到什麼程度，離滿足基本生活相差多少？我在《給曾國藩算算帳》一書中專門透過曾國藩等人的例子中分析，曾國藩在做翰林院檢討時，年收入為一百二十九兩左右，年支出為六百〇八兩左右。赤字四百八十兩左右，需要自己想辦法彌補。這是當時京官的常態。

不僅大部分王朝都採取薄俸制，有的王朝甚至還採取無俸制，不給官員開工資。比如北魏王朝和元王朝早期。

遊牧民族建立的王朝，一般都以戰爭搶掠為生，所以立國之初，北魏人根本不知道什麼是俸祿。當時北魏文武百官的生活來源，主要靠朝廷賞賜的戰利品。但是獲得賞賜最多的當然是隨軍出征的將士及文武官員，留守的官員所獲甚少，甚至根本撈不到賞賜。比如北魏名臣高允在任中樞機要官員中書侍郎時，「時百官無祿，允常使諸子樵采自給」，「家貧布衣，妻子不立」，其家「惟草屋數間，布被縕袍，廚中鹽菜而已。」[8]出任機要，而家貧如此，可見北魏官員待遇水準是何等不公平。

在這種情況下，大部分留守文職官員和地方官員的主要收入就靠貪污受賄、「刮地皮」。史載當時無祿之官，「率是貪污之人」，「少能以廉白自立」，以至百姓視他們為「饑鷹餓虎」。北魏太武帝時，公孫軌出任虎牢鎮將，「其初來，單馬執鞭；返去，從者百兩（輛），載物而南」，[9]百姓登山怒罵相送。

北魏前期的皇帝們在反腐上可謂機關算盡，但是他們沒有意識到沒有俸祿制度是一個根本制度缺陷。直到孝文帝時期，北魏君主才想通一個簡單的道理：不給百官發俸祿，不可能達到地方吏治的清明。因此才開始制定俸祿制度。孝文帝結束了北魏一百多年無俸的歷史，然後再厲行懲貪，取得了明顯的效果，並且為他的漢化改革創造了良好的制度條件。

---

8 《魏書》卷四八，《高允傳》。

9 《魏書》卷三三，《公孫表傳公孫軌附傳》。

朱元璋反腐未能治本，也有俸祿制度方面的原因。在中國歷朝歷代皇帝中，朱元璋對官員們是最小氣的。朱元璋制定的俸祿水準是中國歷史上最低的，史家因有「明官俸最薄」之說。我們以縣令收入為例。明代正七品縣令月俸只有七石五斗。那時的官員，並不享受國家提供的福利待遇，不但不享受別墅、小車、年終獎金，也沒有地方報銷吃喝費。用七石五斗糧食養活一個大家庭甚至家族，這個縣令的生活只能是普通市民水準。而且明代對於官員辦公費用不予考慮，師爺、帳房、跟隨、門房和稿簽等手下均需要縣令來養活。作為縣令，還要在官場上迎來送往、交際應酬，這就給官員們造成了巨大的經濟壓力。

這種低薪製造成兩種結果。一個結果是奉公守法的官員，生活極為清苦。

比如洪武朝弘文館學士羅復仁性格質直，經常在朱元璋面前率直發言，因此朱元璋稱他為「老實羅」，但對這個到底是真老實還是假老實還是有所懷疑，因此有一天便服到羅復仁家去私訪，恰逢羅復仁正站在一張折了一條腿的木梯上填補一塊剝落的粉壁。朱元璋不覺感慨，說：「老實羅確實老實，是清廉之員，不用再修房子了，朕賞你一套新住宅。」於是賜給他城中府第。[10]

最為極端的例子是洪武朝官至正三品的通政使曾秉正，去職時竟「貧不能歸」，實在沒有辦法，「鬻其四歲女」，充作路費。朱元璋一聽，不僅沒反省自己的低薪政策，反而勃然大怒，「帝聞（曾賣女一事）大怒，置腐刑，不知所終。」（《明史．曾秉正傳》）

翻開明史，這類清官生活困苦甚至饑寒的例子，隨手可見。

另一個結果是大部分官員不得不想「歪門邪道」彌補自己的虧空。貪污腐敗當然就不可避免。

低薪薄俸為朝廷節省了大量的財政支出，也有利於培育出一批清官楷模。但與此同時，薄俸制也有著巨大的危害：它容易誘發腐敗，並導致腐敗的普遍化。權力籠罩一切，權力不受約束。與此同時，官員們卻又只能拿到低極的甚至不能滿足基本生活需要的薪水。這就形成了「渴馬守水，餓犬護肉」的局面：讓一條饑餓的狗去看著一塊肥肉，那麼無論你怎麼打它，罵它，教育它，牠也還是要偷吃，因為不偷吃牠就活不下去。

西方學者保羅·戴維斯（Paul Davis）等人構建了相對剝奪理論。當人們感到相似的投入沒有得到相同報酬時，相對剝奪感就可能產生。剝奪感受的積累會引致行為失當，因此也為個人的腐敗提供了藉口。企業員工自感「相對剝奪」、士氣很差的企業，腐敗程度往往較高。

在生活艱辛之際，選擇做清官的畢竟只是少數，大多數人不可避免地把手伸向灰色收入，導致第一次「失身」。而腐敗這件事，如同吸毒或者性行為一樣，有了第一次，就很容易有第二

10《明史·羅復仁傳》：羅復仁，嘗操南音。帝顧喜其質直，呼為「老實羅」而不名。間幸其舍，負郭窮巷，複仁方堊壁，急呼其妻抱杌以坐帝。帝曰：「賢士豈宜居此。」遂賜第城中。

次。因為你貪一次也是貪，貪兩次也是貪。很少有人說，我一生就收過一次錢。所以低薪制很容易誘發腐敗，並導致腐敗的蔓延。明清兩代是中國歷史上薪俸最低的兩個朝代，這兩個朝代後期的腐敗程度之深，面積之廣，在中國歷史上也是登峰造極。這兩者之間，並非只是一種巧合。

在低薪制或者無薪制下，人們想當公務員，動機絕大多數都是不純的。傳統中國的流行話語是「當官發財」，「千里做官只為財」。這些人一旦進入官場，就如同惡虎撲食，給國家和社會造成的危害極大。

腐敗的危害是巨大的，它會導致官僚體制失效，統治效率低下，嚴重危及政治穩定，甚至導致國家政權的傾覆。提高官吏俸祿從表面上看會增加百姓負擔，但是這其實遠比官員毫無節制地盤剝百姓給民眾造成的痛苦要輕。

這個道理，統治者並不是不懂。我們看中國歷史上，關於廉政與俸祿之間關係闡述得已經非常充分了。早在先秦，管子曾經說過：「倉廩實則知禮節，衣食足則知榮辱。」漢宣帝、唐玄宗、宋太祖等很多皇帝都指出低薪注定導致貪腐。崔寔和白居易等大臣都曾經專門論證過合理的俸祿水準是廉政建設的基石，比如白居易曾這樣詳盡地分析：「臣聞為國者皆患吏之貪，而不知去貪之道也；皆欲吏之清，而不知致清之由也。臣以為去貪致清者，在乎厚其祿、均其俸而已。夫衣食闕於家，雖嚴父慈母，不能制其子，況君長能檢其臣吏乎？凍餒切於身，雖巢由夷齊，不能固其節，況凡人能守其清白乎？臣伏見今之官吏，所以未盡貞廉者，由俸不均而祿不足也。厚其祿，均其俸，使天下之吏溫飽充於內，清廉形於外，然後樂之自止，糾之以形。」

道理如此清楚，那麼為什麼在中國歷史上絕大多數時期，統治者還是堅持要實行低薪制呢？

低薪制的第一個原因：官僚系統的不斷擴張，導致財政無力負擔。

中國歷史上有一個鮮明的規律，那就是歷代官吏數量呈不斷擴張趨勢。明代劉體健稱「歷代官數，漢七千八百員，唐萬八千員，宋極冗至三萬四千員。」到了明代，文武官員共十二萬餘人。

另一個特點是每一個王朝建立之初，官吏數量比較精簡。但是隨著時間的發展，無不成倍增長。

比如唐代，初唐時釐定的京官定員只有六四〇人。到了玄宗開元末期，京官人數達到二、六二〇人，外官人數則達到一六、一八五人。

宋朝草創之初，內外官員不過才五千人；到了景德年間（一〇〇四—一〇〇七），已達一萬多人；而皇佑年間（一〇四五—一〇五四），更增加到兩萬多人。南宋只有半壁江山，但是慶元年間內外官員竟達四萬餘人。這是指官員。至於吏人數量，更是驚人，宋真宗一次就裁汰冗吏十九萬餘人。

明代也是這樣。世宗嘉靖年間，劉體健上疏指出，明初洪武四年，天下文職官吏數目不過「五千四百八十員」，武職官數在國初也不過為二萬八千員。「自憲宗五年，武職已逾八萬，全文武官數蓋十餘萬。至武宗正德年間，文官二萬四千六百八十三員，武官十萬。」

中國傳統社會經濟結構非常單一，傳統賦稅又主要只有農業稅一途，官吏數量過於龐大，使得俸祿成為財政支出的第一大項。西漢末年，國家賦稅收入「一歲為四十餘萬石，吏俸用其半」，官員俸祿支出占國家財政收入的一半。唐代中後期，「計天下財賦耗轉之大者，唯二事焉，最多者兵資，次多者官俸。其餘雜費，十不當二事之一」。國家財政支出，第一大項是軍費，第二大項就是官俸。南宋初期，「百官有司之費，十去五六」。明代「國家經費，莫大於祿餉」。所以支付官俸成為財政上一大難題，為了節省開支，薄俸制就成為大多數時候不得已的選擇。

那麼由此又引出了另一個問題：官僚系統為什麼會不斷擴張？

這裡有三方面的原因。

第一個原因，是官僚體系的存在雖然是為皇權服務的，但是一旦出現，它本身就成為一個獨立的利益集團，具有自我保護、自我繁殖的特點。按照公共選擇學派理論，官僚機構本身是一個壟斷組織，它壟斷了公共物品的供給，缺少競爭機制；同時公共物品的估價存在著困難，政府管理活動的輸入、輸出都是不可觀察的。基於這些特點，官僚機構總是傾向於盡一切可能實現權力尋租，傾向於機構不斷擴張，表現在官員數量上只能增不能減，既得利益只能增加不能減少，行政效率不斷降低。

事實上，中國歷史上搞了多次公務員減員增效改革，然而總的趨勢卻是愈裁愈多。大多數時候，減員改革都失敗了。比如宋代「景祐三年正月，詔御史中丞杜衍沙汰三司吏。吏疑衍建言。已亥，三司吏五百餘人詣宰相第喧嘩，又詣衍第詬詈，亂擲瓦礫。」也就是說，當時皇帝命御史中丞杜衍負責裁減三司吏員。這些吏員懷疑這事是杜衍向皇帝建議的，十分憤怒，五百多個吏員集體跑到宰相府去鬧事，然後又跑到杜衍家門口破口大罵，亂扔瓦塊石頭，進行抗議。這一事件發生後，朝廷雖「捕後行三人，杖脊配沙門島」，但「沙汰」之舉也被迫「因罷」。再比如清代戊戌變法期間，光緒皇帝大規模減撤冗員，成為保守派官員強烈反擊的起點，不幾日變法即遭失敗。

第二個原因，官僚系統的不斷擴張，也是皇權專制制度不斷強化的結果。官僚系統是君主專制的工具，官權是皇權的延伸，君主專制不斷完善，注定官僚系統也不斷延伸膨脹。

秦漢以後，中央集權不斷發展強化。每一次集權強化，就意味著國家權力不斷延伸，造成官僚隊伍的不斷發展壯大。

君主專制制度強化表現出兩個方向，一個方向是皇權不斷向下延伸，比如朱元璋強化里甲制度。古代社會發展的一個特點是民間組織民間自治不斷被打壓，所有事務都要由官僚體系來把持。所以國家權力不斷向基層擴張。

另一個方向是隨著君主專制的發展，官員權力被不斷分割，以期官員相互制衡，弱化他們對皇權的挑戰。由此造成一官多職，官僚隊伍進一步擴張。比如宋代為了防止地方割據，不斷增設機構、分化事權，「昔經一官治之者，今析之四五；昔以一吏主之者，今增而為六七」。比如漢代初期的地方行政制度只有郡、縣兩級，唐代地方行政也只有州府和縣兩級；宋太宗至道三年（九九七），在州府上面又加了一級政權叫「路」，設置了四個行政長官即帥（安撫使）、漕（轉運使）、憲（按察使）、倉（常平使），分別掌管軍事、財政、司法、救濟等要務，且四個長官互不隸屬。州縣從過去只承奉一個頂頭上司，而現在得應付四個頂頭上司衙門。

歷代裁減官吏數量的努力之所以失敗，也與官權是皇權的代表這一因素有關。皇帝裁撤官吏數量，就意味著要減政放權，放鬆對社會的控制，這是皇帝所不願意看到的。因為官僚權力受到約束之後，皇權也會相應萎縮。皇帝為了自己能更有力地控制社會，不得不依賴官僚集團，也就無法從根本上過度觸動他們的利益。

第三個原因，古代社會還有以官位酬勞臣子的傳統。比如魏晉南北朝時期，南朝官吏眾多，所以皇帝不得不多立郡縣，安排這些官員。「一郡分為四五，一縣割成兩三」，還有的二郡共一縣，有的郡下竟無縣。宋代為了保持政治穩定，透過科舉制度，把民間菁英吸收到文官隊伍中來。同時為了保證官員的忠誠，還濫行恩蔭制度，蔭補太亂，以至「一人入仕，則子孫、宗族，俱可得官，大者並可及於門客、醫士」。這樣都導致冗官的出現。最終結果是「民少官多，十羊九牧」。

低薪制的第二個原因：皇權專制的自私短視本性。

我們說過，皇權專制本身是一項極不合理的制度安排，它的設計原理是千方百計保證君主的利益，損害其他社會階層的利益，這其中就包括官僚階層的利益。

第一個表現是想方設法壓低官員俸祿。在君主專制制度下，皇帝好比一個公司的老總，百官好比員工。壓低員工工資，保證自己的利潤，對老闆來說是一種本能的偏好。而且一遇到財政困難，皇帝們首先想到的都是削減甚至停發百官工資。

第二個表現是在中央與地方關係中，不斷向中央傾斜。君主專制制度的發展，使得財政體制也朝高度集中發展，財政安排上對中央財政考慮得愈來愈多。本來唐代後期「兩稅法」實行後，上繳中央的租稅為三分之一，留給地方的是三分之二，這個比例是比較合理的。但是到了元代，每年地方上供中央的歲鈔數占全國歲鈔總數的七〇％，各省留用的僅占三〇％。（《元史》卷二十二《武宗本紀一》記載：大德十一年，「常賦歲鈔四百萬錠，各省備用之外，入京師者二百八十萬錠」。）到了清代，起運（解送到中央的錢糧賦稅）占八八％左右，存留（留給地方支配的錢糧賦稅）僅占十二％左右。這種不斷向中央傾斜，就導致地方政府經費無著，只能另闢管道搜刮百姓。

皇帝自私短視的第三個表現，是高級官員收入往往比較容易得到保障，而廣大基層官吏的工資通常很低。這是因為從皇帝的視角來看，他接觸到的主要是中高級官員，聽到的主要是他們的呼聲。所以皇帝的賞賜，大多賞給了與自己有直接接觸的中高級官員。每逢調整俸祿標準的時候，由於主導權掌握在高級官員和皇帝手中，所以首先選擇的是解決中高級官員的生活問題。因此歷代俸祿改革，結果通常都是中高級官員俸祿不斷增長，低層官吏的生活缺乏考慮。

低薪制的第三個原因：制度惰性。

一般來講，一個王朝剛剛建立之時，經濟水準包括物價都比較低，實行低薪制有某種程度的情有可原。但問題是，隨著社會的穩定經濟的發展，應該及時調整薪酬水準，但是皇帝們往往以「祖制」為由，拒不調整。

瞿同祖引用H．B．莫爾斯（H. B. Morse）的話指出，中國的規費制度並不是獨有的，類似的慣例在歐美也有過。但是歐美國家後來以現代財政制度取代中世紀水準的陋規制度，但是在中國陋規一直原原本本地保持到了清末，朝廷一直未認真的革除它。

因為革除陋規涉及到根本性、大規模的財政改革，要把各種辦公經費全部列入政府預算，政府也相應地提高稅率。但是清代皇帝，以康熙為代表，都迷戀「輕賦薄稅」的美名，把「盛世滋丁，永不加賦」作為自己的政績，不肯下功夫對財政稅收體系進行理性分析和合理設計。只有雍正皇帝做了一定程度的突破，進行了養廉銀改革。其實清代的絕大多數陋規，都可以用正式的稅收來取代，讓這些收費曬在陽光下，一方面可以解決政府實際支出困難，另一方面也可以減少對百姓的壓榨。但統治者拒絕做出必要的調整，其結果只是富了官吏，窮了百姓，禍害了地方，也敗壞了王朝的統治秩序。

瞿同祖精闢地指出：「中國這種緊張（即官民之間、官吏及其上司之間等）沒有導致顯著的變革，一個決定性因素就是，所有這些（既得利益）集團，都在現行體制下獲得了最大的回報，唯一例外的是普通百姓。因此，儘管會有緊張（衝突），他們沒有興趣去改變現狀。」

總而言之，低薪制甚至無薪制，原因是基於以皇權為核心的傳統財政制度的自私性與短視性。從皇帝的視角看來，採取「薄俸制」和「低餉制」既省心省力，又為國家節省了大量財政經費。但事實上，都是典型的掩耳盜鈴之舉，對最高統治者來說，同樣是「占小便宜吃大虧」。因為大部分官員會選擇謀取灰色收入，最後給國家造成的損失比開足工資要大得多。

實行低薪制的王朝都有一個特點，統治者迷信思想政治工作。他們認為，官員腐敗與吏員貪婪似乎只與道德有關。

對於俸祿問題，歷史上一直持續著「義」派與「利」派的不停爭論，也就是說，一派是堅持「高薪養廉」，另一派則堅持「以德養廉」，宣傳自我奉獻精神。

「以德養廉」派由於其實施上的低成本，所以歷來被統治者所提倡。

比如康熙年間，面對「俸薄祿微、廉吏難支」的情況，康熙大力提倡理學，表彰清官。他希望官員們以「存理遏欲」為思想武器，保持廉潔。他反復說：「大凡人衣食可以自足，便宜知足，理應潔己守分」，「潔己操躬臣子之義，悖入悖出，古訓所戒，子產象齒焚身之論最為深切著明，當官者宜銘諸座右」。

應該說，這種思路在中國傳統社會中一直很有市場，也是低薪制得以存在的重要思想基礎。比如嘉慶時的兩江總督孫庭玉就大義凜然地說，俸祿水準與廉政毫無關係：「人之貪廉，有天性。貪者，雖加俸而亦貪；廉者，不加俸而亦足。」也就是說，思想政治工作是廉政建設唯一的可靠保證。實際上把問題歸於道德，並不是在解決問題，而是在回避問題的根源。

三

歷史是連續的，反腐必須向歷史汲取經驗和教訓。今天的中國社會，在器物層面上已經與傳統社會面目全非，但是社會運轉的基盤，仍然保持著強大的慣性。特別是貪腐現象及其背後的規律，與歷史上很多時期有很多相同或者相似之處。看清歷史，有助於我們找到治理這個千年頑疾的良方。

第一部分

最壞的結局，最好的樣本：清王朝的腐敗與反腐敗

清朝的皇帝們，希望透過根除腐敗來消除滿漢種族矛盾造成的合法性危機。遺憾的是，最有能力和聲望的康熙，在腐敗面前望而卻步，甚至縱容了制度性腐敗。雍正的養廉銀改革，因後繼者改革精神的缺失而夭折。赫德在中國海關參照西方的制度反腐取得成功，但在大廈已傾的晚清，也只是一時一域的個例。

第一章 大清王朝唯一不貪腐的衙門

制定制度和執行制度是兩回事。和大清帝國的許多制度一樣，這些看上去科學合理的規定大部分沒有從紙上走下來，或者走下來不久就變了樣子。如果制度上不能有為，那只能抓貪官來洩憤。所以當皇帝興致一來想要反腐時，那些最有油水的部門官員就成了一個高危險職業。

稅收猶如國家經濟的血液，清政府在瀕死的邊緣，因赫德的改革，獲得了海關稅收大量增加所帶來的新鮮血液，讓清朝又苟延了幾十年的壽命。

一

晚清中國官場極度腐敗，幾乎無官不貪，無衙不腐。不過，有一個例外，那就是海關。

本來，海關是清代最腐敗的衙門，在大清帝國誰都知道，當上幾年海關監督，撈的錢幾輩子都花不完。但是，到了晚清，中國海關卻一躍成為著名的廉潔機構，從一八六一年到一九〇八年，海關近乎杜絕了腐敗，成為當時中國政府唯一一塊淨土，甚至被認為是「世界行政管理史上的奇跡之一」。[1]

那麼，這個「奇跡」是怎麼創造的呢？我們還是要先從清代海關建立之初談起。

二

康熙二十四年（一六八五），大清王朝在平定台灣後重開海禁。幾年之後，英國東印度公司的一艘商船來到廣州，他們早就盼望著與大清帝國正式展開貿易的那一天。但是一到海關，英國人就在關稅問題上陷入了麻煩。

據當時中國官方公布的文件，外國船隻到了港口，要根據船隻大小交納「船鈔」，大船交納

一、二〇〇兩，中船九六〇兩，小船三四〇兩。

英國人請中國海關官員上船。按照規定，判斷一條船的大小等級，應該測量前桅到後桅之間的距離。但是不知道為什麼，這位海關官員卻執意要量從船首到船尾的長度，要是這麼量，即便是一艘小船，也會被他量成大船。英國商人不知道怎麼辦好，只好去請教其他國家的商人。有經驗的人告訴他，你得來點「小費」。

英國人塞了一些銀元給海關官員，此人這才按規定去量桅距。量完了，又出現了新問題：英國船隻被確認為一條大船，按理須交納一、二〇〇兩。但是中國海關官員要價二四八四兩。英國人認為這明顯不合理，據理力爭，經過多次討價還價，中方官員遂宣布減為一、五〇〇兩，其中一、二〇〇兩是國家規定的船鈔，另外三〇〇兩是「活動經費」。[2]

一六八七年，兩艘英國商船「倫敦號」和「武斯特號」在廈門港遇到的情況同樣離譜。他們也經歷了不合理的丈量方式，同樣送上了小費，海關官員開口一條大船要價二、〇六五兩，一條中等船隻要價一、四七五兩。經過一個月討價還價，中方宣布，船鈔減為一、一一一兩（九〇〇兩是船鈔和附加費，二一一兩是「活動經費」）和五九三兩（四八〇兩是船鈔和附加費，一一三

---

1 王宏斌：《赫德爵士傳》，文化藝術出版社（二〇一二），頁一。

2 〔美〕馬士（Hosea Ballou Morse）：《中華帝國對外關係史》第一卷，三聯書店（一九五七），頁五十八。

兩是活動經費）。[3]

這就是清代海關腐敗的第一個表現：關稅不透明，需要討價還價。和中國海關第一次打交道，就把英國人弄得頭昏腦漲。英國人後來說，清代海關官員從來不對外商公布關稅實際稅率。「海關稅收遠遠高於法定的稅率，並且直到鴉片戰爭時，外國人一直不知道中國的稅則規定。他們多次索看，均被擋回。」[4]

其實大清帝國海關關稅是有明確稅率的，而且與當時很多國家相比，稅率很低。因為中國皇帝們都很大方，考慮問題總是習慣於登高望遠，從大局出發。所謂「天朝嘉惠海隅，並不以區區商稅為重」。[5]（《粵海關志》）他們認為不妨給外國人多點好處，以「懷柔遠人」，有利於政治穩定。所以秉著「輕徭薄賦」、「有裨民生饒裕，百物流通」的宗旨，中國官方宣布的平均關稅率在四%左右，這比當時號稱實行自由稅率的法國還要低。

但問題是，天朝的事，往往紙上的規定與現實一點關係都沒有。現實當中，國家正式關稅之外，還有說不清道不明的種種「陋規」。

根據尤拔世《粵海關改正歸公規例冊》記載，雍正年間到廣州經商的洋船，每條船送給粵海關衙門的陋規多達六十八種名目，總計一、九五〇兩白銀。

乾隆二十四年（一六八五）九月初四日，奉旨查辦廣州海關的新柱，在奏摺中向皇帝列舉了粵海關對外商收的種種「陋規」。外商船舶到達中國後，要想上岸，要交納以下禮金給各級官員：

丈量洋船收火足雇船銀三十二兩；

官禮銀六百兩（法蘭西加一百兩，蘇喇減一百兩）；

通事禮銀一百兩；

管事家人丈量開艙禮銀四十八兩，小包四兩；

庫房規禮銀一百二十兩，貼寫十兩，小包四兩；

稿房規禮銀一百一十二兩，掌按貼寫四兩，小包二兩八錢（內八錢掌按小包）；

單房規禮銀二十四兩，貼寫二兩，小包一兩；

船房丈量規禮銀二十四兩，小包一兩。

總巡館丈量樓梯銀六錢，又規銀一兩；

東炮台口收銀二兩八錢八分，小包七錢二分；

西炮台口收銀二兩八錢八分，小包七錢二分；

黃埔口收銀五兩，小包七錢二分；

---

3 〔美〕馬士：《東印度公司對華貿易編年史（一六三五—一八三四年）》第一、二卷，中山大學出版社（一九九一），頁六三。

4 顧衛民：〈廣州通商制度與鴉片戰爭〉，《歷史研究》（一九八九），第一期。

5 國學文庫編：《粵海關志》第八冊，《夷商、雜識》，文殿閣書莊，頁四八。

虎門口收銀五兩，小包一兩三錢二分；

押船家人銀八兩；

四班頭役銀八兩三錢二分

庫房照鈔銀每兩收銀一錢；

算房照鈔銀每兩收銀二分。

在中國採購貨物，想要離港，要交納：

管事家人收驗艙放關禮銀四十八兩，小包四兩；

庫房收禮銀一百二十兩，貼寫二十四兩，小包四兩；

稿房收禮銀一百一十二兩，貼寫二十四小兩，小包二兩；

稿房收領牌銀一兩，小包二錢；

承發房收禮銀四十兩，小包一兩四錢四分；

單房收禮銀二十四兩，貼寫八兩，小包一兩；

船房收禮銀二十四兩，貼寫八兩，小包一兩；

票房收禮銀二十四兩，貼寫六兩，小包一兩；

算房收禮銀一兩，小包五錢；
東房收禮銀十六兩，貼寫一兩五錢，小包七錢二分；
簽押官收禮銀四兩，小包二錢；
押船家人收銀八兩；
總巡館水手收銀一兩；
虎門口收銀五兩，小包一兩三錢二分；
東炮台口收銀二兩八錢八分，小包七錢二分；
西炮台口收銀二兩八錢八分，小包七錢二分；
黃埔口收銀五兩，小包七錢二分。[6]

這些還只是可以讓皇帝基本掌握並且默許的「半公開化」陋規，除此之外，還有很多見不得光的巧立名目和苛刻勒索。

6 中國第一歷史檔案館藏：《軍機處清單》，乾隆二十四年八月十九日，《欽差大臣新柱恭呈粵海關徵收洋船進口出口規禮銀清單》，轉引自張曉堂：《清朝對外貿易法制研究：十七世紀中葉到十九世紀中葉》，對外經濟貿易大學出版社（二〇一一），頁一一〇。

加上這些陋規，也就是外國人口中所說的「賄賂」，中國的關稅水準就從字面上的四%，一下子變成了二〇%。具體到每一項進出口貨物，實際徵收的關稅比國家規定的要高很多。我們以中國最大宗的出口貨物茶葉為例，國家規定稅率為每擔〇．一五兩，但是算來算去，中國海關實際徵收的是二．五兩，約是國家規定的十七倍。此外，也是出口大宗商品的蠶絲每擔規定稅率為一兩，實際上徵收至少為十五兩，是規定的十五倍。[7]

三

清朝一開始設有四個海關，亦即實行四口通商。後來乾隆皇帝感覺多口通商不易管理，於是從乾隆二十二年起實行廣州一口通商，也就是把所有的海外貿易都集中到廣州這一個港口。粵海關也就是廣東海關因此成為實際的總海關。

大清帝國在中國古代王朝中算是一個講究「精細化管理」的王朝，所以對於各個稅關包括海關管理，有著嚴格而明確的制度規定。這些制度僅從文字來看，其實挺科學合理的。

首先，徵稅規則透明化。清政府規定，各關稅率不但要公布，而且要刻在木榜上，立於路邊，讓每個過往商人都能看到。除此之外，還要印刷成小冊子，並且定價極低，每本只賣二分銀子，目的是讓每個商人都可以買到：「各關徵稅科則，責令該管官詳刻木榜，豎立關口街市。並責令地方官將稅則刊刷小本，每本作價二分，聽行戶領發遵照。倘該管官將應刊木榜不行設立或書寫小字懸於僻處，掩以他紙希圖高下其手者，該督撫查參治罪。地方官將應刊稅則不行詳校，致有舛漏或更扶同徇隱者，並予嚴參。」[8]規則的制定者很用心，考慮到兩種需要防範的情況：如果木榜故意立到隱僻之處不讓別人看到，或者小本子印刷錯誤故意誤導上稅者，都要嚴厲懲處。

第二，大清關稅徵收實行「商人親輸」的方法，上稅時要現場出具收據，以防關員貪污中飽。清政府規定，各稅關在收稅時應該讓商人們親自填寫文件，現場交稅，不許他人特別是海關關員代為填寫，以防海關關員在其中做手腳：「各關應徵貨稅均令當堂設櫃，聽本商親自填簿，輸銀投櫃，驗明放行。其有不令商親填者，將該管官嚴加議處。」[9]收據要一式兩份，一份給戶部（主管財政的部門，可以大致理解為財政部）作憑證，一份給商人作回執，這兩份要對得上：「各關商民輸稅填寫收稅紅單二紙，一給商人，一送部查核。其有不給紅單或納銀數多給票數少及私將紅單撤回多徵勒索者，許商民首告究擬。」[10]這樣可防止關員收到稅款之後私留中飽。

---

7 吳義雄：〈鴉片戰爭前粵海關稅費問題與戰後海關稅則談判〉，《歷史研究》，（二〇〇五）第一期。

8 中國史學會主編：《中國近代史資料叢刊》鴉片戰爭一，神州國光社（一九五四），頁一九七。

9 梁廷枏總纂：《粵海關志校注本》，廣東人民出版社（二〇〇二），頁三三七。

10 梁廷枏總纂：《粵海關志校注本》，廣東人民出版社（二〇〇二），頁三三九。

第三是實行多重監核制度。清政府規定，戶部和廣東總督巡撫對廣東海關實行雙重領導，都有監督檢查的權力。首先是帳冊要按時送交戶部審查：「各關商填、巡迴、稽考三簿，令各關照依部頒冊式事，由刊刷裝訂，於面頁上鈐蓋關印。簽差送部，由部鈐蓋堂印，給發粵海關，限關期未滿九月以前赴部請領。如有請領違限及關期已滿冊檔未到，擅用本關印簿登填者，照例嚴參，分別議處。」[11]同時規定廣東督撫負責查明關稅徵收情況，把掌握的數字與戶部核對，「按月造冊，密行諮部，俟期滿核對，以防弊竇，以嚴鉤稽」。[12]朝廷希望通過多重監核，使各有關部門能互相制約，以杜絕腐敗。

第四是規定了對關員腐敗的懲處制度。清政府規定：「各關於額設口岸之外，有濫差多役於近關水岸各口四出擾民者，該督撫察實題參。其管關人役有巧立名目、需索飯錢、重戥苛收者，嚴拿究治，計贓論罪。監督縱容、袒護，督撫即行嚴參。督撫徇隱，一併議處。……各省商稅銀兩均令按照額徵數目照例徵收，造冊報部。其有監收官員橫徵勒索及隱匿侵蝕者，即行參處。」[13]懲處規定還是相當嚴厲的。

既然有如此明確而嚴厲的規章制度，海關關員為什麼還會明目張膽地索賄呢？

因為制定制度和執行制度是兩回事。和大清帝國的許多制度一樣，這些規定大部分沒有從紙上走下來，或者走下來不久就變了樣子。

比如第一條，「刊行稅則」，張榜公布，從康熙後期起，就流為具文，大部分稅關都沒有認真執行。所以雍正六年，皇帝特意下了道上諭：

> 高斌將滸墅關現行徵收則例據實陳奏，請刊立木榜，令眾商共曉。遵依所奏，甚屬可嘉。部議：令直省各關將各處現行徵收則例徹底清查，據實奏聞，刊榜曉示。著各省兼理關務之該督撫並各關監督實力奉行，毋得陽奉陰違，虛應故事，倘經接任之員察出，定行交部從重議處。[14]

從這則材料我們能判斷出，顯然到了雍正六年時，很多稅關已經不再設立木榜公布稅率了。

第二條，商人親自如實填寫稅單，也很難做到。雍正年間上諭說：「各關開放船隻之處，向例有部頒號簿以便稽查。茲聞各關另設私簿徵收，唯於報部之時，始將號簿挨日填造。其意以水路船隻往來多寡不齊，若據實填簿，則不能逐日有徵收之數目，恐干駁查，是以設法勻派填造，

---

11 梁廷枏總纂：《粵海關志校注本》，廣東人民出版社（二〇〇二），頁三三七。

12 梁廷枏總纂：《粵海關志校注本》，廣東人民出版社（二〇〇二），頁一一五。

13 梁廷枏總纂：《粵海關志校注本》，廣東人民出版社（二〇〇二），頁三三八。

14 《皇朝政典類纂》卷八十五「徵榷三．關稅」，第六〇頁，轉引自祁美琴：《清代榷關制度研究》，內蒙古大學出版社（二〇〇四），頁一一三。

如此則簿內全非實在數目，與商船過稅串票毫不相符，殊非政體。」[15]就是說海關上報的帳簿全是假的，都是關員填寫的。又比如乾隆中期的殺虎口稅關，「不令商人填注，所上稅銀概由吏胥登記，名為流水簿。流水簿記定，始謄入親填簿。輾轉兌挪，商無由知。」[16]就是說，所有稅單都是由工作人員填寫，到底填寫多少，商人根本不知道。

到了光緒三十二年，兩廣總督岑春煊在奏摺當中說：「查粵海各關常稅每年奏銷向有紅單細冊季冊分送部科，計一百二十四本，篇頁繁多，單內貨色系就報徵銀數，按照稅則填載，冊內則添船戶姓名完稅銀數，不列貨色，此皆憑空捏造，無關考核。」[17]可見到了晚清，廣州海關的帳簿已經全部都是造假，沒有一本是真的了。

第三條戶部和廣東督撫對海關的監管，很多時候也是流為具文。戶部長官通常都是三甲進士，沒有任何專業知識，歷來搞不懂具體業務流程，只能聽任「書吏」也就是吏員們審查。這些吏員審查帳簿，其規則不是審查其真偽，而是審查隨之交來的「部費」，也就是活動經費的多少。活動經費交足了，帳簿品質就無人細看了。至於總督和巡撫，他們知道能當上海關監督都是皇帝的親信，和皇帝關係匪淺，所以不願深管，一般在收到海關送來的巨額「報效」後也都會睜一隻眼閉一隻眼。所以第四條懲處基本上也就不起什麼作用了。

因此廣州海關成了眾所周知的肥缺，海關人員的貪污腐敗，在全國幾乎是公開的祕密。

四

有人可能奇怪，如此明目張膽的剝削，在中國官場是習以為常，但歐洲商人能容忍嗎？他們不會向上反映情況嗎？

歐洲商人們當然不會容忍。問題是，他們沒有反映的管道。

今日到中國的外商通常被奉如上賓。每到一地，往往地方長官親自宴請，然後還要遊山玩水享受全方位的「服務」。

不過兩百多年前，外商們在中國可絕不是如此舒服。二百多年前那些萬里迢迢奔赴中國來的外商，雖然也腰纏萬貫，可到了中國之後的處境，是你想像不到的可憐：

他們不能住到廣州城內，只准住在「十三行街」內，而且沒事不允許外出。

他們不許攜帶妻子一起來華，也不許找中國女人，只能乾熬著。他們不許與普通中國人交往。中國人一旦和他們聊聊天，就會被視為「漢奸」。

15 梁廷枏總纂：《粵海關志校注本》，廣東人民出版社（二〇〇二），頁四。
16 《宮中檔乾隆朝奏摺》，轉引自祁美琴：《清代榷關制度研究》，內蒙古大學出版社（二〇〇四），頁一一七。
17 《光緒朝朱批奏摺》，轉引自祁美琴：《清代榷關制度研究》，頁一一九。

特別是，中國不屑與他們直接打交道。中國從來沒有過外交部，也沒有管理外貿的政府機關。大清王朝的所有外貿事務，都由「十三行」這個民間機構經手。

所謂「十三行」，最初是指中國指定的十三家中國商人，專門負責與外國人做生意。後來成為「公行」的代稱。外國商人抵達中國後，所有的貨物都只能賣給十三行，不管他們給的價格比別人低多少。採購所有東西，都必須經過他們，不管他們如何提高價格，降低品質。

他們在中國的所有行動，都要受十三行的監視約束，不得亂走一步，不得亂說一句話。如果他們在中國遇到什麼困難，對中國外貿政策有什麼不滿，不得直接與中國地方政府聯繫，只能通過「十三行」向地方政府提出請求，而朝廷對這些轉達來的請求大多數時候都不聞不問，不予理會。

所以，傳統時代來到中國的商人，不但不是貴賓，反而有如囚徒。一百多年來，他們幾乎沒有機會見到朝廷官員。

其原因，一個是中國自古以來的輕商傳統，士農工商的傳統社會結構中，商人是「四民」之末，官員與之直接打交道，等於降低了身分。另一個原因，是中國自古以來的「防範」意識。中國歷來講究「嚴華夷之防」，「裡通外國」自古以來就是中國政治家加給對手的慣用罪名，所以官府不願意與外商多打交道。

這樣一來，在海關官員眼裡，腰裡裝滿銀子又無法與正常中國社會發生聯繫的外商，就成了一個個待宰的肥羊，無論怎麼樣痛宰，他們都無法發出聲音。連公家機構「十三行」也可以對外商頤指氣使，他們在貿易當中一手遮天，任意定價。他們在中國官員面前奴顏婢膝，唯唯諾諾，但對洋人卻耀武揚威、風光無限。不明白緣由的洋人，尊稱為他們為「官」。海關官員每年都會向「十三行」索要大批賄賂，他們基本都如數轉嫁到外商頭上。

外國人快被這種體制逼瘋了。作為最大的對華貿易國，從康熙二十四年起，英國一直在找機會和中國政府直接對話，想勸說中國改革外貿制度，革除這些陋規。

五

乾隆二十四年夏天，天津大沽口外的海面上，出現了一艘西洋三桅船。一個中文名叫「洪任輝」的英國商人，自稱「英吉利四品官」，說有要事，要進京告御狀。

「英吉利四品官」的到來驚動了天津知府。充滿好奇心的知府靈毓來到洪任輝船上，拜會這位金髮碧眼的洋人。洪任輝操著流利的中文對他說，他們本來在廣州與中國進行貿易，但是在貿易過程中，受了許多欺負，因此想找中國皇帝評評理。

這是中國有史以來第一次發生的奇事。按理靈毓不應該允許這個不守規矩的夷人進入天津。但是頭腦靈活的靈毓早就聽說過外國商人都很有錢，因此認為這是一個極好的發財機會。於是他對洪任輝表示，他十分同情他的遭遇。他會向上級滙報這件事，但是由於替一個外國人越級上訪，他要冒著被革職的風險。

所以，靈毓悄悄伸出五個手指頭。如果沒有五千兩白銀的好處，他不敢做這樣的事。

其實洋人洪任輝只是一位普普通通的英國翻譯，根本不是什麼英吉利四品官。他本名詹姆士·弗林特（James Flint），從乾隆十二年（一七四七）起成為英東印度公司的翻譯。之所以自稱四品官，是因為他很清楚，一名普通的英國商人或者翻譯根本不可能見到中國的官員大人。雖然對中國官員的腐敗十分熟悉，洪氏還是覺得五千兩實在太多了。他與靈毓討價還價。最後談定的價格是二、五〇〇塊西班牙銀元。先交二、〇〇〇元，事成之後再交五〇〇元。

收受了沉甸甸的銀元後，洪任輝的狀紙被層層上交，被從天津送到了紫禁城，直達乾隆皇帝的御案。

洪任輝的狀紙中，向皇帝敘述了他們幾十年來對華貿易時，遇到的許多困難。除了請求廢除粵海關種種勒索，如進出口規禮和胥吏驗貨費用等之外，他提出了以下具體要求：

「我們要求我們所雇用的所有通事和買辦，不必向海關官員繳付規禮或經其認許。」

「我們控告設在我們商館與貨船之間的三個關卡的人員，他們曾向即將啟航的商船諸多勒索，尤其是最後一個關卡的官吏，去年竟將『霍頓號』引水的執照扣留。」

「我們控告我們商館附近的海關屋子一位官吏的粗暴行為。約在兩個月前，他藉口我們沒有向他鞠躬行禮，竟禁止我們在自己的艇上乘涼。我們要求命令他到我們的住所道歉，或將其解職。」[18]

……

英國人認為，中國皇帝是通情達理的，只不過多年來一直被廣州海關所欺騙。如果他們找到管道把真實情況反映到皇帝那裡，皇帝派人一調查，一切都會真相大白，因為廣州海關的貪腐幾乎是公開的祕密。英明的中國皇帝也許因此而徹底改革這種無論從哪個角度來看都十分不合理的外貿體制。

英國人的目的似乎達到了。讀了這道狀紙，乾隆大為光火。在與外國人的交往中，天朝上國的體面是第一位的。如今海關關員貪污腐敗到逼得外國人沿海直抵京畿，鬧嚷嚷來告御狀，這是中國歷史上從沒有過的事情。

皇帝批示，涉外事件，必須高度重視。「事涉外夷，關係國體，務須徹底根究，以彰天朝憲典。」

---

18 〔美〕馬士：《東印度公司對華貿易編年史》第五卷，中山大學出版社（一九九一），頁四二三。

皇帝命兩廣總督李仕堯審理此案。

李仕堯向以「能員」、「幹練」聞名。他的最大特點是能洞察皇帝旨意每一個字背後的意義。此案事實清楚，並不需要太複雜的調查取證過程。李仕堯很快就做出了判決：

一是懲處腐敗。以「失察」為名，將粵海關監督李永標革職查辦；參與貪污勒索的粵海關役吏「杖流科罰」。

二是將陋規合法化。外商所舉出的陋規，有幾項過於不合理的要停止收取，但是絕大部分還是要保留，不過要改個名字，「規禮名目，一概刪除，合併核算」，[19]改名之後還是照收。合併後每艘船固定收費一、九五〇兩，不得再多。

三是英國商人提出多口自由通商、明確關稅稅率等從根本上改革中國外貿制度的要求，被斬釘截鐵地駁回，告以中華體制，不可變更。

四是處理「漢奸」。外國人直接闖到天津大沽來告御狀，顯然是有中國人在背後出主意，必須查清楚。經過仔細調查，替英國人執筆寫請願書的是四川人劉亞匾，出主意的是與洪任輝有密切交易關係的安徽商人汪聖儀父子。於是清朝政府將劉亞匾砍頭，汪聖儀依照「交結外夷罪」，被處以杖六十、徙一年的刑罰，以為其他敢於交通外國人的華人誡。

五是將敢於北上告御狀的英國人洪任輝抓起來，以「勾結內地奸民，代為列款，希圖違例別通海口」的罪名，「在澳門圈禁三年，期滿後驅逐出境」。[20]

洪任輝做夢也沒想到，他的上訪落得了這樣的下場。這就是中國和英國第一次交往的結果。

六

乾隆皇帝為什麼不同意革除全部陋規，而要將部分陋規合法化呢？這涉及清代的低薪制。

大清王朝實行低薪制，一品大員年收入也不過一八〇兩。因此從表面上看，粵海關從海關官員到工作人員的薪資並不高。粵海關監督是二品大員，他的正式薪資一年僅有一五五兩，約合今天的台幣一三、五〇〇到二七、〇〇〇元（清代早中晚期白銀購買力變化很大，雍正初年每一兩白銀值一、八〇〇元到二、七〇〇元台幣之間，到嘉慶之後，一兩白銀大約值九〇〇台幣）。此外每年還有一點辦公經費，也叫「公費」，不過不多，幾十兩而已。所以一開始海關最高官員的全部收入一年不過二百兩左右。直到雍正年間養廉銀改革，海關監督每年享有皇帝特批的三、〇〇〇兩養廉銀（《粵海關志》）。不過這些收入相加起來，對一個享有巨大權力的二品大員來說，仍然是非常低微的。

---

19 梁廷枏總纂：《粵海關志校注本》，廣東人民出版社（二〇〇二），頁一六〇。

20 《清高宗聖訓》，轉引自王日根：《明清海疆政策與中國社會發展》，福建人民出版社（二〇〇六）。

海關其他官員，卻沒有養廉，而且薪資同樣很低。大關委員，也就是廣州本地海關首長為一八〇兩；澳門委員也就是澳門海關首長為一四〇兩；廣盈庫大使每年的俸銀為九十六兩；守庫千把總為九十六兩。

至於具體工作人員，也就是中低級關員（當時叫作「書吏」、「巡役」、「家人」等），薪資就更低了。比如大關清書，也就是普通文案工作人員，每月薪資才三兩。巡役也就是稽查人員，每月也不過三．〇九兩。至於後勤人員，比如「堂役」等，每人每年收入才七兩二錢銀子，[21]平均每月六錢銀子，如果以一兩白銀換算台幣一、八〇〇元的話，大約是一、〇八〇元。而且所有這些官員和工作人員，除了這些收入外並沒有其他的什麼福利和補貼。

所以從表面上看，廣州海關是一個很為國家省錢的部門，全年只花費國家一七、八八六兩的管理費用。[22]一八六四年洋人赫德（Robert Hart）來到中國海關，大幅提高海關人員薪資，一下子把管理費用提高到七四八、二〇〇兩，提高了四十倍。相比之下，大清海關官員實是太公忠體國了。

所以對於廣州海關這些陋規，皇帝也不好意思全都取締，因為皇帝們很清楚，「陋規」的誕生，根本原因是朝廷捨不得給官員和吏員們足夠的薪資。換句話說，低薪制的政治設計就已經默許官員和工作人員「自謀生路」，靠灰色收入為生。當然，灰色收入也應該有個界限，所以乾隆將陋規定為每條外國船收一、九五〇兩。

問題是陋規的產生和變化有一個規律：一旦陋規公開化固定化後，肯定又會在此之外，誕生新的陋規。「當舊的陋規報出歸公後，新的陋規又隨之而至。這常常會導致中外通商中的摩擦。」[23]所以到了道光十年（一八三〇），也就是鴉片戰爭爆發前九年，據德國傳教士郭士立（**Karl Gützlaff**）統計，一艘一等外國商船進港，各種名目的收費加起來要交納三、三五〇餘兩，二等商船也要交納二、二六〇餘兩。

這還不是主要問題。主要問題是，除了幾乎公開化的陋規之外，海關關員私下還會找各種機會剝削勒索，讓人感覺交易過程充滿了非確定性。外國人抱怨道：「從一艘外國船到達時起，它的業務就要受到海關低級官吏們為了勒索非法徵課而起的藉故留難。進口貨運的稅課概由下流無品人員以專斷的方式徵收，居然公開索賄」。[24]如一七〇四年，英船斯大利漢號到廣州貿易，貿易完後便要離開廣州，「當船隻準備開航時，它的出口執照被阻留了二十天以上。根據大班的猜想，認為是海關書吏作怪，所以他們送給他禮銀一〇〇兩，翌日他們便獲得出口執照」。[25]

---

21 此段數字來自劉斌：《清代新舊海關人事管理機制對比研究》，廈門大學碩士學位論文。

22 劉斌：《清代新舊海關人事管理機制對比研究》，廈門大學碩士學位論文。

23 葉顯恩主編：《清代區域社會經濟研究》下冊，中華書局（一九九二），頁一一二〇。

24 萊特（S. F. Wright）著，姚曾譯：《中國關稅沿革史》，商務印書館（一九六三），頁三。

25 〔美〕馬士：《東印度公司對華貿易編年史》第一、第二卷，中山大學出版社（一九九一），頁一三四。

以英國人為代表的外國人對中國海關的腐敗極為不適應、不習慣。他們之所以不習慣，也許重點不在於關稅過高。事實上，前面講過清政府規定的關稅極低，即便加上各種剝削，實際關稅水準與其他國家比也不算特別高，外商們咬咬牙是能承受得起的。外國人真正厭惡的，是海關官員們貪得無厭的醜惡嘴臉，是不透明的、需要費腦子不停討價還價的過程，是骯髒的交錢方式讓人感覺深受屈辱。外商們很清楚，他們交的大部分錢，都沒有上交到帝國財政。據郭士立估計，廣東地方官員以及十三行那些官商，再加上相關工作人員，每年從對外貿易中「非法所得可達三〇〇萬兩」。他還判斷，每年外商繳付的各類稅費只有三分一左右進入清朝的國庫，而另外的三分二則流入各色人等的口袋。

而馬士（Hosea Ballou Horse）[26]統計的數字，更為驚人。他說，海關收到的錢，只有十分之一上交國家。「一八三七年，僅英國和美國的船隻所載進出口貨物應繳納的關稅就超過六五〇萬兩；加上其他國家合法貿易所繳關稅約五〇萬兩；鴉片所付的關稅一〇〇萬兩，海關監督從懸掛外國旗幟的商船上徵得的稅款就達八〇〇萬兩。再加上梧州、潮州（汕頭）、江門、電白、瓊州（海口）和廉州（北海）等地進行的貿易所徵得的稅款約二〇〇萬兩，總數約為一、〇〇〇萬兩。此外還有巨額的向外商徵收巨額的港口稅、向行商索取的捐款和禮物以及送給職位較低的官吏們的無數小費。因此可以斷定，在粵海關的稅收官方陳報額與實徵數額之間存在十倍左右的差額。」[27]

所以長期以來，外商們都處於非常憤怒的狀態。馬士的話很有代表性：「事實上，稅並不特別重，而且都被巧妙地掩蔽起來，因此也不顯著；但是人們對政府官吏的勒索總是斤斤較量的，不知數額的勒索總覺得特別重，所以那些經久不變的露骨勒索，就成了激起憤懣的許多芒刺。」[28]

經過洪任輝事件的挫折，英國政府決定，必須派出使團，直接與中國政府建立聯繫，否則中英間的貿易問題永遠無法解決，所以接下來又發生了馬戛爾尼訪華事件。

七

西元一七九二年，也就是乾隆五十七年秋天，皇帝接到了兩廣總督郭世勳的一封緊急奏摺。奏摺說，有一個名叫「英吉利」的陌生國家，打算要來朝貢天朝。

26 編注：曾擔任李鴻章幕府的西洋顧問，並於一八七四至一九〇八年服務於大清皇家海關總稅務司。
27 李虎：《清代海關管理制度比較研究》，《河北師範大學碩士學位論文》，（二〇〇三）。
28 〔美〕馬士：《中華帝國對外關係史》第一卷，商務印書館（一九六五），頁五十八—五十九。

使團的團長是國王的親戚，著名外交家馬戛爾尼（George Macartney）伯爵。英國最迫切的目標是促使中國政府改革外貿體制，允許英國商人自由貿易，以減輕中國海關官員對外商的剝削和刁難。英國政府賦予馬戛爾尼的使命之一就是「擺脫廣州官吏強加於該口岸貿易的限制和勒索」，明確要求「英國商人除欽定稅則外，不再繳付關稅或其他規費。應將欽定稅則給予他們，並載明船隻大小所應徵的稅額，規定買賣商品的稅率。船隻只負擔繳付欽定船鈔一項，其附加規禮銀一、九五〇兩應行取消」。[29]明顯地，但英國人並不是要求降低法定關稅，只是要求關稅確定化、透明化。他們願意把錢交到大清國庫，但不願意交給貪官污吏。當然，除此之外，他們還有更大的胃口，他們還打算勸說中國開闢新的、更方便的港口進行貿易，比如寧波和天津，甚至還打算討要一個小島來「堆放貨物」。

為了達到這個目的，英國人不憚長途跋涉，又獻給乾隆大量珍貴禮物，以討他的歡心。但是乾隆皇帝收下了禮品後，卻發下長諭逐條駁回英國人的請求。

關於改革一口通商方式，開放珠山、寧波、天津，皇帝說：「向來西洋各國，前赴天朝地方貿易，俱在澳門，設有洋行收發各貨，由來已久，爾國亦一律遵行，多年並無異語，其浙江、寧波、直隸、天津等海口均未設有洋行，爾國船隻到彼，亦無所銷賣貨物，況該處並無通事，不曉諳爾國語言，諸多未便，除廣東、澳門地方仍照舊交易外，所有爾使臣懇請向浙江、寧波、珠山及直隸、天津地方船泊貿易之處，皆不可行。」[30]

對在北京設一洋行，皇帝說，「京城為萬方拱宸之區，體制森嚴，法令整肅，從無外藩人等在京城開設貨行之事。……天朝疆界嚴明，從不許外藩人等稍有越境摻雜。是爾國欲在京城立行之事，必不可行。」[31]

對於讓生活在廣州的英國人獲得更大自由度的這個小小要求，皇帝同樣斷然拒絕。英國人希望能住到省城之內，並且希望他們在廣州期間，應該有騎馬、從事喜愛的體育運動和為健康而進行鍛鍊的自由。英國人還保證說，他們將注意在得到准許後不打擾中國人的生活。但皇帝認為，這個問題過去早有定制，不容更改。他說：「向來西洋各國夷商居住澳門貿易，畫定住址地界，不得逾越尺寸。其赴洋行發貨夷商，亦不得擅入省城，原以杜民夷之爭論，立中外之大防。今欲於附近省城地方另撥一處給爾國夷商居住，已非西洋夷商歷來在澳門定例。況西洋各國在廣東易（貿易）多年，獲利豐厚，來者日眾，豈能一一撥給地方分住耶。至於夷商等出入往來，悉由地方官督率洋行商人隨時稽查，若竟毫無限制，恐內地民人與爾國夷人間有爭論，轉非體恤之意。核之事理，自應仍照定例，在澳門居住方為妥善。」[32]

---

29 吳義雄：《條約口岸體制的醞釀：十九世紀三〇年代中英關係研究》，中華書局（二〇〇九），頁一四七。
30 熊志勇：《中國近現代外交史資料選輯》，世界知識出版社（二〇一二），頁十二。
31 秦國經、高換婷：《乾隆皇帝與馬戛爾尼——英國首次遣使訪華實錄》，紫禁城出版社（一九九八），頁一四八。
32 熊志勇：《中國近現代外交史資料選輯》，世界知識出版社（二〇一二），頁十三。

關於改革廣州貿易體制並公開關稅，皇帝則說：「粵海關徵收船科，向有定例，……毋庸另行曉諭。」[33] 總之，馬戛爾尼的所有要求，一字不落，全部被否定。

八

皇帝之所以不想改革廣州外貿體制，一是因為堂堂大清帝國的體制，豈可受到萬里之外的蠻夷左右。天朝上國的一切規章制度，與海外蠻夷比起來，豈不是一個天上，一個地下？

另一個原因，是歷代清朝皇帝，對廣州海關，都有一份特殊的感情。

清代皇帝的私人開銷主要出自內務

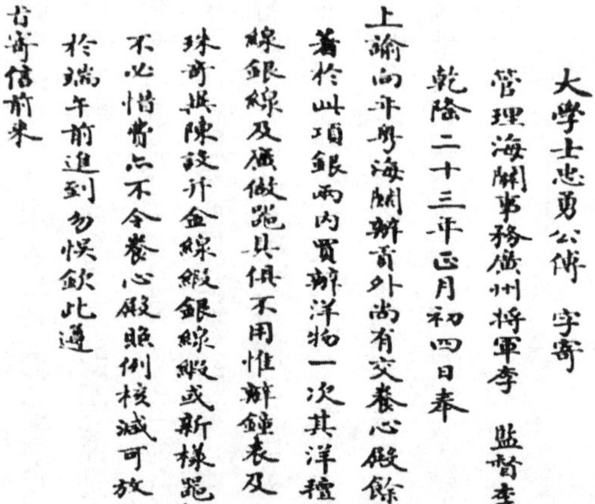

大學士忠勇公傅 字寄
管理海關事務廣州將軍李 監督李永標
乾隆二十三年正月初四日奉
上諭向年粵海關辦貢外尚有交養心殿餘銀今即
著於此項銀兩內買辦洋物一次其洋檀嗶嘰金
線銀線及廣做器具俱不用惟辦鐘表及西洋金
珠奇巧陳設並金線緞銀線緞或新樣器物皆可
不必惜費亦不令養心殿照例核減可放心辦理
於端午前進到勿悮欽此遵
旨寄信前來

圖一 廣東省博物館展出文件圖片，乾隆皇帝下達給海關監督的命令，採購物品，「不必惜費」。

府，而不是戶部。清代海關的收入，一部分上交戶部，還有一部分直接交到內務府，實際上就是進入皇帝的私囊，不受戶部的審計監控。除此之外，皇帝很多不好安排的花費，也都找粵海關解決。清代皇帝結婚、過生日，廣州海關管理下的行商都要捐錢。僅從乾隆三十八年到道光十二年這五十九年中，廣州海關組織的捐款就達四〇〇萬兩。另外，海關每年還會私下進貢大量珍奇的舶來「貢品」。

《劍橋中國晚清史》說：「按照清朝政策的公開表示，商業利益服從國家的政治利益。但在私下裡，甚至清朝歷代皇帝都把廣州貿易視為個人利益的重要來源。海關監督被外國人誤認為是戶部的代表，實際上，他由內務府授權，負責把廣州每年海關稅收多達八十五．五萬兩的現銀輸入統治者的私囊。海關監督功績之大小，視其滿足皇帝私人定額的能力而定。」[34]

正是在這個意義上，粵海關被稱為「天子南庫」（北京崇文門稅關，則被稱為「北庫」）。所以海關監督（關長）一般都是由皇帝直接任命自己的親信擔任。按理說，海關監督是一個高度專業化、技術性的崗位，往往需要學習多年專業知識、有豐富的實際經驗者才能勝任。但是在大清，技術背景絲毫構不成障礙。這個職務都是由與皇帝或者后妃關係最近的內務府包衣來承擔，

33 秦國經、高換婷：《乾隆皇帝與馬戛爾尼——英國首次遣使訪華實錄》，紫禁城出版社（一九九八），頁一五〇。

34 《劍橋中國晚清史（一八〇〇—一九一一）》，中國社會科學出版社（一九八五），頁一七三。

這些包衣有的甚至不識漢字。皇帝喜歡誰，就會派誰到那當上兩年，讓他落個盆滿缽滿。道光年間，擔任滸墅關監督的延隆虧空了二十．九萬兩，擔任淮安關監督的中祥虧二十五．一萬兩，道光皇帝心疼他們，於是前後改授他們為粵海關監督，以便他們「翻本」。所以從一定意義上說，大清海關是皇帝及其親信的分贓之所。

本來是國家正常的收稅行為，在中國特色的思維方式下，成了施恩與報效的行為：皇帝讓誰當海關監督，就是給了誰一個天大的恩惠，這個人有責任以更大的熱誠去回報其恩主：「他一到任就必須有所報效；在這從來長不到三年的任期之內，仍舊要經常不斷地報效；並且在他可以滿載而歸之前，也還要再做報效。他從頭到底一直報效。……在他滿足了他北京的恩主們（和恩主婦們）的欲望之後還有餘裕時，他也可中飽，自行積聚一份家私。……權威人士曾經譏諷地說：在支付了為維持大批僚屬生活的徵收費用之後，他任內第一年的淨利是用來得官，第二年的用來保官，第三年的用來辭官和充實自己的宦囊。」[35]

是的，一般來講，做一任海關監督，都會落下少則數十萬兩，多則上百萬兩的收入。但是，為自己撈錢這個任務必須排在後面，因為他之所以能在這個職務上，是因為他的一系列恩主施恩的結果，這些恩主除了皇帝，還包括在皇帝面前說得上話的妃子和太監，他得把一部分錢財「直接送給宮中的人們，上自至尊，下至嬪妃太監」。此外還有廣東的地方大吏，特別是兩廣總督和廣東巡撫也很重要，因為國家畢竟規定了他們對海關有監管權，如果不餵飽他們，他也別想做得順利。所以他得搞到大筆的銀子來供養這些恩主，而這些銀子必須是來自灰色管道，因為正規管道也就是國家規定內的關稅，是要一文不少地上交到戶部的。

這種分贓制決定了「粵海關監督的職務和一個固定的關稅則例是不相容的，因為他的能否盡職，全賴稅收的官方陳報額和取自商民的實收額之間的差額的大小」。[36]換句話說，他的主要任務，不是收額內的固定關稅，而是在規定之外獲得更多利益。

海關監督是皇帝的親信和家奴。他到任之後，亦會複製這個體制，任用自己的親信和家奴來管事。

在清代，外任官吏通常都會攜帶大量親信、家人赴任，比如粵海關監督上任時，按國家規定，就可帶家人六十名。到任之後，他們會把這些人安插到各個最關鍵的位置，因為在人治社會，只有這些親信才靠得住。這樣一來，粵海關就成了海關監督的「家天下」。這些人自然也就依仗權勢，為所欲為，他們雖然沒有任何專業知識，甚至看不懂帳簿，但是都天才地通曉貪污賄賂、勒索錢財的技巧。比如乾隆二十四年（一七五九）被革職的粵海關監督李永標，曾利用家人七十三口經管關口一切事務，縱容家人「多徵少報，苦累客商」。乾隆五十一年（一七八六）被

---

35 〔美〕馬士：《中華帝國對外關係史》第一卷，上海書店出版社（二〇〇六），頁三十六。

36 〔美〕馬士：《中華帝國對外關係史》第一卷，頁三十五。

革職的粵海關監督富勒渾，剛上任，他的一個家人李世榮即索取眾商繳付一、○○○銀元。另一個家人段士俊則強行攤派各商，每人要購買一斤人參，從中得利銀四、七○○兩。此後他又「點派各口岸，令書巡等繳銀一九、六○○餘兩」。

海關裡唯一的專業人士，就是本地的書役。只有他們懂得海關複雜的規定，看得懂那些天書一樣的帳簿。但問題是，他們身分低賤，永遠沒有升遷空間，不管多麼努力也永遠不可能當上官員。所以他們工作唯一的動機就是利用自己的專業知識，多為自己撈些錢。

因此整個粵海關就成了一個惡性剝削集團，成了一隻寄生吸血的巨大螞蟥，外商與行商就成了它的「宿主」。每個海關監督在三年任期內所能做的一切就是盡量飽其私囊。「一個『廣州利益集團』形成了，它逐漸把從貿易吮吸來的款項，變成了與外商或公行有關聯的所有大、小官吏的資財。」[37]大量的商業利潤被轉化為餵養各級官吏的膏脂。外國商人甚至懼怕勒索而不敢到廣州貿易。乾隆二十四年，法國商人給兩廣總督的稟文中曾說：「如英吉利之必欲往寧波開港貿易者，誠恐因粵海關種種苛政，欺勒難堪。」[38]

鴉片戰爭的爆發，其根本原因當然是英國侵略者的「狼子野心」。但是，廣州海關的貪腐卻是英國人不斷強調的藉口。比如英國談判代表璞鼎查（Sir Henry Pottinger）在《南京條約》簽訂後的一份照會中強調：「以粵海關與隨帶之衙役，左右勒索，額外苛求，以致正餉加倍三四。係英人不服，致啟釁之大端。」[39]

有趣的是，參與談判的中方官員居然也持有幾乎完全相同的看法。比如耆英在一八四三年的一份關於關稅的奏摺中有一段話：

從前粵海關於正稅之外，皆有羨餘。是以監督、洋商一切公事，得以從容措置。無如日久弊生，洋商（指十三行）輒藉辦公為名，把持壟斷，巧立名目，多取獲利。該洋商獲利既厚，各項人等無不視為利藪，小則望其幫助，大則從而勒索，日增月加，無所底止。總而計之，幾將入不敷出。身家殷實者尚可勉力支持，成本較薄者無不立形倒乏。其乏商所虧官項，不得不攤之於眾商，以期有著。年復一年，竟致無商不累。於是各洋商上則短少羨餘，外則誅求無厭，為挹彼注茲之計。因之，監督辦公竭蹷，外夷積忿生事。上年（一八四二年）在江南議撫時，夷酋璞鼎查首以裁革洋商、刪除浮費為請，實由於此。

37《劍橋中國晚清史（一八〇〇—一九一一）》，頁一七五。
38 梁嘉彬：《廣東十三行考》，廣東人民出版社（二〇〇九），頁一二五。
39 吳義雄：《條約口岸體制的醞釀：十九世紀三〇年代中英關係研究》，中華書局（二〇〇九），頁一四四。

外國人一百多年來跪求中國公開並固定關稅稅率，一直沒有得到天朝首肯。但是透過鴉片戰爭，他們的要求充分得到了滿足。鴉片戰爭以後，大清帝國開始實行多口通商，並且進出口稅率被定為五％，這比原來二〇％的實際稅率明顯降低。但是奇怪的是，進入大清國庫的關稅不但沒有下降，反而明顯上升。鴉片戰爭前約二十年，粵海關稅額一直在一五〇萬兩左右。但是一八四三年中英貿易恢復後，在實徵稅率大幅降低的情況下，稅額在當年就衝上了二〇〇萬兩的大關。鴉片戰爭之後，清政府從五口通商中收取的關稅，一直處於上升的狀態，被迫固定稅率的中央政府居然嚐到關稅透明化的甜頭。這真是一個意味深長的諷刺。

九

說到這，我們終於要回到標題，說說為什麼晚清的大清海關成為一個不腐敗的部門。

一八五三年，上海爆發了小刀會起義，在混亂期間，上海海關運轉失靈，海關官員逃到了租界。但是外商的船隻還在港口等待，貿易還是得繼續進行，英、法、美三國的領事商量了一下，決定三國各派一人，成立了稅務司，「代替中國政府」管理上海海關。這顯然是對中國主權的一種嚴重侵犯。不過令中方官員意外的是，外國人居然能誠實認真地收稅，收到稅款後來也如數交給了中方。而且，在外國人的管理下，上海海關貪污腐敗明顯減少，徵收額明顯上升。「稅收大增，政府善之」。第二次鴉片戰爭後，清政府居然高興地同意由英國人代管中國海關，並寫入與英美等國簽訂的《通商章程善後條約：海關稅則》第十款：「任憑總理大臣邀請英人推行幫辦稅務，並嚴查漏稅、判定口界、派人指泊船隻及分設浮樁、號船、塔表、望樓等事。」[40]從此開始由外國人代管海關行政，最高長官稱「總稅務司」，意即「總司海關稅務之事」，實際上全權負責管理海關事務。

外國人管理中國政府事務，這當然是西方侵犯中國主權的一個鐵證。但是中國政府在這件事情上並非完全出於被動。在英國外交官威妥瑪（Thomas Francis Wade）與中國總理衙門大臣文祥談論海關改革事宜之時，威妥瑪曾表示，如果能按「外國制度愈來愈劃一推行」中國海關的改革，並不一定由英國人來管理，「中國盡可以雇用中國人、英國人、法國人等等」。沒想到文祥馬上回答，「用中國人不行，因為他們都不按照實徵數目呈報」，並且以原來管理上海海關的薛煥為例，說他近三年來根本沒有報過一次帳。[41]後來當英國人赫德來到北京，與恭親王奕訢具體談到海關改革時，「恭親王與赫德談了一些中國官場上極為敏感的話題。恭親王說，中國官員幾

40 王宏斌：《赫德爵士傳——大清海關洋總管》，文化藝術出版社（二〇〇〇），頁一二三。

41 英國外交部文件一七／三五〇，一八六一年一月十一日威妥瑪致卜魯斯函。

乎無人可信。對比之下，外國人的報告較為可靠。」[42]有歷史學家認為，英國之所以從中國手中得到了海關管理權，進行了有效的海關制度改革，「除條約和列強這一保護傘外，中國政府的支持與認可也是海關制度得以存在和發展的後盾。制度創新得以成功的原因與改革的利益取向有關，由於海關創制的結果有利於中央財政，尤其在償還戰爭賠款方面更是得到清王朝的信任，所以『總稅務司卒能排除眾難，漸將集權制度推行於各關也』」。[43]

赫德是當時英國北愛爾蘭人，最初於寧波領事館做翻譯，後來到廣東海關管理稅務。經過一個月的接觸，恭親王奕訢對他的誠實、能幹和專業素養非常信任。他甚至說：「如果我們有一百個赫德，我們的事情就好辦了」。[44]因此，一八六三年，赫德得以接任總稅務司，開始了對中國海關長達近半個世紀的管理。

十

赫德首先面臨的問題，就是海關的腐敗。晚清海關的腐敗，已經達到了無以復加的程度。鴉片戰爭之前，因為非法鴉片貿易的猖獗，海關官員最主要的收入變成了庇護鴉片走私。各級海關關員都「廣泛地參與了走私活動，並從中獲得了巨額的經濟利益。所有的人，從最高級的海關監督到最低級的雜役，都參與了這種腐敗。他們定期向商人索取高額的費用，然後默許鴉片走私的進行。正是在這種放縱下，走私變得極為平常，有時竟然是在光天化日之下進行的」。

海關的腐敗不僅讓外國商人頭痛，其實也是中國歷代皇帝頭疼的問題。皇帝們雖然對自己的親信們都很關照，但是他們也不希望自己治下任何一個部門腐敗成風。

歷代皇帝都試圖對海關的腐敗加以約束和整頓。比如雍正帝即位之初，就指出關稅徵收過程中存在種種黑幕：「國家之稅額，聽猾吏之侵漁；以小民之脂膏，飽奸胥之欲壑」。從乾隆到嘉慶年間，對關榷之弊要「嚴辦示懲，不稍寬貸」之類的警告也屢屢見諸諭旨，但均收效甚微。到了道光年間，稅關腐敗已經登峰造極，道光三年的一道上諭指出：「各關正額、盈餘，例有常數。近年徵收虧短，緣積弊未能去除。凡關津市鎮地方，往往有惡棍把持，蠹役盤踞，及牙行鋪戶人等，相緣為奸，包攬商賈，串囑在關家人、書吏，以重報輕，以多報少，通同掩飾，漁利分肥。甚至納賄、私放、隱匿，皆所不免。」[45]歷代皇帝都對稅關下達過整改命令，但是這些命令幾乎都沒有任何效果。既然制度上不能有為，那只能抓貪官來洩憤。所以當皇帝一高興想要反腐

---

42 王宏斌：《赫德爵士傳——大清海關洋總管》，頁四三。

43 詹慶華、馮雪松編著：《全球化視野：中國海關洋員與中西文化傳播（一八五四—一九五〇年）》，中國海關出版社（二〇〇八），頁二九三。

44 王宏斌：《赫德爵士傳——大清海關洋總管》，文化藝術出版社（二〇〇〇），頁四四。

45 吳義雄：《條約口岸體制的醞釀：十九世紀三〇年代中英關係研究》，中華書局（二〇〇九），頁二〇三。

的話，海關監督就成了一個高危職業。比如乾隆年間，粵海關監督就曾前「腐」後繼：乾隆二年（一七三七）粵海關監督祖秉圭被革職、抄家，判處斬監候（對被判處死刑著，可處以暫緩執行）；乾隆九年（一七四四），粵海關監督鄭任賽同樣被判革職、抄家、斬監候；乾隆二十四年（一七五九），粵海關監督李永標被革職、抄家。乾隆三十九年（一七七四）的李文昭、四十三年（一七七八）的德魁、五十一年（一七八六）的富勒渾，也都是在任職末期或卸任不久之後被彈劾清查，抄家、判刑、罰令退贓，甚至被判流放、全家為奴……

赫德卻不想僅僅以同樣的反貪風暴來改變海關面貌。他要做的，是從制度上徹底更新，對腐敗來個釜底抽薪。

赫德首先做的，是建立新的會計制度。

清代海關原來的會計帳簿是落後的四柱式。在舊式會計帳目中，不但所有陋規和灰色收入不能體現，甚至收到的「正稅」也存在化公為私的現象。

馬儒翰（John Robert Morrison）曾提供了若干年分行商代外商交納的進口稅費的具體數字。如果把這個數額與粵海關奏報上交國庫的數字做一下對照，我們就可以看到海關關員是如何損公肥私的（參見下表一）。

從這張表我們可以看到，粵海關每年向朝廷奏報的徵收數字均小於實際徵取的稅費，其中一八三一年至一八三二年，奏報數竟比實際徵收少三分之一。

此外，這些稅款總是被截留幾個月，海關監督和錢莊都可以靠高利短期貸款來獲得大量收入。這些在舊式帳冊中均無法體現。

一八六五年，赫德對中國海關最早的記帳形式進行了改革，他淘汰了中國傳統的舊式帳冊，建立了一套「嚴格、詳細和絕對可靠的」會計制度。在此過程中，他得到了英國財政部公共會計委員的指點和幫助，因此中國海關會計制度體系的基礎，是英國公共財產特別委員會制定、並於一八六六年實行的所謂英國新財政制度。這套新制度對海關稅收的上繳和留用，可以進行詳盡的、便於查詢的紀錄。明晰的財會紀錄使得做假帳更加困難，從而有效地遏止了海關腐敗行為的滋生，提高了海關行政的效率。

配合新的會計制度，赫德還建立了有效的審計制度。他專門設立了稽查帳目稅務司，作為一個獨立的機構，對各關財務會計制度進行監督。其中正稽核專門負責巡視各口海關，每年至少去每個港口檢查帳簿和帳目一次。稽查方式是

表一　1829-1832年粵海關進出口稅費額與大奏報數字

年　分	進出口稅費（兩）	粵海關奏報數字（兩）
1828-1829	1560076.4	1499580.74
1829-1830	1799070.8	1663634.98
1830-1831	1994141.6	1461806.16
1831-1832	2240290.6	1532933.25

資料來源：進出口稅費據《郭士立備忘錄》第43頁數字計算；粵海關奏報數字據《粵海關志》卷十，第十五頁。表格來源：《鴉片戰爭前粵海關稅費問題與戰後海關稅則談判》（吳義雄）。

抽查，「他會出其不意地去並做到：一、帳目一直記到最近的；二、金庫金額和帳簿試算表相符合；三、因為人們不知道他什麼地方不檢查，所以他的巡查就將使一切都更加仔細。」[46]

稽查稅務司的權力很大，每到一處，正稽核就馬上接管保存結餘或相關的單證、支票和存摺保險櫃的鑰匙和全部帳冊，不受任何干擾。一旦發現有未經授權的支出、濫用公款或其他不正當行為，他有權停止任何稅務司或負責關員的職務。

赫德做的第三件事，是人事制度改革，對海關進行換血，把海關重要崗位基本上都換為外國人。赫德堅持，總理衙門必須賦予他人事的全權，「總稅務司是唯一有權將人員予以錄用或革職、升級或降級，或從一地調往他地者」。[47]

這一制度的要點是「進人必考」。其他任何人和機構，包括他自己都不能安插自己的私人。在這方面赫德主要借鑑的也是英國經驗，因為當時的英國已經擁有一套高效廉潔的文官制度。赫德在選擇海關雇員時實行全球招考、公開選拔，先後在上海、九龍、廣州、青島和倫敦等地設置考場，不管是誰介紹來的人，均必須參加考試。

赫德在廣州有位牧師朋友，希望赫德能夠為其兒子在中國海關裡安排一個職位。赫德礙於朋友的面子不好推辭，「但他要求他兒子到倫敦的辦事處報名參加考試。結果，這位倫敦大學的畢業生因條件不符而被淘汰。」[48]

赫德留下的文件還提供了另外一個典型例子，他的一個朋友和一個同學的孩子及親戚也沒有通過考試：「對艾特肯沒有通過考試，我很遺憾。但我並不感到奇怪，你不錄取他是對的。一八五一至一八五二年我上大學時曾寄宿在他祖父的房子裡，他的父親和我一直是好友。埃文斯是我小學同學尤斯塔．范甯的侄子，一八四七至一八五〇年我們一起在都柏林的美以美會學校；他落選了我也很遺憾！」[49]

在處理違規行為上，赫德非常果斷，堅持有法必依，執法必嚴，從不搞「下不為例」。「貪污、侵吞、挪用、受賄等不廉行為者，一經稅務司上報總稅務司，將予立即開革。」這一點他說到做到，甚至會主動負連帶責任。一八七三年四月，一個副稅務司的失職造成了海關二萬三千兩銀子的損失，赫德認為自己有失察之責，用自己的錢填補了這個損失。

關於道德約束和制度約束，赫德與中國官員進行過一次有趣的討論。一八六四年七月二十九日，赫德與中國官員董恂和文祥一起漫談「道德」這個話題。赫德回憶：「我說中國人和我們不同之處可以追溯到根本的出發點：中國人說人性善，我們說人性惡。中國人因而求助於教育養成

---

46 王宏斌：《赫德爵士傳——大清海關洋總管》，文化藝術出版社（二〇〇〇），頁一一九。

47 〔美〕馬士：《中華帝國對外關係史》第三卷，上海書店出版社（二〇〇六），頁四九七。

48 皇甫中主編：《把權力關進制度的籠子裡：與領導幹部談權力監督與制約》，紅旗出版社（二〇一三），頁一三七。

49 黃豐學：《赫德與中國近代海關的廉政建設》，上海師範大學，中國近現代史專業碩士論文。

的規矩；我們則透過『懲』，對違法進行治理和處罰，樹立法律和規章。」[50]

十一

配合以上制度改革，赫德還進行了薪資制度改革。我們講過，清代舊式海關各級工作人員名義上薪資都極低，表面上看差不多是給大清帝國免費打工，但是實際上他們卻個個都是超級富翁。赫德說：「中國的禍根在於官員薪俸低微不足。」

赫德說，為了使海關改革卓有成效，必須用支付高薪的方式使關員們保持廉潔。「一切費用，不可減少。若少，則所用之人，必為奸商所買。」

赫德制定了《中國海關管理章程》，實行高薪養廉。但是前提是公開透明，把海關關員的收入曬在陽光下。

按照赫德制定的章程，海關內外班華洋人員的基本薪酬如下：

內班（相當於當今海關的職能管理部門人員，也就是行政人員）：

稅務司九、〇〇〇兩

副稅務司三、六〇〇兩

頭等幫辦三、〇〇〇兩
二等幫辦二、一〇〇兩
三等幫辦一、二〇〇兩

外班（相當於執行查驗、稽查、調查等外勤工作的人員）：

超等驗估二、四〇〇兩
頭等驗估一、八〇〇兩
二等驗估一、二〇〇兩
超等驗貨一、二〇〇兩
頭等驗貨一、〇八〇兩
二等驗貨九六〇兩
超等鈐子手（稽查員）八四四兩
頭等鈐子手七二〇兩

50 同前註。

二等鈐子手六〇〇兩[51]

主要以華人為主的職務，薪資雖然低於洋員，但是與中國社會的普通標準比起來也是非常高，幾乎是其他國家相應的行政機關的兩倍。比如「通事」根據等級不同，年薪為九百至二千四百兩。「幫辦通事」根據等級，年薪為三百六十至九百兩。最低的「額外通事」年薪為二百四十至三百六十兩。

除了基本年薪外，關員還享有年度獎金和福利津貼。員工在海關工作一定年限後能獲得一筆額外的薪資，如表現突出還會得到額外獎金和加薪。在海關任職得愈久，獲得的待遇就愈高，保障也愈豐厚，這無形之中提高了海關人員的參與腐敗的成本。

高薪養廉制度使關員無後顧之憂，也不必去冒貪污中飽的巨大風險，也保證了關員們的工作熱情，促使他們長期地為海關效力。「新關之所以能如此高效運作與其高薪的工作報酬是直接相關的。」

綜合觀之，赫德的幾項管理制度是相互關聯的：高薪激勵機制，讓關員們「不想貪」；先進的會計制度和審計監督制度，讓關員們「不能貪」；嚴明懲戒制度，讓關員們「不敢貪」。這三者互為補充，不可分離。

赫德不僅自己在海關實行高薪養廉，還把這個作法作為一項重要建議，貢獻給清朝政府。在一八六五年十月十七日向清政府遞呈的《局外旁觀論》中，他建議說：

> 文之要，唯各官俸祿。各等官員應予以足敷用度定數，不致在外設法得錢，……其民不服並非因被勒之多，因無定時，無定數而係私取。若因國家用度，新定民間應納各項銀兩，必無不服。所交之銀，並無格外為難，反或較少。[52]

當然，清政府並沒有採納這一建議。

十二

高薪養廉當然要付出代價，那就是海關經費的大幅增長。我們說過，在清朝舊海關時代，粵海關每年經費很低，每年不過花掉一萬多兩。但是赫德接任總稅務司後，海關經費升至近七十五萬海關兩。在赫德任職期間，這項經費隨著通商口岸的增加而逐步提高：一八七六年為一〇九．

51 《中國社會科學院近代史研究所青年學術論壇》二〇〇六年卷，社會科學文獻出版社（二〇〇七），頁二七八。

52 李天綱編校：《萬國公報文選》，中西書局（二〇一二），頁一六七。

八二萬海關兩，一八八八年為一七三・八二萬海關兩，一八九三年為一八六・八二萬海關兩。一八九六年為一九六・八萬海關兩，到一八九八年，因金鎊漲價，赫德以各關洋員薪水按銀發給，以銀換金，「虧累太大」為名，又請增稅務司經費。他的理由是「如果不給他足夠的資金，就無法期望他們保持廉潔」。[53]海關經費由此每年達到三一六・八萬海關兩。

但是清政府卻很痛快地批准了如此高的經費標準，這是因為朝廷認為這些經費花得值得：在赫德的管理下，關稅收入迅速提高。一八六一年，海關稅收是四百九十餘萬兩，到了一八七一年，僅僅十年，就達到一千一百餘萬兩，翻了一番。到一九〇四年赫德離職時，已經達到三、〇二〇・六五萬兩，翻了六倍多（參見下圖）。[54]

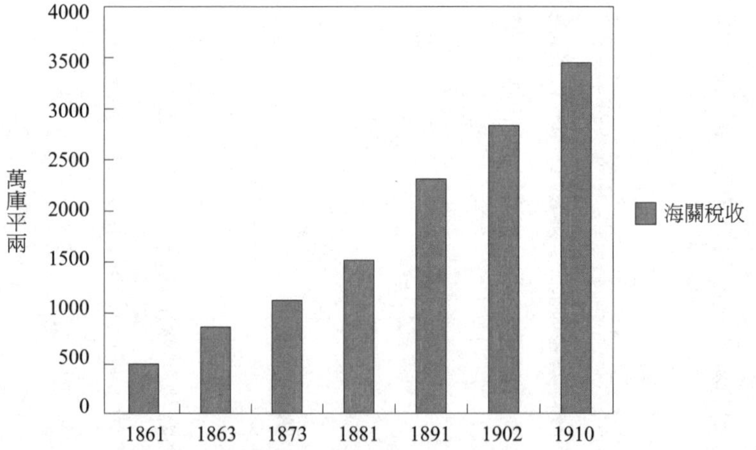

圖二　赫德時期中國近代海關稅收增長

資料來源：上海師範大學黃豐學碩士論文《赫德與中國近代海關的廉政建設》。

與此同時，一八六一年海關稅收約占清政府總財政收入的九%，到了一八六四年這一比例增加到了一二%，到一八八五年增加到了一八．八%，而到了一八八七年，由於稅釐並徵，海關稅收占清政府財政的比重迅速提高到了二四．三五%。

赫德主掌的海關大大緩解了清政府的財政窘境。稅收猶如國家經濟的血液，清政府在瀕死的邊緣，獲得了海關稅收大量增加所帶來的新鮮血液，讓它又苟延了幾十年的壽命。

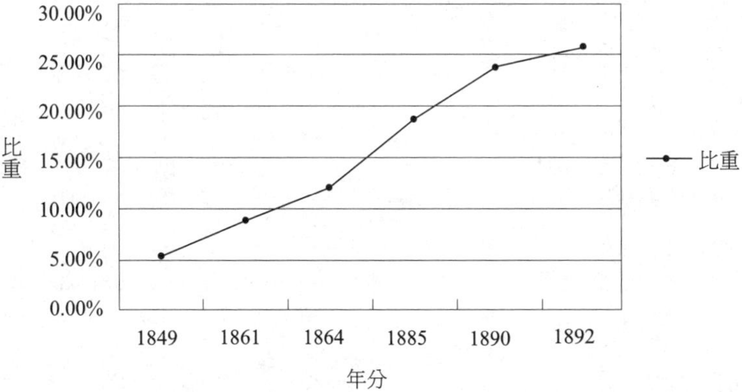

圖三　1849-1892年清朝海關稅收總額占財政收入比重

資料來源：上海師範大學黃豐學碩士論文《赫德與中國近代海關的廉政建設》。

53 李虎：《清代海關管理制度比較研究》，河北師範大學碩士生學位論文，二〇〇三年。

54 參考曹傳清：《赫德對晚清中國社會的影響》（湖南師範大學中國近現代史二〇一〇年博士論文）及黃豐學：《赫德與中國近代海關的廉政建設》（上海師範大學二〇〇六年中國近現代史專業碩士論文）等資料。

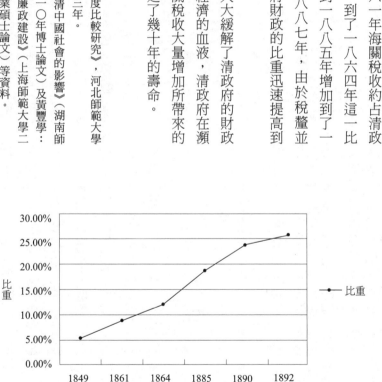

在赫德的管理下，海關的服務水準也大幅上升。赫德要求海關明確定位自己的「服務機關」，簡化海關的辦事程序，順暢商人和海關之間的溝通，為商人做好服務工作。他提出：「應與人為善，若海關與商人雙方相互善待則更佳。」「凡不計別人議論及個人得失，能抑制不遂心願以完成不愉快之職責者，此等公僕堪予褒獎」，[55]這些要求改善了海關的管理形象和執法環境。

海關改革看起來是一件皆大歡喜的事：外國商人因實徵稅率降低而獲益，清政府關稅收入也大增，海關關員更是獲得了豐厚的薪水，過著優裕的生活，三方都成了受益者。那麼誰是受害者呢？顯然是舊海關那些原來靠貪污吃飯的舊官員以及吏役、兵丁、家人，還有依靠海關分肥的以各級官吏為主體的利益集團。

十三

反思赫德海關改革的成功，除了制度建設的成功外，還有以下因素：

第一是赫德的個性，以及他所承受監管上的壓力。赫德是一個虔誠的教徒，又是一個極為敬業的人，可以稱得上是一個工作狂，每天工作十多個小時，數十年如一日。此外，總稅務司這個職務處於多重焦點之下：清政府雖然把海關委託給他管理，但是從制度上來說，可以隨時換掉他。與此同時，德、法、俄、日等國家，都對總稅務司一職垂涎三尺，如果他的行為稍有不檢點，就很可能下台，這讓他不得不殫精竭慮、認真管理。

第二是他將自己與中國政府準確定位。赫德多次重申：「總稅務司署，乃係中國機關，總稅務司係受中國政府之任命，辦理海關事務。故總稅務司在執行關政上，對於中國政府係協助之性質。自不應蔑視中國之主權，而謂政由我出。」[56]

赫德非常清楚這樣做的理由：「我們做的是中國的工作，人家付錢讓我們做的是中國的工作，如果我們要生存下去的話，必須遵從中國的方式和觀點。」[57]

赫德非常尊重中國政府的權威，而中國政府對新式海關的管理也感到滿意，給了赫德極大的管理自由空間。晚清的中國海關也稱「洋關」、「新關」，管理國際貿易。與之相對的是內地的「常關」、「舊關」，由清政府官員主管。「洋關」高效廉潔，「常關」貪腐蔓延，形成鮮明對比。所以晚清政府給赫德極高的評價，「伏查總稅務司赫德自咸豐四年來華，至同治二年補授今職，綜理各關稅務，布置周密，收數遞增，確著成效」，「在中國總司榷務，宣力有年，卓著成

55 海關總署《舊中國海關總稅務司署通令選編》編譯委員會編：《舊中國海關總稅務司署通令選編》第一卷一八六一—一九一〇年，中國海關出版社（二〇〇三），頁三十一。

56 海關總署《舊中國海關總稅務司署通令選編》編譯委員會編：《舊中國海關總稅務司署通令選編》第一卷一八六一—一九一〇年，中國海關出版社（二〇〇三），頁二七一。

57 《赫德與中國海關》下冊，廈門大學出版社（一九九七），頁五三六。

效，國家深資倚重」，「中國海關歲收稅項日見起色，莫不盛推總稅務司綜核之功」。[58]一九〇八年，清政府賞赫德尚書銜，並在他死後追封太子太保，這是外國人在中國獲得的最高榮譽。

第三是赫德的改革是理性的、漸進的。赫德有著英國式的現實主義精神，他主導的新海關與中國舊海關並非一刀兩斷，而是有所繼承。比如新式海關在稅款解繳存放方面繼續沿用了傳統的關銀號制度，一直到辛亥革命後才逐漸由新式銀行取而代之。赫德曾經說過：「中國對於歐洲的任何制度都不會原封不動地接受，因此必須改頭換面，才能適合中國人的眼光。改頭換面以後，內部的骨架子必須是堅固有力的，五官四肢仍然是完備的，全體的職能當然還是可以實現的；不過正如同普通的內地人看一個穿大禮服的中國人覺得奇怪一樣，一個嚴格的西方專家看見這種改頭換面的制度也會覺得不順眼的。我主張緩步穩進，開始時只做一些必須做而且可能做到的事，但是有眼光的人們大概會因小見大，看到將來發展的遠景的。」[59]

因為海關管理的成功，清政府擴大了赫德的權力，讓他接手了一部分沿海常關也就是內地稅關的管理工作，希望赫德能對它們進行近代化改造。在將洋關制度移植到常關管理領域時，赫德盡可能留用了常關原套人馬，對原有「工作手續和人事將不做任何不必要的變動」，避免引起較大震動，接管五十里內常關的工作因此穩妥推進，取得成功。在幫助清政府創辦現代郵政制度時，赫德也說，「為各方面的利益計，我們應該效法的是龜行，而不是兔走」。[60]

十四

當然，雖然非常尊重中國政府的權威，但赫德作為一位西方人，仍然堅持認為西方的政治文明發展是高於中國的，他曾試圖把海關塑造成為「中國全面改革文職機構的典範」，以促進中國政府管理模式的升級。因此他提醒其他海關關員不要忘記「自己乃先進文明之代表，該文明與中國之文明截然不同，因之亦不必抑制發揚先進文明與推行西式成功經驗有益成果之自然願望」。[61]

不管赫德的本心如何，他管理下的晚清中國海關，其廉潔程度在兩千餘年帝制中國的歷史上確實可以說是絕無僅有。魏爾特（Stanley F. Wright）在《赫德與中國海關》中說：「赫德任期內海關人員的違法行為沒有超過五起」。具體地說，據一八五四至一八七〇年十六年的統計，海關

58 海關總署《舊中國海關總稅務司署通令選編》編譯委員會編：《舊中國海關總稅務司署通令選編》第一卷一八六一—一九一〇年，中國海關出版社（二〇〇三），頁六〇四。

59 盧漢超：《赫德傳》，上海人民出版社（一九八六），頁二一一。

60 盧漢超：《赫德傳》，上海人民出版社（一九八六），頁二一四。

61 海關總署《舊中國海關總稅務司署通令選編》編譯委員會編：《舊中國海關總稅務司署通令選編》第一卷一八六一—一九一〇年，中國海關出版社（二〇〇三），頁二九。

關員中總共只有四名因行為不軌、一名因經商、一名因受賄而被除名。這一事實說明，貪腐在中國並不是不能治好的絕症。

很多人因此對赫德的評價很高。英國思想家羅素（Bertrand Arthur William Russell）說：「如果外國管理者對中國政府負責，而不是對外國負責，那麼他的管理就能夠產生教育作用，而且有助於把中國建設為一個高效的國家。中國要解決的問題是從白人那裡獲得切實而理智的知識，而不成為其奴隸。效法西方而設立的海關制度在初期是值得大力推廣的。」[62]

史學家唐德剛在論及晚清海關的管理制度時寫道：「清末民初的『海關』和其後由海關辦的『郵政』，讀者知之否？卻是洋人替我們代管的，是最有效率、有最好人事制度、員工薪給福利最好而貪污絕少的兩個現代化大機關。」[63]

中國海關史研究專家陳詩啟教授認為，赫德於一八六九年制定的《中國海關管理章程》是「中國人事管理最早的比較完備、比較科學、比較系統的制度」，「這種制度從管理學的角度看，是科學的，從當時的中國來說，也是先進的」。[64]

當然，我們要看到，赫德管理的中國海關，也有很多問題。其中最主要的是對華人的歧視：海關主要管理職位都是西方人，在赫德任內，直到一九〇七年才有一名叫張福庭的華員做到代理亞東關稅務司。

本書的任務不是對赫德進行全面介紹，因此不評價他海關改革以外的活動，但是毋庸迴避的是，赫德的所作所為，很多時候代表的是英國利益。而且一個外國人長時間把持中國的海關，本身就是對中國尊嚴的極大損害。所以可以說，「中國海關主權是由赫德一手徹底破壞的」，[65]他把中國海關變成了一個半殖民地性質的海關。一九四九年之後，中國從外國人手中收回了海關管理權。揚眉吐氣的中國人完全摒棄了舊海關的制度和方法，參照傳統和蘇聯制度，採取自己的管理方式。比如赫德時代海關實現了垂直領導，但是接手後的中國海關實行中央與地方雙重領導，並且以地方領導為主。這就在一定程度上回歸了傳統。

改革開放之後，中國經濟蓬勃發展，對外貿易也迅猛增長。中國海關在經濟建設中發揮了重要作用，但是很不幸，也再一次成為腐敗高發地帶。據報導，中國海關「正面臨著反腐倡廉的嚴峻形勢和艱巨任務，多個沿海地區的海關系統曝出貪污的利益共同團體」。比如一九九八年九月，湛江特大走私案爆發，湛江海關關長被判死刑；一九九九年四月，廈門遠華特大走私案爆發，廈門海關關長被判死刑；一九九九年九月，杭州海關關長受賄案發，被判處死緩；二〇〇〇年二月，深圳海關關長受賄案發，被移送司法；二〇〇一年三月，海關總署副署長被移送

62 羅素著，秦悅譯：《中國問題》，學林出版社（一九九六），頁四十三—四十四。
63 唐德剛：《晚清七十年》，嶽麓書社（一九九九），頁一七八—一七九。
64 陳詩啟：《中國近代海關史》晚清部分，人民出版社（一九九三），頁一九一。
65 黃啟臣：〈赫德是中國海關主權的徹底破壞者〉，《中山大學學報》一九八九年第三期。

司法……自一九九八年至二○○○年，全國海關共查出內部人員違法違紀案件三八六起，涉案七六三人，其中廳局級幹部二十八人，處級幹部一二二人，移送司法機關一六八人，開除公職一七三人。廳局級幹部涉案人數占全國海關同級別幹部（二二七人）的一二%。全國四十二個直屬海關的最高主管，已有四人被移送司法機關或已判刑，占全部直屬海關最高主管的近一○%。如同前清海關一樣，一個單位成建制地垮掉的現象又一次出現。比如在湛江特大走私案件中，有兩百多名海關關員涉案。在廈門特大走私案中，僅廈門海關涉案人員就達三百多人。[66]

管理制度是人類共有的財富，是無國界的。赫德時代的海關管理經驗，也許可以為今日海關建設乃至整個反腐制度建設提供一點有益的啟發。

[66] 參考穀秀川：《中國海關執法腐敗問題分析》（對外經濟貿易大學工商管理專業二○○一年碩士論文）等。

第二章
「陋規」是一種制度性腐敗

中國傳統官僚辦公效率不高，但在貪污肥私時所表現出的主動性、創造性和高效率，卻是令人吃驚。

「陋規」其實已經成為一種變形的財政制度。任何一位官員也無法跳離「陋規」遊戲。

一

雍正元年，剛剛登基不久的雍正皇帝向全國發下一道諭旨，內容很特殊：要求各省總督和巡撫向他匯報一下每個人的「陋規」情況。他想了解一下，大清帝國的這些「省長」們，每人一年到頭能獲得多少「灰色收入」。

面對這道諭旨，很多地方大吏都陷入驚疑當中。他們不知道皇帝心思為何。不過反覆衡量之下，大多數督撫還是決定，老實交代為好。因為透過新皇帝上任後對自己親兄弟的舉動，他們已經判斷出這是一位不好惹的主子。

各地匯報源源不斷地到達北京。

不報不知道，一報嚇一跳，灰色收入的數量還真不少。

署理廣東巡撫年希堯（年羹堯的哥哥）做了這樣的匯報：

> 今奴才到任一個月，已查明巡撫衙門規例，各下屬司道府州縣每節送巡撫節禮一萬二千餘兩，一年四節約計銀五萬兩。……布政司每年有平規銀八千兩，廣州潮州肇慶高州四大府監收橋稅四季幫辦費錢七千兩，此兩項一年共銀一萬五千兩……[1]

諸項相加，廣東巡撫一年灰色收入約六萬五千兩。

其實這在全國總督巡撫中還屬於較低水準。山東巡撫黃炳向皇帝奏報，當地巡撫衙門每年接受的規禮達十一萬餘兩。河南巡撫則奏報：「一年所有各項陋例，不下二十萬兩。」[2]兩江總督查弼納匯報說，兩江總督衙門每年陋規收入也達到近二十萬兩。

二

雖然已經知道這些地方大吏收入頗豐，但是實際數字一報上來，雍正還是吃驚不小。如此巨額的收入代表何種意義呢？

清代雍正年間的貨幣，換成今日的幣值，每一兩白銀大約合台幣二、七〇〇。大清的省部級官員，陋規收入在六萬兩到二十萬兩之間，如果以一兩值六百元計，相當於今天的一六、二〇〇萬元到四．五億九千萬元之間。

那麼，清代省長每年薪資收入多少呢？

說來令人難以置信。清代的巡撫年薪資一百五十五兩，合成年收入四十萬五千元台幣。公開收入如此之低，灰色收入又如此之高。雖然按照中國人的傳統想法，當官的肯定會想辦法賺取一些灰色收入，但是灰色收入數量居然達到了公開收入的數百至一千二百倍之多，這還是太驚人了。

1 《雍正朝漢文朱批奏摺彙編》第一冊，雍正元年正月初二日至九月二十日，江蘇古籍出版社（一九九一），頁一九四—一九五。

2 《宮中檔雍正朝奏摺》第二輯，台灣：國立故宮博物院，一九七九年影印本，頁七四三。

三

收到這些匯報之後，雍正皇帝是什麼態度呢？與我們想像的「勃然大怒」、「拍案而起」相反，雍正並沒有生氣。他提筆做出了溫和的批示，對官員們的誠實態度表示鼓勵。比如在年希堯的奏摺上面，他批了這樣一段話：「覽爾所奏，朕心甚悅。全是真語，一無粉飾……」[3]同樣，在兩江總督查弼納的奏摺上，雍正批示：「朕信得過你，再不是負朕之大臣。保管從來督撫不曾奏你如此一個摺子，實令朕不忍觀也。好！真好！」[4]

大清律法明文規定，官員不得私取任何陋規。因此各地官員在向皇帝匯報以前陋規的同時，還膽戰心驚地向皇帝表示，以後他們要把這些陋規大刀闊斧地裁掉。對此，雍正不但沒有鼓勵，還表示了不同意見。雍正在給年希堯的批覆中說，以前曾經有些總督和巡撫，沽名釣譽，把陋規裁去了，但是效果並不好，所以你要慎重行事，也不必一下子全都裁掉：

至於你的這些項收入，朕也不知那（哪）是該取，何是不該取？此等碎小之事，朕亦不問不管，只問你總責成一個好字。以前督撫們往往在此事上沽名釣譽，把一些收入裁撤去不

> 取，但實際上拐彎另設他法，暗地所得更甚。所以朕也不要定規矩來繩限你們。只要你們取出良心來，將利害二字排在眼前，長長遠遠的想去，設法做好官就是了。[5]

意思就是說，這些灰色收入，哪些當收，哪些不當收，你自己做主，我不管。

四

讀到這，讀者們可能非常奇怪，為什麼以性格刻薄著稱的雍正皇帝，居然容許他的臣下繼續收受陋規呢？

這是因為雍正很清楚這些陋規是為什麼產生的。

如前所述，大清王朝沿襲明制，給各級官員所定俸祿水準極低。巡撫級別，年薪資不過一百

3 《雍正朝漢文朱批奏摺彙編》第一冊，雍正元年正月初二日至九月二十日，江蘇古籍出版社（一九九一），頁一九四—一九五。

4 中國第一歷史檔案館編：《雍正朝滿文朱批奏摺全譯》（上），黃山書社（一九九八），頁一〇六。

5 《雍正朝漢文朱批奏摺彙編》第一冊，雍正元年正月初二日至九月二十日，江蘇古籍出版社（一九九一），頁一九四—一九五。

五十五兩。

而他們每年的實際支出，大約在八千兩到兩萬多兩之間。這些錢並非用於奢侈的生活或者特殊的享受，而是一個省級官員生活中必需的、合情合理的支出。

讀者們可能更奇怪了，他們為什麼要花這麼多錢呢？為了說清楚這個問題，我們不妨來為一位總督或者巡撫大致算筆帳，看看他一年裡要花哪些錢。

第一當然是他個人和家庭的開支。

總督和巡撫都是兼管兩省甚至三省，而且既管民政，又管軍務，其權力，起居出行，當然要講一定的排場。

清代的財政制度與今日有很大差異。今日的公務員通常享有優厚的福利待遇。特別是高級公務員，雖然薪資水準可能不是很高，但會享有優於私人企業的福利。但是在清代，各級官員做夢也想不到會有如此好的待遇。

清代官員，沒有宿舍、沒有交通補助、沒有差旅費、誤餐費，也沒有健保，連官服都要自己花錢。

清代官員穿衣服要花很大一筆錢。學者張仲禮在《中國紳士的收入》一書中提到晚清地方官的官服支出，「一些來自日本的目擊者在二十世紀初期真實的敘述，可以作為官員高消費的實例。他們提到一個知縣的一套官服價值三百兩至四百銀兩」。[6]知縣如此，督撫更可想而知，講究點的總督和巡撫，置辦齊一套官服，要花掉幾千兩。

養活一家人更要花錢。在傳統社會，總是一人當官，雞犬升天，自己的父母兄弟要靠他養活不說，就連八竿子打不著的遠房親戚也可能會大老遠地跑來投奔，一個人的收入通常要照顧少則幾十多則上百的消費者。康熙四十一年（一七〇二），當時的御史劉子章就曾經這樣奏報：「臣每每見到知府官員，家口多至三四百人，州縣官員家口多至一二百人。」[7]（當然，這個「家口」，即包括家眷，也包括僕從。以各種名義來索取財物的老鄉、同學也比比皆是。）

第二項是社交支出。傳統社會是一個人情社會，需要應酬的地方比今天還要多。一個官員每年在社交上要花掉一大筆錢，比如他們每年都會給京中的同鄉官員送上一點錢，這就是所謂的「冰敬」、「炭敬」。在傳統時代，這也是一筆為數甚巨的負擔。

第三是工作人員的開銷。他身邊的一套人馬，都需要自己花錢雇用。

今日的讀者可能很難理解這一點。

作為一方諸侯，總督和巡撫身邊當然會有一大批工作人員。以今日的政府官員而論，身邊必有祕書長、行政、財務、公關、警衛等一大套常設機構。按常理推測，清代督撫也應該有一支類

---

6 張仲禮：《中國紳士的收入》，費成康、王寅通譯，上海社會科學院出版社（二〇〇一），頁十三。

7 《雍正朝漢文朱批奏摺彙編》，第一冊，江蘇古籍出版社（一九八九），頁八〇一。

似的辦公服務隊伍。事實上，清代督撫衙門當中，也確實存在一個二、三百人的龐大班子，他們由幕友、書吏、僕役、家丁這幾類人組成，負責省級官員的辦公、顧問、保衛、勤雜等事務。

不過今日的政府中，上自祕書長下至普通科員都是國家公務員，由國家支應薪資。但在清代，這些人的薪資卻要由督撫自掏腰包。為什麼呢？因為在清代督撫衙門中，只有總督和巡撫是國家承認的在編官員，其他人都沒有「編制」。也就是說，國家不給總督和巡撫配備下屬辦公人員。

這種奇怪的設計當然事出有因。第一個原因是總督和巡撫的設置起源於明代，最初他們是臨時性的監察官員，負責巡察各地，事畢還朝，所以沒給他們配備固定的署員。第二個原因是清王朝吸取歷代地方割據的經驗教訓，在政治設計上力圖保證中央對地方的有效控制。沒有屬員，輕車簡從，自然更方便朝廷對他們的調動，也可以防止總督巡撫們坐大勢力。

另一個考慮，則是為了省錢。因為這樣的設計使中央政府幾乎不用考慮省級衙門的經費支出，只需要給督撫一人開支就行了。從表面上看，這給國家節省了大量財政經費，但實際上，這種設計只是體現出皇帝們的小氣和偷懶，實際上並不能減少官僚機構運行中的各種費用。因為督撫位高權重，事務眾多，不可能不建立龐大的辦公隊伍。

在總督衙門中，必不可少的是以下三類工作人員：幕友、書辦、僕役。

幕友的地位，大約相當於今天政府機構中的祕書長、副祕書長、辦公室主任副主任之類，起著參謀助手甚至代理決策的作用，所以薪水待遇一般都很優厚。一般總督或者巡撫，要請八個以上的幕友，每個人年資至少一千兩白銀。這樣算來，督撫每年需要負擔的幕友薪資支出就達八千兩以上。

書吏也就是普通工作人員，大致相當於今天的科員。他們辦理具體的事務性工作，每個衙門要有上百人，他們的薪資每人每年幾十兩，加起來為數也不少。除此之外，衙門中還有大量的後勤保衛等人員，如門子、轎夫、廚子、馬夫、更夫等，負責收發接待、採買後勤、安全保衛、交通出行等眾多事務。這些人的薪水，自然更要督撫解決。

由督撫來負擔身邊工作人員的開支，這在今日看來已經十分不合理了，清代的財政制度中居然還有比這更匪夷所思的規定，那就是總督還要負擔一部分地方事務支出。

比如，按國家規定，總督作為當地軍隊的最高統帥，每年都要閱兵。閱兵就要花錢，還要對表現優秀的士兵進行獎勵。這些支出並無國家經費，要督撫們自籌。

在督撫們的諸多不合理的負擔中，有一項最有代表性，那就是皇帝與督撫們的通信費用。封疆大吏經常要派人往返京城，遞送奏摺，與皇帝溝通資訊。奏摺事關國家機密，需要多名得力幹員專程護送，這筆路費每年平均不下千兩，邊遠省分花費更多。這些支出皇帝同樣不管。

那麼，一位總督一年到底支出多少呢？在雍正年間物價尚低之時，劉世明在福建巡撫任職時具折奏道：「巡撫衙門一切需用……酌量於不豐不嗇之間，每年不過一萬四千五百金。」[8] 浙江巡撫李衛到任時，吃食口糧俱系原籍裝運外，其他的一切日用盤費及衙門幕賓束金，每年還要八千餘兩。山西巡撫衙門一年內共用銀九千七十二兩。直隸總督一年則需要二萬四千九百兩。比較貧窮的貴州巡撫衙門每年也需銀八千五百兩。從以上一些督、撫衙門的用度情況看，總督、巡撫要維持正常公務和養贍家口涉及的私人開支，每年所費在八千至二萬多兩不等。[9]

五

所以，陋規的產生，也有其「不得已」之處。收入一百五十五兩，支出八千至二萬多兩，解決這中間的巨大差額，是一個非常現實的問題。所謂靠山吃山，靠水吃水。在沒有獨立財政來源的情況下，督撫們只能靠他們的權力，通過「勒索下屬」，來搞一點經濟收入。這種「勒索」時間長了，就形成了「陋規」。

其實早在康熙晚年，陋規問題就已經發展到了非常嚴重的地步，所以康熙皇帝也曾對陋規情況進行過調查，想看看陋規具體都有些什麼內容。康熙五十六年（一七一七），江西巡撫白潢按要求在奏摺中向皇帝詳細匯報當地的陋規收入。

白潢列舉了江西省陋規的五項內容：一是節禮，下屬官員在節日所送，每年大約五萬兩。二是漕規，糧道衙門所送，每年四千兩。三是關規，轄區內兩家稅關衙門所送，每年兩千四百兩。四是鹽規，鹽商所送，每年一萬兩。五是錢糧平頭銀，每年八千兩，布政使衙門所送。總數達到七萬四千四百兩。[10]

從這份清單可以清楚地看出，白潢所收到的「規禮」由「規」和「禮」這兩部分組成。所謂「規」，是由下屬部門送的，前述的「漕規」、「鹽規」、「關規」以及「錢糧平頭銀」即是。而所謂「禮」，則是官員們以個人身分送的。白潢所說的「節禮」就是。

要想徹底了解陋規的產生過程，我們不妨花點時間一項項分析。先來看看「規」。

總督巡撫衙門的「規費」一般來自他直接管轄的下一級部門，比如布政使衙門、糧道衙門、鹽務衙門以及各稅關等有錢有權的部門。

規費的第一項是「錢糧平頭銀」，來自布政使衙門。當然，布政使衙門並沒有直接稅收權，這筆錢是由各基層政府，也就是各州各縣送給布政使衙門的，布政使衙門再分一部分送給總督。「州縣和其他下屬機構繳送的收入到達布政使、督糧道等官員手中，但是它們並未成為後者獨享的財

---

8 張玉柱：《雍正朝漢文朱批奏摺彙編》第十四冊，江蘇古籍出版社（一九八九），頁四六二。

9 李春梅：〈清朝前期督、撫陋規收入的用途〉，《內蒙古社會科學（漢文版）》二〇〇七年第二期，頁四十。

10 中國第一歷史檔案館編：《康熙朝漢文朱批奏摺彙編》第八冊，康熙五十六年十一月十三日，江西巡撫白潢奏為據實臚列巡撫衙門各項舊規折，檔案出版社（一九八五），頁八。

產。這些錢糧的接收衙門是經費流向更高衙門的管道。在山東，運費和飯銀等形式的經費大多數合併為『分規』，這是因為它們是在布政使、巡撫和總督之間進行分配的。同樣，廣東藩庫的搭平銀則在總督、巡撫、布政使、按察使之間進行分配。江甯布政使覺羅石麟奏報，他已從江蘇州縣收到隨平銀一二、九〇〇兩，其中每年平規銀一、五〇〇兩呈送總督，二、七〇〇兩呈送巡撫。」[11]

第二項是關規，來自各稅關。各稅關都是肥差，他們收到的稅，除了上繳國庫外，往往還會有大量的盈餘。這些盈餘的錢，一般會在稅關官員和上級領導之間進行分配。比如福建省的盈餘是分成四等分：兩等分，也是百分之五十，送給巡撫衙門。一等分，也就是百分之二十五，是稅關官員自己留下，還有一等分，分給稅關辦公人員。

「漕規」來自管理漕運的糧道衙門。這些錢是各州縣官員送給糧道官員的，糧道官員再拿出一部分送給省長。

最後還有一個大頭叫「鹽規」。清代實行鹽業專賣，鹽商憑著政府發給的「鹽引」（就是食鹽專賣執照和配額）享有巨額壟斷利益，很容易成為巨富。吃水不忘挖井人，富了之後，當然要給主事者送禮。「一群河東鹽商的例子具有典型性。雍正三年（一七二五），在山西頒發一萬道新的鹽引。該地區的鹽商借此獲取了巨額利潤，雍正六年（一七二八），他們自願每年捐獻五千兩作為該省的公費。用鹽商自己的話說，他們如此做，不僅因為他們從增加的鹽引中獲利，而且因為是王朝為國家帶來了繁榮，人口不斷增長，對鹽的需求也持續上升。」[12]

透過前文敘述，我們很容易理解，總督和巡撫衙門的「規」費，實際上涵蓋了地方上所有有油水的部門。不管這油水來自哪，都要給上級進貢一部分。因為不這樣做，上級就沒有讓這個油水來源存在的必要。所以除了這幾項主要的陋規之外，有些省還有特殊的項目，比如「香規」，是向到山東泰山和湖北太和山（武當山）進香的香客徵收的，康熙、雍正年間的山東巡撫每年可以分到「香規」銀兩千五百兩。鴉片戰爭之前，廣東有「土規」，來源是鴉片（土煙）走私販子送給海關官吏和水師官兵的賄賂銀。福建汀漳道的道台甚至還有「娼賭費」收入，曾任此職的晚清官員張集馨在《道咸宦海見聞錄》中說：郡城娼樓賭館，「每月送娼賭費三百元」至道台衙門，「此乃道中陋規」。

六

規費主要出自有權有錢的部門，至於「禮」，則是所有官員，不管肥缺瘦缺，官大官小，都要送的，因為這是代表官員個人的心意。之所以說「陋規」是有中國特色的一種財政分配方式，

---

11 曾小萍：《州縣官的銀兩》，中國人民大學出版社（二〇〇五），頁六十四。

12 同前註，頁九十一—一九二。

就是因為這種分配是在「禮」的面紗下進行的。它不光要解決地方財政資金不足以及官員薪水過低的問題，還要承擔在官員之間建立情感聯繫的功能。

「所有的官吏，從最底層的縣丞到總督，都定期向上司呈遞已成慣例、數目確定的白銀作為禮物。這些禮節包括上司的生辰規禮、新官到任的賀禮、拜見官員的表禮、每年主要節日的四節節禮。這些禮物數目可觀，尤其是省裡大員比如巡撫和布政使所收受的禮物。雍正二年，兩廣總督承認收受屬下節禮四七、一一〇兩。每年呈送廣西巡撫的節禮總數是一二、四〇〇兩。除此之外，他到任時所收的禮物與一季節禮相當，並且來自桂林、平樂、潯州、梧州四府的落地稅盈餘每年有七千兩。山東巡撫塞楞額上奏，該省前任布政使從州縣接受的禮物九、七八四兩，前任學政從同一來源獲益三、二〇四兩。」[13]

清代官場的基層官員需要向上級致送的禮金異常繁重複雜，以至於他要建立一個專門的帳簿來進行統計。順治、康熙時代的吏科給事中林起龍曾經這樣概括一個州縣官員需要送的禮金：

> 參謁上司，則備見面禮；凡遇時節，則備節禮；生辰喜慶，則備賀禮；題授保薦，則備謝禮；升轉去任，則備別禮。[14]

下面我們就來分析一下林起龍所說的這五種禮。

一是「見面禮」。上司剛剛到任，下屬要前往參拜，要送「見面禮」或者「新參禮」，也叫「贄禮」或「贄見禮」，或是稱「上任禮」或「到任規禮」。「見面禮」的標準如何呢？

康熙五十六年（一七一七），出任兩江總督的長鼐報告：

奴才於六月十九日抵達江寧，接任之後，二十二日，安徽布政使年希堯，按察使朱作鼎、江寧按察使祖業宏……松江府知府李文元，伊等親攜五百兩至一百二十兩等，作為新接任之禮，送與奴才，共銀三千八百兩。估算現送來之銀數及尚未送來之江南、江西司道府官員之銀，約萬兩餘……[15]

也就是說，他到兩江地區後，安徽布政使、按察使，江蘇按察使、江安糧道、驛鹽道、常鎮（常州、鎮江）道，徽州、江甯（南京）、揚州、鎮江、松江（上海）等府知府前來參見，每人

---

13 同前註，頁五十一—五十二。

14《皇清奏議》卷七，〈林起龍嚴貪吏以肅官方疏〉，轉引自丁守和主編：《中國歷代奏議大典》（清代、太平天國卷），哈爾濱出版社（一九九四），頁四十三。

15《康熙朝滿文朱批奏摺全譯》，中國社會科學出版社（一九九六），頁一二〇八。兩江總督長鼐奏報未收受下屬官員禮銀折，康熙五十六年六月二十五日。

送銀一百二十兩到五百兩不等，總共有三千八百兩。按已送的標準估算，加上尚未見面的下屬將要送來的數目，此項禮銀有一萬多兩。而劉愚《醒予山房文存》卷十中說到，晚清四川總督的到任禮大約有二萬兩銀子。四川總督權勢並不能和兩江相比，此例也許可以說明，晚清官場禮金標準照康熙時大為上漲。

二是「節禮」。也就是逢年過節送的禮。三個重要的傳統節日，即端午節、中秋節、春節時，下屬是一定要向上司送禮的。據廣西巡撫高其倬說，廣西省省內各衙門每年向巡撫送節禮一萬兩千四百兩。廣西是老少邊窮地區，送禮標準也相對較低。而山東巡撫的節禮收入，據交代高達六萬兩銀子。其他各省的巡撫，河南是四萬兩，貴州最少，是七千兩。

三是「賀禮」，就是上司家紅白喜事及生日時送的禮金，官員的妻子、父母做壽，官員生兒子、生孫子，都要送禮。雍正元年（一七二三）博爾多代理山東布政使，「濟南府的官員做備圍屏、杯、緞、銀如意、調羹送來上壽」，具體價值不詳。第二年他出任安徽布政使，又「收受各屬壽禮，金銀、綢緞、玉器等項共計銀七千餘兩」。[16]

四是「謝禮」，是為了感謝上司提拔而送的禮。

五是與「上任禮」相對應的是「離任禮」，即林起龍所說的「別禮」，它在上司升遷、調動離任時送。

除了前述五種主要的「禮金」之外，還有其他許多名堂的禮。比如上級到下級單位巡視和檢查工作，也會收到禮金。其中有一項叫「盤庫禮」，就是上司到下級衙門盤查銀庫、糧庫時下級送上的禮金，其目的當然包括讓上級少挑毛病的意思。咸豐九年（一八五九），張集馨回答道光皇帝的詢問時，說四川總督每年春、秋兩次到布政司衙門盤庫，每次可得銀子一千兩。

七

所以清代官場的基本生態是大魚吃小魚。總督巡撫吃他直接主管的下級，布政使、各稅關、糧道衙門和鹽政衙門。布政使、糧道衙門則吃他們的下級，各州各縣。

那麼，各州各縣吃什麼呢？「小魚吃蝦米」，他們只能吃老百姓。

州縣等基層政府同樣面臨著經費不足的問題。州縣一級政府需要花錢的地方也很多，比如縣官要給師爺、書吏和衙役開薪資。再比如興修地方公共工程，修城牆、修河道、修街道等，都需要籌措資金，賑災和救濟底層民眾也需要巨額資金。中央政府雖然在收稅的時候，給地方政府留下了一點錢，但是留下的數目太少，「與州縣的行政需求幾乎沒有什麼關係」。因為經費嚴重不足，所以地方官員普遍開始在老百姓的稅收問題上做文章。

16《世宗憲皇帝朱批諭旨》卷二百一十七，《朱批石麟奏摺》，文淵閣本四庫全書，上海古籍出版社（一九八七）。

對基層官員來說，解決收支間的巨大差額並不算困難，因為他們擁有直接收稅權。「被任命管理一州一縣的官員處於獨一無二的位置，可以操縱合法的賦稅制度，創造超越法律、保證龐大中國官僚機構運作的收入。」他們在向百姓徵收國家正賦時，通常都要比國家規定的多一些。

以什麼為藉口多收呢？「耗羨」或者叫「火耗」。什麼叫「火耗」呢？「耗」的本義是損耗。地方政府向朝廷運送稅糧的路上，會有一些損耗，比如可能會被老鼠或鳥類吃掉一部分，因此要向老百姓多收點糧作為彌補，叫作「鼠鳥耗」。從老百姓手中收來的散碎銀子，要熔鑄成整錠大銀送交國庫，熔鑄過程中也會有損耗，就叫「火耗」。聽起來地方官向老百姓徵收「鼠鳥耗」和「火耗」，有其客觀合理性，但是其合理比例大約應該是百分之一二左右。也就是說，收一百斤糧食，多收一兩斤，以備補充自然損耗。然而，康熙年間，官員收的「火耗」，可不是區區這個數字。清代開國之後，「火耗」等名目就有不斷加重的趨勢，康熙說，「州縣火耗，每兩有加二三錢者」。也就是說，有的地方，火耗率竟然達到百分之二、三十。徵了一百斤糧食，竟然有二、三十斤，被鳥和老鼠吃掉了，或者說，收了一百兩銀子，有二、三十兩在熔鑄時消失了，這未免也太不合理。實際原因是官員們的大量開支無處尋找來源，就只好以「火耗」、「鼠鳥耗」等為藉口，不斷加收。

所以「火耗」實際上就是附加稅。因此，張仲禮在《中國紳士的收入》中將州縣官員的附加稅直接列入其私人收入，無疑是不適當的。他說：「御史胡家玉在一八七三年指出，朝廷在南昌縣的土地稅額為每年四萬八千多兩銀子，而知縣按慣例在每徵收一兩正稅時可收取〇．二四兩附加稅，因而該知縣每年可獲得一萬二千兩銀子的額外收入。」其實，這一萬二千兩中，有相當一部分，要用於公共事務。剩餘部分要分潤上司和其他部門。一方面，上級衙門並無直接稅收權，它們更需要解決行政經費不足的問題；另一方面，上級怎麼可以聽任自己不如下級富裕呢？所以自然而然，「附加稅」就成了各級「陋規」的基礎。

八

陋規的「陋」字反映了世人對它的道德判斷。因此今天的讀者有一種常見的認識，認為「陋規」是貪腐的產物，並且主要都歸入了官員的私囊。這確實是一個很大的誤解。綜前所述，「陋規」產生的最初原因，是地方官員收支的巨大不平衡。它本來的主要用途，也是地方公務。因此，它不能直接列入官員的個人收入。

事實上，到了後來，特別是十八世紀晚期，這些陋規已經演變成了一種「複雜的非正式經費體系，與正式的財政管理相輔相成。……獲取它們的大多數方式是非法的，但是在全國規模看來，非正式的經費體系並不是簡單的、已經制度化的腐敗。儘管參與這一體系的許多人無疑會從中牟取私利，但它的存在基本上是對中國帝制晚期的財政無法向官員提供履行職責手段的一個回應。至少一個世紀以來，非正式經費體系很好地填補了這一缺口。」[17]

所以我們很容易理解著名清官林則徐也公開收受「陋規」。道光二十六年，陝西發生重大災荒，地方稅收大幅減少，導致國家的軍糧都停徵了，然而「陋規」的致送卻不能停止，陝西糧道張集馨在《道咸宦海見聞錄》中說這一年「督撫將軍陋規如常支送」，其中的「撫」就是陝西巡撫林則徐。那麼林這一年所得「陋規」多少呢，張集馨說，計「每季白銀一千三百兩」，另有「三節兩壽」的「表禮、水禮、門包」和雜費，「一年逾萬」。[18]

不管多大的天災人禍，林則徐的「陋規」都會旱澇保收。我們很難想像林則徐為一己之私不顧百姓死活。這一事例只能解釋成離開了這筆「陋規」，林則徐個人生活以及巡撫衙門的日常運轉就無法繼續。這個例子可以說明，「陋規」其實已經成為一種變形的財政制度。任何一位官員也無法跳離「陋規」遊戲。由此我們也就能理解為什麼本來是官員們之間表達私人感情的「禮金」，卻都有著明確嚴格的時間和數目規定。因為這名義上是人情來往，事實上則是上級官員賴以活命的固定收入，和國家正式稅收沒什麼兩樣。「上司各項陋規等於正供，不能短少」，已經成了比國家的正式財政制度還要硬性的制度。因此許多官員寧可挪用國家正式稅收，造成國庫虧空，也不敢耽誤送禮給上級。

此一局面有許多官員的自述為證。同治二年，河南學政景其浚在上書皇帝的奏摺中自陳心路：在當官以前，他對「陋規」一事「未嘗不笑之」，認為自己當了官也絕不會收取。但是一當了官，發現不收不行：「及其登仕版也，苦無辦公之資，兼不能自存活，而同事諸人，無不收受陋規，不得已試從而效之，而君子遂變為小人，上下官員，聯為一氣」。謝金鑾也說，陋規實際上主要沒有進入私囊：「凡有陋規之處，必多應酬，取之於民用之於官，諺所謂以公濟公，非實宦橐也」。[19]一生經歷雍乾嘉三朝的汪輝祖在總結為官經驗時說到，對於陋規，只能採取現實的態度，不能一概裁盡：「陋規不宜遽裁，可就各地方情形，斟酌調劑，去其太甚而已，不宜輕言革除。」他甚至抨擊那些要裁減陋規的官員心術不正：「至署篆之員，詳革陋規，是謂慷他人之慨，心不可問，君子恥之！」[20]

九

這樣說來，我們應該給「陋規」正名，不是「陋規」，而是「常規」。

問題是，隨著時間的演進，陋規確實是愈來愈「醜陋」了。也就是說，剛開始的時候，收取

17　曾小萍：《州縣官的銀兩》，中國人民大學出版社（二〇〇五），頁四十四。
18　《道咸宦海見聞錄》，中華書局（一九八一），頁二六一。
19　謝金鑾：《居官致用》，徐棟輯：《牧令書》卷三，持家，轉引自《清代地方吏役制度研究》，頁五一九。
20　汪輝祖：《學治臆說．論用財》，中華書局（一九八五），頁五十三。

「陋規」，是地方官不得已而為之。但是後來官員們發現，這份收入官不舉民不究，皇帝也不好深管，所以是肥己營私的最佳空間。於是，本來收一萬兩就可以滿足公用，他會收到兩萬兩、三萬兩，甚至十萬兩。多餘的部分，裝入私囊，或者送給上級。

康熙晚年，曾經就陋規問題進行過密集的調查研究。除了白潢，康熙還要求其他總督和巡撫也匯報陋規收入情況。

收到白潢的匯報七日後，康熙皇帝又收到了白潢所處兩江地區的新任總督長鼐的匯報。他說：「江蘇布政使之秤銀四千兩，司、道、府等大員一年禮物銀共四萬兩，兩淮鹽商拔銀二萬兩，安徽布政使秤銀四千兩，江西布政使秤銀四千兩。再者，捐納之事，一年獲二三千兩不等。」[21]合計一年，他這個總督和巡撫的收入是一樣的，七萬兩左右。

長鼐的匯報很詳細，很坦率，他還信誓旦旦地說，他認為一年七萬兩的灰色收入太多了，所以他每年只收兩萬兩，用於公務。這個表態獲得了康熙皇帝的表揚。

但事實證明，他欺騙了皇帝。長鼐五年後在任內去世，雍正元年，接替長鼐出任兩江總督的查弼納匯報說，兩江總督衙門每年陋規收入可以達到近二十萬兩。江蘇、安徽兩省「布政司秤兌多餘之銀，糧道，驛鹽道，兩淮運使等多餘之銀，兩淮鹽商所贈禮銀，皆送臣衙門，加之各關監督及屬下官員饋送之四時禮物，核計歲得共近二十萬兩」。[22]可見長鼐在任時實際收受的數量是他向康熙皇帝匯報的十倍。

「陋規」給貪腐帶來了極大方便。而腐敗如同洪水猛獸，只要一開口，必然愈演愈烈。我們在史料中看到雍正初年各地向皇帝匯報的陋規數目，一般都十分驚人。例如前面所提到的雍正初年山東巡撫衙門每年接受的規禮多達十一萬餘兩。河南巡撫衙門一年所有各項陋例，亦不下二十萬兩。

相對於前述估計的雍正年間督撫的實際年支出是八千到兩萬兩，我們可以看到，在國家的默許下，官員們會超越「合理」限度多遠。

十

陋規如此肆無忌憚，就出現了幾個問題。

第一個，是百姓負擔過重。

陋規愈來愈高，各州縣的私徵額也就愈來愈高。中國傳統官僚辦公效率不高，但在貪污肥私時所表現出的主動性、創造性和高效率，卻是令人吃驚。發現了收「費」的訣竅之後，各地

21 中國第一歷史檔案館編譯：《康熙朝滿文朱批奏摺全譯》，中國社會科學出版社（一九九六），頁一二六七。兩江總督長鼐奏聞所得份數銀兩並將餘銀用於公務折，五十六年十一月二十一日。

22 中國第一歷史檔案館編：《雍正朝滿文朱批奏摺全譯》（上），黃山書社（一九九八），頁一〇六。

在「火耗」之外，又創造出許多收費的名目，如胡林翼所稱：「州縣書役樣米、淋尖、踢斛、拋散、溷淆，以及由單、串票、號錢、差費等等名目，……計每縣陋規多至數十款、百餘款」。[23] 陋規之名因此多如牛毛，總名之下，還有子名，子名之外又有別稱，同一名目又因官、因地、因時，各有不同的內容。這樣一來，「州縣火耗，每兩有加二、三錢者，有加四、五錢者。」「大州上縣，每正賦一兩，收耗銀一錢及一錢五分、二錢不等。其或偏州僻縣，賦額少至一、二百兩者，稅輕耗重，數倍於正額者有之。」[24] 本來應該在正稅之外多收百分之十，最後可能變成百分之二十、五十，有的偏僻的州縣，天高皇帝遠，地方官敢收到百分之百至二百。也就是說，附加稅比國家正稅還要高，從字面看上去，收了一百斤，被鳥和老鼠吃掉二百斤，或者說，收了一百兩銀子，熔鑄時流失了二百兩，這未免滑天下之大稽了。「火耗」加徵，因此就成了清代一個著名的惡政。

第二是官員集體腐敗。

陋規的滋生和惡性發展，使得地方政府形成了從督撫到司道到知府再到州縣的分肥體制。雍正皇帝分析陋規的危害性時說過這樣一段話，他說：

唯督撫有欲，……司道早窺之，而傳於郡守，郡守轉傳於州縣，不肖州縣官欲恣取飽囊，輒先迎合意旨，出私積以進之，私積既涸，旋挪正項或拜門生，或為幹男，常例饋送之外，複有加增，始為之尚不自覺也，久而空矣，又久而益空矣。猶且百計竭蹶以工其獻媚，藩臬道府從而效之，接踵相需索其後。以一州之贏餘，快各上司之追求，庫帑安得不空？督撫尚安得辭其責哉？[25]

督撫依賴藩司（布政使）提供經費，藩司依賴府道，府道依賴州縣，上級官員在經費上有求於下級變通幫忙，所以不得不交好他們，當老好人。「或以柔和交友，互相侵挪，或先鉤藩司短長，繼以威制勒索，分肥入己」。所以下級「有所藉口而肆其貪婪，上司有所瞻徇而曲為容隱，」在你贈我饋中，整個官場編織成一張張關係網，官官相護，盤根錯節，結成利益集團，牢不可破。中央政策很難在地方貫徹執行，無形中削弱了中央對地方的控制權力。

那麼，大清王朝的陋規在何時形成了「非正式經費體系」？面對陋規，皇帝們又採取了什麼樣的辨法呢？

---

23 胡林翼：《胡林翼集》第一冊，嶽麓書社（二〇〇八），頁三三二。

24 丁守和主編：《中國歷代奏議大典》（清代、太平天國卷），哈爾濱出版社（一九九四），頁二四五。

25 張玉柱：《雍正朝漢文朱批奏摺彙編》第二冊，江蘇古籍出版社（一九八九），頁二十二—二十三。

第三章

康熙應該對清代的制度性腐敗負最大責任

專制集權制度的特點是自私而短視。經過多年的財政集權，中央官員享受到了財政集中的好處，不願意再把已經到手的財權拱手送交回地方。

康熙皇帝最大的錯誤是在他漫長的統治期內，將一項極不合理的財政安排固化，形成了制度。如果我們承認清代的腐敗是一種制度性腐敗的話，那麼導致腐敗的制度安排，主要是在「千古明君」康熙任內完成的。

一

清代的陋規體系，是在康熙一朝發展成熟的。

康熙是中國歷史上最有個人魅力的君主之一。晚清名臣曾國藩和郭嵩燾的日記當中，都有夢到聖祖的記載。[1]這一方面說明在晚清國勢陵夷之際，朝臣潛意識當中盼望再出現一位雄才大略的君主；另一方面也可見康熙皇帝在漢族士大夫心目中有著不同於其他清代帝王的獨特地位。

為什麼康熙皇帝如此受到後世臣民的景仰呢？因為他除了治國雄才之外，還有很突出的人格魅力。

康熙也許是中國古代情緒智商最高的一位皇帝，至少可以和李世民並列。他天性善良，很善於設身處地為他人著想。所以康熙朝的君臣關係處理得非常有人情味兒。

康熙二十年（一六八一），皇帝按慣例宴請大臣。「大宴群臣」，這個場面從字面上看起來很歡樂，實際上氣氛往往是一片肅殺，因為大臣們在皇帝面前當然都戰戰兢兢，生怕失儀，飯吃得沒滋沒味。康熙考慮到這一點，開席前決定自己不參加此次宴會，並傳旨要求大臣們不必拘束，每個人都要多喝一點：「今日宴集諸臣，本當在朕前賜宴，因人眾，恐恩澤未能周遍，故不親蒞。諸臣可暢飲極歡，毋拘談笑，以負朕意。」結果當天大臣們果然都喝醉了，「諸臣無不沾醉」。[2]

也許是因為高高在上感覺太孤獨，康熙非常願意主動打破尊卑界限，拉近君臣距離。康熙二十一年，他曾邀請大臣們到中南海垂釣，而且宣布大家可以把釣到的魚帶回家，讓孩子老婆嚐嚐鮮：「今於橋畔懸設罾網，以待卿等遊釣。可於奏事之暇，各就水次舉網得魚，隨其大小多寡攜歸邱舍，以見朕一體燕適之意」。[3]康熙四十七年，他在外巡行的時候，專門請隨行的大臣們到他的行宮裡面參觀流覽，囑咐他們「隨意遍觀，勿拘形跡」，[4]有時還親自做起導遊：「遇名勝處，輒親賜指示，諸臣得一一見所未見」。[5]

後人提起康熙，最先想到的兩個字也許是「寬仁」。是的，康熙胸懷仁厚，他常說：「天下當以仁感，不可徒以威服」。[6]他非常期望能與臣下建立起一種類似朋友家人的親密感情，「君臣上下如家人父子」。能得到臣子發自內心的感激與擁戴，使天下臣民「遐邇上下傾心」，對他來講是一種不可代替的精神享受。

康熙的寬仁與他的孫子乾隆不同。乾隆初政之時，雖然也標榜「為政寬仁」，但是他的「寬仁」，很多時候是模仿出來的，強矯出來的。在骨子裡乾隆是一個高己卑人、挑剔刻薄的人。而

1 曾國藩還說，「六祖一宗，集大成於康熙。」把康熙庭訓列為弟弟和子侄的必讀書目。
2 章開沅：《清通鑑》，順治朝、康熙朝（二），嶽麓書社（二〇〇〇），頁八〇一。
3 （清）蔣良騏撰，鮑思陶、西原點校：《東華錄》卷之十二，齊魯書社（二〇〇五），頁一八三。
4 張玉書：《賜游哈喇和屯後苑記》，轉引自餘來明、潘金英：《翰林掌故五種》，武漢大學出版社（二〇〇九），頁八九〇。
5 張文貞：《賜遊暢春園至玉泉山記》，轉引自周維權：《中國古典園林史》（第二版），清華大學出版社（一九九九），頁二八三。
6 《清聖祖實錄》卷一二八，轉引自李治亭主編：《清史》上，上海人民出版社（二〇〇二），頁八一七。

康熙的「寬仁」，除了策略考慮，更基於他的天性。康熙是一個非常容易動感情的人，晚年他見到大臣請求退休的疏章，經常非常不捨，「未嘗不為流涕」。我們今天讀康熙史料，也經常能從字裡行間感受到他內心深處散發的濃濃善意。大臣李光第生病，康熙批示他去泡溫泉療養，還再三叮囑他要注意的種種細節：「坐湯之後飲食自然加些，還得肉食培養，羊牛雞鵝魚蝦之外無可忌，飲食愈多愈好，斷不可減吃食」。[7]在其後的朱批中又不斷告誡他各種忌諱：「爾漢人最喜吃人參，人參害人處就死難覺。」「飲食中留心，生冷之物不可食。」其言之諄諄，誠如「家人父子」。康熙的仁慈，不僅限於對待大臣，也表現在他對待民眾的態度當中。比如有一年北京天氣炎熱，康熙特意發布指示，要求改善獄中犯人的待遇：「有罪之人拘繫囹圄，身被枷鎖，當茲盛暑恐致疾疫，軫念及此不勝惻然，應將在京監禁罪囚少加寬恤，獄中多置冰水以解酷暑，其九門鎖禁人犯亦著減其鎖條，至枷號人犯限期未滿者暫行釋放，候過暑時照限補滿」。[8]這些材料讀來，都很讓人感動。

然而，很少有人注意到，雄才大略、心地善良的康熙，在反腐上卻寫下了諸多敗筆。正是他，奠定了有清一代制度性腐敗的基礎。

二

康熙一朝在反腐懲貪方面的第一個錯誤，是力度不夠。

和所有明君一樣，康熙皇帝當然痛恨貪污腐敗，也進行過多次吏治整頓。但是康熙整頓吏治有兩個局限，一是只專注於集中的運動式反腐，未能持之以恆。另一個是懲治貪腐的力度太弱。

康熙統治六十年期間，曾經進行過兩次規模較大的反腐運動。第一次是從康熙十八年到康熙二十六年。

清代的腐敗，並非起自中期以後。事實上，腐敗是傳統王朝終生攜帶無法治癒的病毒，往往在王朝初生之時，就已經有非常明顯的症狀。早在順治年間，很多地方官員就已經「貪污成習」，以致「百姓失所」。所以當時有大臣上疏說，「今百姓大害莫過於貪官蠹吏」。康熙登基後，地方腐敗較順治時又有所加重，有的地方官員盤剝百姓過甚，導致民眾大批逃亡：「大吏朘削卑官，卑官虐害軍民，濫行科派。脂膏竭盡，甚至逃亡」。[9]親政之後不久，康熙皇帝曾經批

---

7 何君編著：《實事求是說帝王系列．清聖祖康熙》，中國長安出版社（二〇一二），頁一二九。

8 《清實錄〇六．聖祖實錄》卷二五九，康熙五十三年六月。

9 戴逸、李文海主編：《清通鑑》一—二十冊，卷二五，山西人民出版社（一九九九），頁一四二二。

評當時的吏治情形說：「貪官污吏，刻剝小民，百端科派，多加火耗，且賄賂公行。道府庇而不舉，督撫知而不奏。吏治益壞，盜賊益多，民生益促，皆由督撫納賄徇情所致」。[10]

但是親政之後的十多年裡，康熙忙於處理平定三藩等緊急事務，沒能騰出手來整頓吏治。康熙十八年七月，北京發生了一場破壞力極強的大地震，「城垣坍毀無數，自宮殿以及官廨、民居，十倒七八」。[11]紫禁城中的養心殿、乾清宮等核心建築都有不同程度的損壞。傳統時代，地震一般都被視為上天震怒的表示，康熙皇帝也非常惶恐，他認真反省自己即位以來為政得失，認為現在最大的缺失是吏治不清。他立刻下了一道罪己詔：

> 地忽大震，皆因朕躬不德，政治未協，大小臣工弗能恪共職業，以致陰陽不和，災異示儆。[12]

到了這一年，康熙已經親政十二年了，雖然一直沒能騰出手來懲貪，但是對吏治他已經關注很久，各地林林總總的腐敗現象早已令他觸目驚心。到了這一年，平定三藩已經取得決定性勝利，戰爭不再是頭號政治任務，所以他借著這次「上天示警」，搞了任內第一次大規模的「懲貪倡廉」運動。

他首先出重手懲處貪官。山西官場官風不正，巡撫莫爾賽「名聲不佳」，康熙早有耳聞，派人前往調查，訪得此人貪污入己的實據，處以斬監候。湖廣巡撫張汧「蒞任未久，黷貨多端」，想盡辦法撈錢，「甚至漢口市肆招牌，亦指數派錢」，被康熙處以絞監候。[13]廣東巡撫金儁侵吞尚之信罰沒入官的家產，此外還侵吞兵餉，被康熙直接處以極刑。

在厲行懲貪的同時，康熙皇帝還大力「獎廉」。康熙皇帝說，在整頓吏治這件事上，獎勵和懲罰一樣重要，「治天下以懲貪獎廉為要，廉潔者獎一以勸眾，貪婪者懲一以儆百」。[14]所以他提拔于成龍為直隸巡撫、兩江總督，表揚其為「清官第一」，其後又擢用「居官清廉」的小于成龍為直隸巡撫，重用湯斌為江蘇巡撫，希望通過「樹立典型」的方式來帶動官場風氣的好轉。

這個階段是康熙一生整頓吏治力度最大的時期。不過和後來的雍正、乾隆時期比起來，康熙一生所殺貪官寥寥無幾，震懾力度遠遠不夠。而且他還沒有把這種反腐的高壓態勢一直保持下去，到了康熙二十六年，康熙感覺官場貪風已經得到了一定程度的壓制，就不動聲色地停止了這項運動。

---

10 （清）彭孫貽、（清）楊士聰撰，於德源校注：《客舍偶聞玉堂薈記》，燕山出版社（二〇一三），頁四十一。
11 （清）葉夢珠：《閱世編》卷一，《災祥》，上海古籍出版社（一九八一），頁一七六。
12 于善浦、張玉潔編著：《清東陵拾遺》，天津古籍出版社（二〇一二），頁二五二。
13 範文瀾、蔡美彪等：《中國通史》第九冊，人民出版社（一九九四），頁三五七。
14 《康熙起居注》二，中華書局（一九八四），頁一三八六。

為什麼康熙皇帝反腐沒有進行到底呢？這與他的政治哲學有關。康熙皇帝一生的政治哲學，可以概括為「中正和平」四個字。對這四個字，康熙曾經作過這樣的闡釋：「凡人於事，貴能中正和平。能合乎中，即是合理。唯中為難得，得中，則諸德悉備矣」。[15] 所謂「中正和平」，換句話說，就是凡事都要恰到好處。體現在對官員上，就是懲罰整頓適可而止，「不為已甚」。

康熙講求「中正和平」之道，既是他研習理學的心得，也是他研究中國歷史得出的結論。戰亂初息，他效仿漢初，奉行「中正和平」，「與民休息以愛養百姓」，培養國家元氣，自然是正確的，大清王朝因此也出現了「天下粗安，四海承平」的局面。但是他在吏治問題上也採取「和平」之道，顯然是錯誤的。康熙熟讀中國歷史，他相信腐敗是這片土地上一種不可能徹底治癒的病症，任何朝代都只能「帶病生存」。所以他對腐敗沒有採取「零容忍」的態度。換句話說，腐敗在任何國家都無法「根治」，關鍵要控制到民眾允許的程度的理念，導致了他反腐的不徹底。

同時，康熙反腐提前收手，也與他的性格特點有關。康熙是一個非常「好名」的皇帝，他一心要做一個唐太宗那樣的千古明君，在歷史上留下一個完美的形象，所以他講究「君使臣當以禮」，非常注意維護官員體面。他曾經說，「朕於大臣官員務留顏面，若不然，則諸臣何能堪耶？」[16] 康熙三十年（一六九一）他曾經專門下詔，闡述自己以寬仁治國的理念，表示要「與中外臣民共適於寬大和平之治」，說他對大小諸臣「咸思恩禮下逮，曲全始終，即或因事放歸，或羅咎罷斥，仍令各安田裡，樂業遂生」。[17]有這個原則作基調，他的反腐只能「適可而止」。

不徹底的吏治整頓，注定收效短暫。康熙皇帝不知道，清代文臣的群體性格已經與唐太宗的時代大大不同，皇帝的尊重，不一定能換來百官的盡心。在這次懲貪運動結束僅僅十年之後，康熙皇帝親征噶爾丹，一路經過山西、陝西、寧夏等地，發現這些地方百姓生活非常艱難，也聽到了地方上關於官府橫徵暴斂、貪污受賄的大量傳聞，這讓他深為觸動。他完全沒想到，腐敗現象在基層政府已經發展得這樣普遍。康熙三十六年（一六九七）五月十六日，即征討噶爾丹凱旋的第二天，他就發下諭旨說：「頃由大同歷山西、陝西邊境，以至寧夏，觀山陝民生，甚是艱難。交納錢糧，其火耗有每兩加至二三錢不等者，……至於山西，特一小省，聞科派竟至百萬，民何以堪？」[18]他說，究其原因，一是「大小官吏不能子愛小民」，「更恣橫索」；二是各地官員以辦理軍需為名，「藉端私徵，重徵火耗」；三是督、撫、布政使等官「不仰體朝廷恤民至意，糾察貪污，反多瞻徇曲庇，因而人役無所忌憚，擅作奸弊」。[19]

15 吳海京：《資治通鑑續紀》下，中國文史出版社（二〇一三），頁一七九。
16 何君編著：《實事求是說帝王系列．清聖祖康熙》，中國長安出版社（二〇一二），頁一三三。
17 戴逸、李文海主編：《清通鑑》（一—二〇冊）卷二五，山西人民出版社（一九九九），頁一九七一。
18 戴逸、李文海主編：《清通鑑》（一—二〇冊）卷五四，山西人民出版社（一九九九），頁二〇五四。
19 《清朝聖祖朝實錄蒙古史史料抄》上，內蒙古大學出版社（二〇〇三），頁八二〇。

看來貪腐確實已經到了不治不行的程度了。康熙下定決心，要以打噶爾丹戰役的勇氣來徹底整頓一次吏治。他說：「今噶爾丹已平，天下無事，唯以察吏安民為要務。……朕恨貪污之吏更過於噶爾丹，此後澄清吏治如圖平噶爾丹則善矣！」[20]

說到做到，康熙確實立刻開始了一場治吏「戰爭」。當月他就下令逮捕「服官污濁，朘削小民」以致激起蒲州民變的山西巡撫溫保及布政使甘度，並下諭宣稱「此等貪官不加誅戮，眾不知警！」康熙三十七年（一六九八），康熙又派刑部尚書傅臘塔、左都御史張鵬翮親往陝西，審理因當地官員「侵蝕貧民」導致的財政虧空案。

但是，康熙掀起的第二次反腐風暴，雷聲大雨點小，這兩個大案的最終處理結果，都遠較民眾的期望為輕。雖然當初宣稱要對貪官加以誅戮，但是最後康熙還是宣布山西官員「溫保、甘度已經革職，從寬免死」。[21]陝西的侵蝕虧空案，最後涉案總督吳赫、巡撫黨愛等大員也僅被處以革職、降級處分。

運動之所以進行得虎頭蛇尾，是因為掀起這次反腐運動的時候，康熙皇帝已經年過四十，已經過了創業期，進入守成期。人到中年，性格和觀念往往更趨保守和寬容。康熙的統治思路由早年的積極進取，變成了「不生事」、「不更革」，所以這次運動到康熙四十二年就基本停止了。在此之後他再也沒有大張旗鼓地整頓過吏治。

在康雍乾三帝當中，康熙皇帝的懲貪力度是最弱的。康熙晚年官場風氣大壞與此直接相關。

三

懲貪力度不夠，還不是康熙反腐最大的敗筆。

康熙皇帝最大的錯誤是在他漫長的統治期內，將一項極不合理的財政安排固化，形成了制度。如果我們承認清代的腐敗是一種制度性腐敗的話，那麼導致腐敗的制度安排，主要是在「千古明君」康熙任內完成的。

康熙朝財政安排的不合理之處，首先體現在中央財政與地方財政的分配比例上。我們上一章提到的陋規的形成，與此密切相關。

現代財政一般為分中央財政、地方財政兩部分。中央政府有中央政府的支出，比如養活全國的軍隊，以及給官員們發俸祿。地方政府也有地方建設的需要，比如興修道路和水利工程，以及給衙役們開薪資。在這兩者間如何把握一個合理的分配比例，是國家治理的重要課題之一。中國

---

[20] 《康熙實錄》卷一八七

[21] 戴逸、李文海主編：《清通鑑》（一—二〇冊）卷五四，山西人民出版社（一九九九），頁二〇六九。

的中央財政和地方財政的比例仍然在不停調整之中。中國財政部二〇〇八年在答覆人大代表提問時答覆，「二〇〇七年，中央財政收入比重為五四％，如果考慮按照有關政策規定必須返還給地方的部分收入，中央實際收入比重為四六％」。[22]

隨著歷代以來中央集權的不斷強化，中國傳統王朝的中央財政占比呈現不斷提高的趨勢。唐代實行「兩稅法」後，上繳中央的租稅為三分之一，留給地方的是三分之二，這個比例是比較符合實際需要因而也是比較合理的。但是到了明代，中央政府與地方政府的收入比例，已經達到了七比三，地方收入嚴重縮水。明清兩代把地方政府所徵收的地丁銀（大致相當於今天的農業稅）分成兩部分：一部分叫「起運」，運交給中央。一部分稱作「存留」，作為必要的地方開支費用，存留在地方衙門。「有學者通過對弘治十五年的起運存留進行研究，得出該年二者的比例為：起運數額超過總數額的六八％，存留地方的僅占三二％」，即起運存留比值大致為七比三。[23]

明代的這個分配比例，是非常不平衡的，明代地方官員缺乏財政資源，導致「地方政府在地方公益事業中處於十分尷尬的狀態，財政收支有限，不能承擔應有的職責」。[24]清朝開國之初，基本沿襲明制，所以起運與存留的比例一開始與明代相仿。但是從順治年間到康熙初年，清代地方政府的財政占比卻進一步迅速下降。

之所以如此，主要是因為戰爭。順治之後，統一戰爭還在一直進行，與南明和各地起義軍、反抗力量的戰爭一天緊似一天，軍餉供應成了天大的事，一切都要為這個讓路。中央政府沒有別的財政來源，只有不斷壓縮地方開支，削減地方存留數量，「變存留為起運」。

比如順治九年（一六五二），因為經費緊張，朝廷裁掉了各地州縣政府的多個支出項目，包括州縣政府建築裝修費用，購置辦公用品的費用，政府基層辦公人員的薪資補助等：「州縣修理察院鋪陳、傢伙等銀」、「各州縣修宅傢伙銀兩」、「州縣備上司朔望行香紙燭銀兩」、「在外各衙門書吏人役工食銀兩」等項，把省下來的錢送交中央，「以應軍需」。

到了順治十一年，又因財政緊張，「裁扣工食等銀二十九萬九千八百餘兩」，也就是說，扣減天下基層吏員薪資近三十萬兩，「將所裁錢糧與緊要處養贍滿洲兵丁」。

順治十三年，在中央財政極度困難的情況下，朝廷再一次大規模地「裁直省每年存留銀兩」，各省政府的經費遭到大幅度削減，裁減的專案包括省級官員組織閱兵的經費、官員出差補助、省政府購買辦公用品的經費、低收入群體的救濟經費、地方教育經費、省級與中央的通信費用等，其具體名目如下：

---

22 財政部：《關於「合理核定中央和地方財政收入比例，加大地方比重」建議的答覆（摘要）》。來源為財政部網站。

23 吳琦、趙秀麗：〈明代地方財政結構及其社會影響〉，《商丘師範學院學報》二〇〇四年第四期。

24 同前註。

撫道按臣巡曆操賞花紅銀：六、二九二兩；
預備過往各官供給下程柴炭銀：一七一、〇六四兩；
督撫按巡曆造冊紙張、扛箱銀：二八、九一六兩；
衙門桃符門銀價值銀：一、四二一兩；
孤貧口糧、柴薪、布匹銀：八七、七六七兩；
朝覲、造冊送冊路費銀：一一、七四八兩；
生員廩膳銀：一二六、八一八兩；
考校科舉修造棚廠工食花紅銀：八八、〇八七．五兩；
鄉飲酒禮銀：四、五一五兩；
修渡船銀：二〇、七〇七．五兩；
修理察院公館銀：六、〇五二．五兩；
進表路費銀：三、六二六．五兩；
渡船水手工食銀：一〇、八八八．五兩；
巡檢司弓兵工食銀：二三、二八九．五兩；
督撫府州縣書役工食銀：一六二、三四一．六兩；
合計：七五三、五三四．六兩。[25]

這次裁減的地方各項經費達七十五萬餘兩之多，全部移作軍費。這些都是省級政府運轉必不可少的項目支出。這就導致我們前一章提到的總督和巡撫不得不自己承擔起許多公務開支，比如閱兵時要自己花錢犒賞兵丁，自己花錢派送奏摺。

到了康熙年間，戰爭仍然連綿。各地投降的漢人將領反叛不斷，特別是三藩戰爭花費的軍費更是巨大。朝廷在財政上想到的最主要辦法，仍然是壓縮地方財政開支。

根據陳鋒的研究結果，康熙七年（一六六八），全國「起運」也就是送交中央的財政比例為八六．九％，存留地方的比例僅為一三．一％，這一占比相較明朝時已經大幅降低。[26]在此之後，朝廷又陸續裁掉了各地的存留銀兩一七四四、三六九兩，地方政府存留僅占整個財政收入的六．四％。及至三藩叛亂起，「各處用兵，禁旅征剿，供應浩繁」，地方財政存留額又一次大幅裁撤。[27]裁撤之徹底，以至當時有所謂「存留錢糧，盡裁充兵餉」之說。[28]

---

25 以上主要參考陳鋒：〈清代中央財政與地方財政的調整〉，《歷史研究》一九九七年第五期。

26 陳鋒：〈清代中央財政與地方財政的調整〉，《歷史研究》一九九七年第五期。

27 康熙親政不久後又開始削減地方存留，山東巡撫趙祥星「以暫裁通省存留支給等銀二十餘萬兩充餉，先後具奏，均奉旨嘉獎，尋授為兵部右侍郎。」康熙十四年（一六七五）中央正式議准「暫移存留事案」，奉旨「裁減驛站官俸工食及存留各項錢糧」。

28 康熙《永州府志》載：「順治十六年，奉裁衙、縣民壯工食馬快草料，共銀三百一十四兩四錢，康熙元、二兩年又裁這樣無止境地、變本加厲地不斷壓縮，使得地方官員手中不但沒錢來進行地方建設，甚至沒錢來給衙役們開支。各地官員開始普遍巧立名目，千方百計地盤剝百姓，以補充經費之不足。這就是導致康熙皇帝所指責的「大小官吏不能子愛小民」，「藉端私徵，重徵火耗」等現象的制度原因。

四

如果說在戰爭緊急之際，採取一些非常措施可以理解的話，那麼統一戰爭結束之後，統治者應該合理制定中央與地方財政的分配比例，最起碼要讓財政運行回到明代的常軌，才能最低限度地滿足地方政府的財政需要。

但是康熙皇帝在這個時候，犯了重大錯誤。

收權容易放權難，歷來是傳統政治的一大特點。專制集權制度的特點是自私而短視。經過多年的財政集權，中央官員享受到財政集中的好處，不願意再把已經到手的財權拱手送交回地方。另外，隨著經濟恢復社會發展，中央政府需要做的事很多，要花錢的地方不少。因此中央政府缺乏歸還財政權的動力。

另一方面，中國傳統政治的特點是惰性嚴重，凡是一旦形成了「常態」，形成「先例」，就難以從根本上改變。從順治到康熙，財政集權進行了三十多年，時間不為不久。所以康熙二十四年天下大定之後，康熙皇帝雖然也開始陸續恢復了一些地方存留專案，但恢復的數字卻遠遠不如當初收的多。比如各地政府「生員廩膳銀」（也就是對各縣秀才們的學費補助）一項，原額為一九〇、二七七兩，到康熙二年（一六六三）全部裁掉。康熙二十四年（一六八五），朝廷為了「培養士氣」，宣布恢復此項地方經費，但是恢復的數字，僅僅是原額的三分之一。[29]這還是恢復得比較好的項目，其他更多的項目，再也沒能恢復。到了康熙中期，全國中央和地方的財政分配比例基本固定為八十二比十八。這個比例後來作為「祖制」，被歷代繼承下來。因此與明代的七比三相比，清代地方的財政占比進一步降低。

地方財政權被如此嚴重侵奪，是清代專制集權力度大於明代的一個表徵，由此也造成了一系

道府廳縣吏書工食並府縣廩糧共銀四百四十二兩二錢，以上各款皆在明志存留一項，今國朝裁之以起運戶部者也」；「……皂隸二名共工食銀一十四兩四錢，順治九年裁扣銀二兩四錢，□□裁扣銀二錢，存支銀一十二兩，康熙六年全裁。」康熙《程鄉府志》載：「武寧驛驛丞俸銀一十九兩五錢二分，薪銀一十二兩，書辦一名歲支工食銀七兩二錢，順治九年裁扣銀一兩二錢，裁扣銀一錢存支銀六兩，康熙元年奉文全裁。」

29 陳鋒以直隸東安縣為例進行的研究證明，這個縣原來每年收上來的稅款當中，起運到中央的銀兩為六、九〇一．八兩，存留在地方的銀兩為六、二五九．三兩，起運、存留比例大約相當。後來到三藩之亂時，地方經費裁減殆盡。三藩之亂以後，中央宣布地方經費陸續歸複，但是一直歸複到乾隆年間，存留銀兩也不過只達到二、二四二．三兩，存留銀兩占應徵田賦錢糧的比例是一七％。這個比例在全國有相當大的代表性。

列嚴重的後果。

五

第一個後果是嚴重的虧空。

前文我們提到，州縣一級政府需要花錢的地方很多。中央政府把原有的經費全都拿走，地方財政虧空就不可避免。早在康熙八年（一六六九），就有很多虧空案發生，比如甘肅平涼、臨洮、鞏昌三府各屬州縣，積欠虧空之銀高達七八萬兩，糧十六萬三千多石。

從康熙中期開始，各地政府虧空案件開始進入高曝光期。比如康熙三十七年（一六九八），陝西長安、永壽、華陰等三縣被查出倉米虧空，而且「此倉米事情甚屬年久」，已經積累多年。康熙三十八年山西又發生太原府知府孫毓虧空庫銀、大同府知府鄭潤中虧空庫銀倉米兩案。山西巡撫噶禮上奏稱這種情況很普遍：「近數年不完或虧欠數十萬，下屬視為平常，且上司毫不為奇。」[30]其後各地虧空案頻發，由州縣政府發展到省級政府，數額也愈來愈大。康熙皇帝也歎道：「近見天下錢糧，各省皆有虧空。」[31]

各地的財政虧空案中，自然有一部分是由於地方官貪污濫用國家經費造成的，但這並非主要原因。絕大部分還是因公支出造成。特別在上級有緊急或者特殊任務派下來的時候，地方官員除了透支挪用本應該上交的財政資金，別無他法。比如康熙三十九年（一七〇〇）陝西巡撫布喀擅用庫銀案，經查結果就是「係緊要公務，非私自挪用」。山陝總督吳赫參吳秉謙虧空庫銀，經查也「俱係軍需緊急，因公挪用，並非侵蝕」。康熙六十年（一七二一），廣東巡撫楊文乾「確訪閩省吏治虧空各實情」，是「征台官兵需用米糧，滿保將州縣倉谷動支碾米」。

各地虧空案中，比較有代表性的是康熙六次南巡所造成的虧空。康熙南巡，雖然是標榜史冊的盛舉，但是也給很多地方官員留下了巨大財政虧空。比如雍正初年，滿保就曾具折奏稱，「梁鼐任內虧空銀六萬兩，係聖祖仁皇帝南巡時所用，臣不便露此事情」。[32]

康熙四十九年（一七一〇），江南發生巨額虧空案，有人舉報江蘇布政使宜思恭「任內共虧空四十六萬一千兩有零」。康熙皇帝看完案卷，自己坦承，這裡頭有南巡的花費：「三次南巡為期相隔不遠，且值蠲免災荒，所徵錢糧為數又少，填補不及，遂致虧空如此之多，爾等皆知之而不敢言也。……朕若不言，內外諸臣誰敢言者。」[33]

30　中國第一歷史檔案館編譯，康熙朝滿文朱批奏摺全譯，中國社會科學出版社（一九九六），頁一九六。
31　《康熙朝東華錄》卷二十一，康熙六十一年十月甲寅，轉引自陳鋒：《清代財政政策與貨幣政策研究》，武漢大學出版社（二〇〇八），頁二二二。
32　南炳文、白新良主編：《清史紀事本末》（第四卷）：雍正朝，上海大學出版社（二〇〇六），頁一〇九五。
33　《清聖祖聖訓》卷四，《聖德三》。

有資料顯示，自康熙十八年至五十三年各直省虧空銀八百餘萬兩，米穀一百五十萬石；自五十四年至六十一年二月，各直省虧空銀九百一十三萬兩，米穀二百四十二萬餘石。實際上，地方財政虧空現象不僅是康熙朝才存在，也困擾了整個有清一代，這正是地方經費嚴重不足的重要表現。

第二個後果是「火耗」加徵的惡性發展。

虧空國家財政資金，畢竟只是權宜之計，一旦查出，就是重罪。所以各地官員還是要絞盡腦汁，想其他辦法。這個辦法就是上一章我們提到的，加收火耗。一般來講，火耗率五到十之間，就可滿足各級政府的需要，但是到康熙後期，湖南達二十到三十，山西是三十到四十，陝西是二十到五十。山東和河南，都達到百分之八十。而全國的平均水準，在百分之三十到四十之間。

康熙年間，沒有任何一個官員不收火耗。就連著名清官陸隴其做嘉定縣令時，每兩地丁銀也收「耗羨銀四分」（正項四％）。[34]陸隴其以道學自任，律己極嚴。就連他也不得不收火耗，可見火耗已經是康熙朝國家機器運轉必不可少之物。

康熙年間的另一位官員趙申喬在做地方官時，曾經以公告方式向老百姓解釋過他為什麼要收火耗。他說：「日用之米蔬供應，新任之器具案衣，衙署之興修蓋造，宴會之席面酒肴，上司之鋪設供奉，使客之小飯下程，提事之打發差錢，戚友之抽豐供給，節序之賀慶禮儀，衙役之幫貼工食，簿書之紙劄心紅，水陸之人夫答應，官馬之餵養走差，與夫保甲牌籍、刊刷由單、報查災荒、編審丈量等項，皆有使費陋規，難以更僕枚舉。」[35]可見陋規的用途主要就是三項：一是用於州縣官日用辦公，二是用於地方公共事務，三是用於官場應酬的開銷。

對於加徵火耗這個事，康熙本來是堅決不允許的。早在順治時期，朝廷就曾規定：「官吏徵收錢糧私加火耗者，以贓論」。[36]康熙十七年，康熙皇帝也曾經專門規定：「州縣官剋取火耗，加派私徵，革職提問」。

但是隨著時間的發展，康熙皇帝不得不默許這種作法。因為他很清楚地方政府是因為財政緊張才不得不出此下策。《康熙起居注》記載，康熙二十八年，他曾就這個問題和地方官當面進行過一次對話。康熙問即將赴任閩浙總督興永朝：「湖南所收火耗何如？」興永朝回答：「若斷絕外官火耗。則外任實不能度日。」康熙聽後，只回答了一個字：「然。」

所以後來康熙皇帝說：「凡事不可深究者極多，即如州縣一分火耗，亦法所不應取。」就是說，火耗即便只收百分之十，也是國法所不許的。但是，因為國家財政沒有給地方支出留下餘地，所以實際上也無法對這種約定俗成進行認真懲處：「若盡以此法一概繩人，則人皆獲罪，無

---

34 《皇朝經世文編》卷二十七，錢陳群：〈條陳耗羨疏〉。

35 《皇朝經世文編》卷二十，趙申喬：〈禁絕火耗私派以蘇民困示〉。

36 鄭天挺主編：《明清史資料》下冊，天津人民出版社（一九八一），頁二一三。

所措手足矣。」

當然，康熙默許地方官徵收火耗（又叫耗羨銀兩）的初衷，只是為了讓他們解決地方衙門辦公費用與地方公共事業支出的不足，並不希望他們把這些錢納入私囊。但問題是，火耗是國家明令禁止而私下默許的項目，所以多收少收，國家自然不能制定明確標準，徵收過程既不透明，又沒有任何監督措施，所以徵收多少，實際上只能是地方官的「良心帳」。既然如此，大多數地方官員自然就「不講良心」，盡可能將徵收額擴大，以充分滿足行政經費需要，並且以所餘部分肥己。所以火耗就發展得愈來愈窮形極相，不著邊際，在有的地方達到了百分之二百甚至更高。

六

第三個後果，是陋規體系的正式形成。

陋規的出現，說到底，是畸形的財政制度造成的。在清代開國之際，地方官的正式收入並不像後來那樣菲薄。清襲明制，俸祿本薄，不過朝廷因為考慮到地方官員的實際支出需要，給他們安排了「薪銀」、「心紅紙張銀」等補貼：「在外文職，照在京文職各按品級支給俸銀外，總督歲支薪銀一百二十兩，蔬菜燭炭銀一百八十兩，心紅紙張銀二百八十八兩，案衣什物銀六十兩；左布政使（後稱布政史），歲支薪銀一百四十四兩，蔬菜燭炭銀八十兩，心紅紙張銀一百二十兩，修宅什物銀四十八兩，案衣銀五十二兩；……知府，歲支薪銀七十二兩，心紅紙張、修宅什物銀各五十兩，案衣銀二十兩；……知縣，歲支薪銀三十六兩，心紅紙張銀均三十兩，修宅什物銀均二十兩，迎送上司傘扇銀均十兩。」[37]

所謂「薪銀」、「蔬菜燭炭銀」、「心紅紙張銀」、「案衣什物銀」、「修宅什物銀」等名目，顯然是按他們實際生活需要提供的補貼。清初物價本低，很多地方事務支出又有專門的經費，不需要地方官自己貼錢，因此有些清廉之員謹守朝廷所發的薪資和津貼，勒勒褲腰帶，也能基本滿足生活所需。

但是這些補助實行不久之後，因為戰爭壓力愈來愈大，不僅地方財政經費不斷壓縮，官員的補貼也被不斷削減。順治十八年（一六六一），朝廷首先裁掉了柴薪銀：「其心紅紙張等項，係衙門公費，不應算入俸銀數內，著另給。柴薪等項，在內各官，已經裁革，外官亦應裁革，其在外無世職武官，應照在內武官，一體支俸」。康熙八年（一六六九），又進一步將剩餘的心紅紙張等項銀兩全部裁掉。

這樣一來，官員們的正式收入就根本不足生活之用了。當時的御史趙璟曾經上疏指出，朝廷發放的薪資，僅夠基本生活費用的六分之一：「查順治四年所定官員經費銀內，各官薪俸、心紅

37 轉引自黃惠賢、陳鋒：《中國俸祿制度史》，武漢大學出版社（二〇〇五），頁五四四。

等項，比今俸銀數倍之多，尤為不足。一旦裁減，至總督每年支俸百五十五兩，巡撫百三十兩，知州八十兩，知縣四十五兩。若以知縣論之，計每月支俸三兩零，一家一日，粗食安飽，兼餵馬匹，亦得費銀五六錢，一月俸不足五六日之費，尚有二十餘日將忍饑不食乎？」[38]

所以地方官收取火耗的動力，小部分是急地方之所急，為了辦理地方公務，大部分倒是為了自己的生活起見。所收火耗，除了部分用於地方開支外，還有餘錢可以滿足自己的生活支出，甚至可以讓自己過上相當奢侈的生活。當然，對於這筆巨大的好處，他們不能獨吞，有一部分還要分潤上級，需要層層送禮，這就形成了陋規。

雍正皇帝對陋規背後的看法就表達得很清楚。他說，「凡為州縣地方官實有萬不得已公私兩項之用度」，因為用度不足，不得不多收火耗。那麼，州縣官過上了舒服的日子，上級官員卻過著窮日子，這實在既不合天理，也不近人情。所以州縣官員的收入必須分潤上司。所以自然而然，「火耗」要進行「再分配」。「再分配」的主要方式就是「陋規」：「州縣既有耗羨，而上司官員無以養廉，勢不得不收州縣之饋送，是上司冒貪贓之罪，以為日用之資。」

這種分肥不止在地方官系統進行，有時也要惠及京官，這就是大家熟知的「冰敬」、「炭敬」和「別敬」。康熙年間，被康熙帝稱為「好官」的江蘇巡撫吳存禮為官期間，曾給京內外二百多名官員送禮，其中絕大部分為朝廷重臣，禮銀總額達四十四萬餘兩。

陋規嚴重敗壞了官場風氣，因為陋規見不得光，所以送多少收多少，完全憑雙方的取予心態，沒有任何限制。「貪取濫用者，又因無所限制，借規禮之名，恣意橫索，弊端種種。」這就導致我們前面所說，本來收一萬兩陋規，可以滿足公私支出的需要，但是在貪婪的驅動下，往往會收到十萬兩。而且陋規半制度化後，每個官員的生活都離不開陋規，這其實是將天下所有官員都推入到「有罪」的境地之中，如果以此為藉口究查，則所有人都可以被認定為貪官。然而法不責眾，「貪官污吏遍天下，雖有參劾，不過十分之一」。實際也就導致反貪無法真正進行。隨著時間的發展，陋規支出成了地方財政支出的一大項，標準愈來愈高，數目愈來愈驚人，因此陋規反過來又促進了虧空。「國家之重務在錢糧，州縣之通病在虧空。虧空之事州縣為之，虧空之根起自督撫。」

七

讀到這裡，可能有讀者會問，既然地方財政不足，那麼康熙皇帝為什麼不正式提高稅率，滿足地方政府經費以及官員生活支出的合理需要呢？這樣，國家可以掌握並控制稅收幅度。要不然，採取表面上禁止實際上默許的態度，讓地方政府「非法地」、偷偷摸摸地收取「火耗」，只

38 蔣良騏：《東華錄》卷九。

能讓「火耗」的發展毫無限制，反而不利於中央政府的監管。

但是康熙皇帝卻不能這樣做，因為他任內有一個著名的政績，叫作「永不加賦」。這是他一生最引以為自豪的「德政」。

清代皇帝的一個重要歷史認識，即「明亡於加賦」，特別是亡於「三餉加派」。早在順治元年（一六四四年），攝政王多爾袞就下諭：「前朝弊政厲民最甚者，莫如加派遼餉，以致民窮盜起，而複加剿餉，再為各邊抽練，而後加練餉」。[39]這話說得當然有道理。事實上，不僅清代，幾乎中國所有王朝最後都是因民眾負擔過重而崩潰。

康熙皇帝在清代歷史上地位非常重要，一個重要原因是他是一個建章立制的帝王。基於「大清億萬斯年」的考慮，他決心在他任內，將「輕徭薄賦」這一原則制度化，讓後世子孫永遠不能提高老百姓的稅率。這樣既可以避免大清重蹈前明的覆轍，另一方面，他也可以以一個「千古明君」的形象載入歷史。

康熙五十二年（一七一三），康熙皇帝下達了一道震動天下的旨意：

> 今海宇承平日久，戶口日繁，若按現在人丁加增錢糧，實有不可。人丁雖增，地畝並未加廣，應令直省督撫，將現今錢糧冊內有名人丁，毋增毋減，永為定額，嗣後所生人丁，不必徵收錢糧。豈特有益於民，亦一盛事也。[40]

康熙這道諭旨，把天下丁銀，也就是人頭稅，永遠固定在康熙五十年數字上，「嗣後所生人丁，免其加增錢糧」。後來被總結成「滋生人丁，永不加賦」。就是不管國家人口增長多少，永遠不再增加稅收。雍正年間，又秉承康熙的政策宗旨，實行攤丁入畝，就是把人頭稅攤到土地稅中，而且規定新開墾的土地，也不再增稅，這就實際上取消了在中國歷史上實行了一千多年的人頭稅，並且將土地稅固定化。

這是一項極為重大的制度改革，也是一個開天闢地的大事。因為從此之後，大清王朝稅收的總數基本不再變化。在此後一、二百年間，大清政府每年所徵地丁銀也就是農業稅穩定在兩千八、九百萬兩左右，再加上關稅等其他稅收，年財政收入基本在四千萬兩左右。這是按康熙定下的「祖制」和「紅線」，不管情況如何變化，皆不得突破此一數字。後來雍正說大清朝「賦有常經」，乾隆說「國家經費有常」，指的都是這個意思。清代歷朝皇帝確實能謹守「永不加賦」的祖訓，康雍乾嘉道幾朝，朝廷每年大體恪守歲入銀四千數百萬兩、歲出銀三千數百萬兩這一財政格局，中央政府的稅收與其他朝代比確實是非常之輕。[41]

39 《清世祖實錄》卷六。

40 《清實錄》，《清聖祖仁皇帝實錄》卷二百四十九，康熙五十一年二月壬午條。

41 直到清末，因為太平天國戰爭催生的厘金制，以及海關關稅的增長，這個祖制才不得不被突破，財政收入達到八千萬至一億兩。

康熙認為，這一制度可以從根本上限制後世皇帝剝削天下的程度，一勞永逸地減輕了百姓負擔。對於皇帝家族來說，這當然是一個非常具有自我犧牲精神的制度設計，康熙因此也確實成為被後世熱烈頌揚的「千古明君」。清代後世皇帝一說起大清的成績，第一項往往都是「滋生人丁，永不加賦」，「深仁厚澤，淪肌浹髓」。臣子們一提起這項仁政，當然更是稱頌無已，稱之為「天恩浩蕩，亙古未有」，「此誠自古帝王所未聞之盛典，我國家億萬世休養生息之政源也」。至晚清時學者黃遵憲仍稱「永不加徵之諭，皇祖有訓」，「上稽百世以上，旁考四海以外，未有如我大清之輕賦者」。

但是康熙萬萬沒有想到，這樣的制度設計，後來實行時卻出現了嚴重的不良後果。

第一個後果，是通貨膨脹之後財政收支的嚴重不平衡。清代的通貨膨脹非常厲害。康熙去世後，從雍正到嘉慶年間，因為經濟發展及美洲白銀的大量湧入等原因，全國物價漲了三倍。然而稅收卻不能同步增長，這也就意味著到了嘉慶年間，政府的稅收相當於縮減為原來的三分之一。一個國家的財政收入減少了三分之二，還能正常運行嗎？

第二個後果，國家一旦有重大突發事件，固化的財政系統無法支援。所以我們後來可以看到，咸豐年間太平天國起義，朝廷軍費無出，咸豐皇帝格於永不加賦的祖訓，不敢增加稅收，只好大開賣官之門，導致吏治極度敗壞。

第三個後果，是清代財政承擔的社會功能極少。《康乾盛世歷史報告》一書分析了乾隆三十年的財政支出，發現軍餉和俸祿占了百分之八十以上，其他比如教育經費，不過占百分之一多一點，以救濟孤貧為代表的社會福利支出不足百分之一，支持社會生產方面的固定資產投入幾乎沒有。雖然清代財政社會功能極少，但是這方面的支出也不可能徹底取消，而且隨著社會的不斷發展，地方政府規模愈來愈大，供養的人愈來愈多，財政支出的需要也不斷增加。「國帑歲下，雖循常規，而有司竭蹶，則必他有侵冒以為取償」。既然皇帝限制了「永不加賦」，就是不能再加稅，地方政府只好拚命在中央政府無法公開監管的「費」上想辦法。火耗率因此發展得愈來愈高，老百姓承受的實際稅費其實更高。

所以有些學者從「陰謀論」角度出發，認為清代的「永不加賦」其實只是一個欺騙民眾的幌子，目的是為了更兇狠地盤剝。比如章太炎在《討滿洲檄》中就直斥「永不加賦」政策乃「外竊仁聲，內為饕餮」。

八

對於這些問題，康熙本人也並非不理解。而且在某種程度來看，他非常理解此原因。比如對於虧空的起源，康熙就發表過這樣的談話：「朕聽政日久，歷事甚多，於各州縣虧空之根源知之最悉。從前各省錢糧除地丁正項外，雜項不解京者甚多。自三逆變亂以後，軍需浩繁，遂將一切存留款項盡數解部，其留地方者唯俸工等項必不可少之經費，又經數次裁減，為數甚少，此外則一絲一粒無不陸續解京，雖有尾欠，部中亦必令起解。州縣有司無纖毫餘剩可以動支，因而有挪移正項之事，此乃虧空之大根源也。」[42]

也就是說，我對各地方政府財政虧空的起源一清二楚。開國之初，各地存留資金很多，但是三藩戰爭一起，軍費壓力大，所以我把地方上幾乎一切存留都裁掉了，一絲一粒都收歸中央。州縣政府沒有一點餘款可以動用，所以一有事情，不得不挪用本應上交的財政資金。這是虧空最主要的原因。

從這道上諭我們可以看出，康熙非常清楚，虧空起源於地方財政存留不足，要解決這個問題，必須從根本上調整中央與地方財政比例，來改善地方財政狀況。

康熙五十六年（一七一七）五月，康熙皇帝曾經命人調查地方存留問題。他對大學士馬齊等說：「從前各省俱有存留銀錢糧，有此項錢糧，公事費用，於地方百姓大有裨益。不知何年入於應解錢糧項下解交矣。今各省地方存留錢糧數目若干，著查明具奏。」[43]這道諭旨似乎表明，他要著手解決這個關乎大清王朝發展的根本問題。

但是這項改革難度極大，因為它涉及中央衙門和官員的切身利益，所以在中樞層面就遇到很大阻力。馬齊等人查了半天，最後上奏表示，因為資料頭緒太多，所以他們一時沒查明白。康熙令再查具奏。但是馬齊等繼續採取拖延戰術。時間一長，康熙就忘了此事，再未見到下文。

這說明，康熙晚年，已經無力興革。

康熙皇帝早年積極有為，但是晚年卻失去了銳氣。從康熙統治中期起，他政治上的保守傾向就愈來愈明顯，這從他對赴任官員的訓誡當中可以看得出來。他對官員的要求，由早年的積極有為，變成了中年之後的「不生事，不更革」。

康熙二十七年三月，甘肅巡撫依圖陛辭，康熙皇帝對他說：「爾到地方，當潔己率屬，修守成例，若紛更一次，則民受一次之累。如有甚不便民之處，方可更改。」[44]

康熙二十九年九月，江蘇巡撫鄭端陛辭，康熙交代說：「爾只須公而忘私，亦不必吹毛求疵，在地方務以安靜為善。」[45]

康熙四十五年四月，雲南巡撫郭瑮陛辭，康熙說：「雲南糧食豐足，地方太平，爾但當加意愛恤兵民，不得生事。」[46]

---

42 《清聖祖實錄》卷二四〇，康熙四十八年十一月丙子條。
43 《康熙起居注》第三冊，中華書局（一九八四），頁二四〇〇。
44 同前註，頁一七五七。
45 《清聖祖實錄》卷一四九，康熙二十九年九月乙卯條。
46 《康熙起居注》第三冊，中華書局（一九八四），頁一九六八。

康熙四十八年十月，四川巡撫年羹堯陛辭，康熙囑咐道：「爾不可學從前漢軍行事，總之以安靜為要耳。」[47]

康熙五十年三月，巡撫潘宗洛陛辭，康熙重複道：「今天下太平無事，以不生事為貴，興一利即生一弊，古人云『多事不如少事』，職此意也。馭下宜寬，寬則得眾，為大吏者，若偏執己見，過於苛求，則下屬何以克當。」[48]

除了政治上更加保守之外，康熙晚年沒有進行必要的改革，還有一個原因，是他疾病纏身，因為太子的問題耗盡了精力。調整中央與地方的財政分配比例，是一個巨大的系統工程，涉及稅收體制的根本調整，波及社會的方方面面，晚年的康熙已經調動不起這樣大的心力。

除了地方留存問題，對於「永不加賦」政策的弊端，當時大臣也已經有了比較深刻的認識。比如康熙時期的治河名臣靳輔就曾經說，如果按照實際的需要，大清朝「每歲額賦亦應有糧二千四百萬石、銀八千七百四十八萬兩」。[49]而現在徵收的稅賦，還不及此實際需要的三分之一。他說，賦稅並不是一味的愈輕愈好，賦稅過輕將造成「水利不修」、「賦輕民惰」和「生者寡而食者眾」三大弊端。

對於「永不加賦」的後果，後來人看得當然更為清楚。乾隆年間的名臣陳宏謀就曾經指出，僵化的財政制度，完全制約了中央及地方的財政開支，這只能造成經濟停滯。他說，地方政府因為缺乏經費，不敢輕易舉事，各省督撫也都視動用國帑來興辦利民之事為畏途：「司計者多一事不如少一事，既可免目前駁詰，又可少日後干係」，他深為憂慮地說：「人人如此，事事如此，地方諸事，日就廢棄，並非長策也」。[50]

對於「永不加賦」的這些弊端，自詡英明的康熙皇帝當然也不可能毫無察覺。但是康熙晚年格於自己的「好名」，汲汲於沽名釣譽，說什麼也不願意損害自己「愛民如子」、減輕百姓負擔的「美名」，絕不允許有人動搖這一政策。

九

事實上，從康熙後期起，大臣們就不停地上疏，建議把無法監管的「火耗」公開化，明定標準，大大方方地徵收，明明白白地監督。有人「請定火耗數目。揭示州縣，明白曉諭州縣，於定數之外多取者，即行參奏」。有人建議「於徵糧之內，明加收一火耗，一切陋規概行停止」。由

47《清聖祖實錄》卷二三九，康熙四十八年十月己酉條。
48《清聖祖實錄》卷二四五，康熙五十年三月乙卯條。
49《清經世文編》卷二六，靳輔：〈生財裕餉第一疏〉。
50《清經世文編》卷二六，陳宏謀：〈與當世論經費書〉。

地方官私自徵收變成政府公開徵收，收來的錢一是可以彌補各地虧空，二是可以「量留本官用度」，也就是說，用於官員的生活和地方建設。這其實就是後來雍正皇帝「火耗歸公」和「養廉銀」改革的基本思路。

但是康熙皇帝堅決不同意此一作法。他說，他剛剛宣布對天下百姓「永不加賦」，又公開同意地方官員在稅外徵收火耗這樣的費用，這樣一來，無異於破壞了他「永不加賦」的承諾，將要導致他蒙受「加徵」、「加派」的惡名。他決不會承擔起這個罪名：「加派之名，朕豈受乎？」所以他多次堅決拒絕這個方向本來非常正確的建議。他看似聰明地說：「朕曾諭陳瑸云，加一火耗，似尚可寬容。陳瑸奏云，此乃聖恩寬大，但不可明諭許其加添。朕思其言深畏，加派之名，朕豈受乎？」[51]就是說，耗羨原來是地方官的「私事」，地方官增加火耗的徵收，皇帝只能默許，絕不可以下明諭批准。那樣老百姓就會罵皇帝。如果默許，這個罵名就由地方官來承擔。這充分顯示了康熙的「好名」心態和「吝嗇」之處。

這一觀點，康熙在以後的諭旨中還曾多次反覆表達和強調。比如他說，「此事大有關係，斷不可行。定例私派之罪甚重，火耗一項，特以州縣官用度不敷，故於正項之外，量加些微，原是私事……彼雖密奏，朕若批發，竟視為奏准之事。加派之名，朕豈受乎？」他還說，「民間火耗只可議減，豈可加增？朕在位六十一年，從未加徵民間火耗，今安可照伊等所題加徵乎？」[52]

十

既然沒有勇氣調整中央地方財政分配比例，也不敢突破自己「永不加賦」的承諾，康熙皇帝就只能默許「陋規」的存在。因為他清楚地知道，如果沒有陋規，官員根本無法生活。「為官之人，凡所用之物，若皆取諸其家，其何以濟？」「身為大臣，尋常日用豈能一無所費？若必分毫取給於家中，勢亦有所不能，但要操守廉潔，念念從愛百姓起見，便為良吏。」[53]

不改革不完全的財政制度，提高官員薪資，就只有一個選擇：睜一隻眼，閉一隻眼，讓官員們偷偷經營灰色收入。所以康熙皇帝私下對大臣們「說明」，認為「規禮」是官員們的「應得之物」，他對官員「一意從寬不察於細故也」。比如他在直隸總督趙弘燮關於陋規的密摺裡曾這樣批道：「外邊漢官有一定規禮，朕管不得。」[54]

康熙晚年，浙江巡撫朱軾在密摺中說，薪資根本滿足不了生活需要，因此要求「浙省錢糧正項之外，餘銀八千餘兩，皇上如將此項賜臣以養家口，臣必盡職料理地方。」這實際上是自辟

---

51 《清聖祖實錄》卷二九九，康熙六十一年九月戊子。
52 《東華錄》卷二十四。
53 《康熙起居注》第三冊，中華書局（一九八四），頁一七一九。
54 《康熙朝漢文朱批奏摺彙編》第七冊，檔案出版社（一九八四），頁七三九。

「養廉」。康熙皇帝不但一口同意，而且還加以鼓勵。他批道：「似此等事，奏得最是。」[55]

前文提到，江西巡撫白潢曾在奏摺中一一列明巡撫衙門的陋規收入，其中還表示，「每年鹽商規禮銀一萬兩」，他打算以後繼續收。對此，康熙批道：「此項該收」。

康熙五十三年（一七一四），川陝總督鄂海在密摺裡開列了一個下屬官員饋送禮品的單子：「鞏昌布政使送二百四十兩，四川布政使送四百兩，陝西提督、總兵官由伊等份額所得東西內，各送二百兩，四川提督送二百兩，總兵官各送一百二十兩。因西安糧道、四川按察使兼理鹽務，俱各送二百四十兩，總計算之，一年可得一萬六千餘兩，將此按前面所列事項粗略算之，需銀七千餘兩，仍餘八千兩，奴才養家口私用敷用。」[56]鄂海請主子指示，何者可收，何者不可收。對這樣一個請示，康熙批示：「知道了。不可向武官索取。」只要不索取武官，其他的規禮銀可以隨便收。

康熙認為，這些直接向他討要陋規的官員是誠實之員。相反地，那些標榜一文不收的官員當然是虛偽之人。所以他說：「凡外吏居官雖清廉，然地方些微火耗，其勢不得不取。即如大學士肖永藻之清廉，中外皆知，前任兩廣巡撫時，果一塵不染乎？假令肖永藻自謂清官，亦效人布衣蔬食，朕亦將薄其為人矣。」

所以當一些地方官提出裁掉陋規時，康熙往往表示反對。江甯織造曹寅監管兩淮巡鹽御史時，向康熙密奏，這個差事每年有「三十萬兩之羨餘」，他感覺不必收取，請皇上「一概裁革」。對此康熙回答：

> 生一事不如省一事，只管為目前之計，恐後尾大難收，遺累後人，亦非久遠可行。

不久之後，曹寅又一次上密摺，說兩淮「浮費」太多，請革除一些。並且說，「省費係江蘇督撫司道各衙門規禮共三萬四千五百兩有零」，康熙在下面用朱筆批道：「此一款去不得。必深得罪於督撫，銀數無多，何苦積害？」[57]

一些收入豐厚的官員拿公款送禮，康熙知道後，也並不認為有何不妥。他曾說：「如崇文門、織造等處，稅銀正項之外，又有餘銀，交接眾官，俱有單開來，朕悉閱過。此等銀非係貪贓鑽刺、行賄作弊，亦俱聽之，未嘗禁止。」[58]也就是說，管理稅關和織造處的官員，收入本來就很高，所以他們給別的官員送禮是屬於正常現象，我從來都不禁止。皇帝都這樣說，做官怎敢不收禮？

---

55 《康熙起居注》第三冊，中華書局（一九八四），頁二四五九。

56 〈川陝總督鄂海奏請布政使所送禮物應否照收折〉，《康熙朝滿文朱批奏摺全譯》，頁九七〇。

57 《康熙朝漢文朱批奏摺彙編》第一冊，康熙四十三年十月十三日，江寧織造兼管巡鹽御史曹寅折。

58 戴逸、李文海主編：《清通鑑》，（一—二〇冊），山西人民出版社（二〇〇〇），頁二五二一。

當然，康熙這樣說，並不是提倡官員們貪污腐敗。任何一個皇帝都不會提倡腐敗。康熙認為，對灰色收入，有一個界限問題。康熙四十八年（一七〇九）九月，皇帝在給河南巡撫鹿祐的上諭中對好官廉吏制定了這樣一個標準：「所謂廉吏者，亦非一文不取之謂。若纖毫無所資給，則居常日用及家人胥役，何以為生？如州縣官止取一分火耗，此外不取，便稱好官。若一概糾摘，則屬吏不勝參矣」。[59]

康熙把好官的標準界定為只私下收取百分之十的火耗。

十一

康熙默許官員們的灰色收入，還有一個原因，這就是他閱讀中國歷史的一個心得。中國歷史上的一個重要規律，就是官員們私下徵收的雜費，一旦經由朝廷拿到檯面上來明確化，那麼，另一些灰色雜費又會偷偷滋生，因為「揩國家的油」，是官員群體改不掉的本性。這就是所謂的「黃宗羲定律」。黃宗羲說：「斯民之苦暴稅久矣，有積累莫返之害」。確實，中國歷史上每次國家稅費改革，農民負擔在下降一段時間後，都會因為出現新的稅費而漲到一個比改革前更高的水準。所以康熙說：「自古以來，唯禁止火耗而已，不可開。」「若將火耗明定額數，人無忌憚，愈至濫取。」[60]也就是說，如果明定火耗標準，官員不但收起火耗來更會肆無忌憚，而且在標準之外還要多收。

康熙認為，既然「揩油」是官員群體的本性，那麼皇帝能做的，就只能退而求其次，讓他們少揩一點而已。但是完全不給他們揩油的空間，是不可能的。其實仔細探討起來，這種「陋規」思維並不止存在於官場，甚至遍及全社會。民國時人記載說，在北平僕人們來買東西時，商店照規矩會自動把價格提高一成，作為僕人們的佣金，這在北平通俗叫作底子錢。小康之家給僕傭的薪資很低，因為他們明知廚子買菜時要揩油，僕人購買家用雜物時也要撈上一筆。明清皇帝的政治思維，與市井小民的持家打算，如出一轍。

所以晚年面對官場貪風，康熙的應對策略是一方面默許官員們一定程度上需索火耗，另一方面是提倡理學。他希望官員們以「存理遏欲」為思想武器，保持廉潔，或者至少在揩油時保持一定的「度」。這種解決方式，實際上還是把問題輕輕推到「良心」二字之上。應取與不應取，只有一線之隔，如果保持這一線之防，端在人心之「正」與「不正」了。

---

59 王慶雲：《石渠餘紀》卷三，《紀耗羨歸公》。

60 中國第一歷史檔案館編譯：《康熙朝滿文朱批奏摺全譯》，中國社會科學出版社（一九九六），頁一五一〇。

十二

如果說清朝開國之初，沿襲明制，那是因為立國未穩，戰爭頻仍，沒有時間來從頭規畫國家制度的話，那麼康熙在位六十一年，他既有充分的時間，也有足夠的權威，可以深入思考從容布置，為大清王朝建立一套比明朝更為合理的財政制度。

可惜，康熙皇帝囿於傳統政治思維，也囿於自己的「好名」心態，在已經目睹明顯制度弊端的情況下，仍然堅持不完全財政體系，這就導致大清王朝稅收失控，貪腐橫行。所以說，康熙皇帝應該對清代的制度性腐敗負總責。

康熙晚年，實際奉行的是「難得糊塗」政策。愈到晚年，康熙對大臣們是愈寬容。對於貪污腐敗，康熙經常是睜一隻眼閉一隻眼。比如康熙四十九年（一七一〇），戶部發生內倉虧空草豆案，經查審，戶部尚書希福納等六十四名堂司官受賄銀數達二十萬兩之多，可謂集體受賄大案，按律俱應革職拿問。但康熙最終決定只將希福納一人革職，其餘官員勒限賠補，免予議處。

但是一個人可以糊塗於一時，一個朝代卻不可以糊塗永久。到康熙末年，因為皇帝的有意放縱，吏治廢弛，貪賄公行，整個王朝的行政秩序已經無法回到有序運行的軌道。地方治理嚴重混亂，遇到災荒，朝廷所發的賑濟，「皆地方官苟且侵漁」，老百姓根本得不到好處。各地司法腐敗極為普遍，各州縣衙役們都以案件為生，「恐嚇索詐，致一事而破數家之產」。[61]康熙皇帝十分重視並投入大量資金的水利工程，到了晚年也基本廢弛失效，因為水利資金及工程材料被官員們層層截扣，所修水利工程完全是敷衍了事，致使「閘河之深寬丈尺，不能仍照舊制。而蓄水湖之圍壩，俱成平地」。甚至有的官員故意毀壞河堤，製造水患，「絕不顧一方百姓之田墓廬舍盡付漂沒而有冤莫告」，[62]目的僅僅是為了侵吞修補款項。

官場腐敗的代價必然是民生的凋敝。康熙晚年，百姓生計日益困乏，破產流亡現象日益嚴重。每逢荒年，「老幼弱稚者半為尫積，少壯強勇者乞食他鄉」。[63]連北京這個首善之都，遇到荒年也是「輦轂之下聚數十萬遊手遊食之徒，晝則接踵摩肩，夜不知投歸何所」。社會不安定因素開始增加，康熙後期接連爆發了福建的陳五顯起義、河北的亢珽起義及台灣的朱一貴起義，都是社會矛盾不斷激化的表現。

面對這樣的亂局，年老的康熙帝除了發出「承平日久，人心懈怠」，「朕心深為失望」的歎息，別無所能。如果沒有一個能力非常的繼任者大力整頓，大清很可能在不久之後走上覆亡之路。

幸運的是，大清王朝遇到了雍正這樣的「另類皇帝」。

---

61 《清聖祖實錄》卷八十二，康熙十八年七月壬戌。

62 《朱批諭旨》，李衛，雍正二年七月二十五日奏摺。

63 《皇清奏議》卷二十四，李發甲：〈請撫綏災黎疏〉。

第四章

雍正皇帝的「高薪養廉」改革

一般來講，新皇帝登基，為了爭取臣子的支持，都會首先廣施恩澤。特別是雍正在動盪中即位，面臨著皇族的集體挑戰，他上台後應該先給官僚階層一筆大大的好處才對。然而，雍正卻不屑於此。帝位認同的危機，絲毫沒有影響雍正果斷整頓吏治。

中國歷史上很多著名的政治發明，其發明權其實都不屬於最高統治者。最高統治者做的，往往只是明智地採納並且有效地推行。

一

康熙六十一年十一月十三日，康熙皇帝突然駕崩暢春園。皇四子胤禛出人意料地奪得皇位。

滿朝上下，對這匹皇位競爭賽中的黑馬都缺乏了解。各地官員，都不知道這位新皇帝會燒什麼樣的「三把火」。

在動盪中即位的雍正，面臨著重重危機。除了皇族的懷疑、兄弟們的不服、天下人的竊竊私語，他還面臨著嚴重的財政危機和社會危機。在老皇帝康熙晚年的寬縱之下，大清王朝已經亂象重重，再不治理整頓，早晚要出大事。

二

第一大危機是財政虧空。

雍正皇帝即位之後，查了一下戶部（財政部）的家底，看看他的口袋裡還有多少錢。他驚訝地發現，大清帝國國庫的存銀，不過才八百萬兩。這是一個非常危險的數字，因為如果突然發生一場中等規模以上的戰爭，就會耗光大清的全部家底（比如康熙晚年，準噶爾部入侵西藏，康熙皇帝派十四子大將軍允禵前往征徵討，一次就花軍費「數百萬兩」）。

按常理，康熙晚年大清王朝每年財政收入應該在三千多萬兩。戶部的存銀康熙四十八年（一七〇九）還有五千萬兩，為什麼到了雍正即位之時，國庫裡只有區區八百萬兩呢？

最主要的原因，是康熙年間嚴重的財政虧空。各地本來應該上交到中央的銀兩大部分都被各級官員挪用了。雍正元年（一七二三）四月，吏科給事中崔致遠上疏說：「（各地宣稱）存貯數萬者即虧空數萬，存貯數十萬者即虧空數十萬」。[1]時任兵部右侍郎的李紱也在奏摺中說：「臣去歲任都察院，查虧空揭帖，自康熙十八年至五十三年直省止虧空銀八百餘萬兩，米穀一百九十餘萬石。自五十四年至六十一年二月，直省乃虧空銀九百一十三餘萬兩，米穀二百四十二萬石。」[2]如果把這道奏摺中自康熙十八年至六十一年的虧空加在一起，僅虧空銀兩一項就達一千七百萬兩以上，加上虧空倉穀，總數當在二、〇〇〇萬兩左右。

第二大危機是官場的貪污腐敗。康熙晚年，買官賣官已成常態，甚至連皇子們都紛紛身陷貪腐之中。比如皇九子允禟曾經收受覺羅滿丕三十萬兩白銀，為他謀得了湖廣總督一職。覺羅滿丕上任之後，大肆貪污，導致他的轄地「督、撫、布、按七人，貪庸一轍」，也就是說七位地方高官全部貪腐，湖廣吏治一塌糊塗。朝中大臣也大肆結黨營私，大學士明珠把持內閣，「隨心指揮，各地總督、巡撫、布政使、按察使如有缺額，無不輾轉販賣」。「當時士夫，趨者如市。四方貨賂，輻湊私邸。珍異之積，擬於天府。」[3]另一權臣索額圖也是廣樹黨羽，大肆貪贓，其家

1 《雍正朝漢文朱批奏摺彙編》，第一冊，頁二五二。
2 《雍正朝漢文朱批奏摺彙編》，第一冊，頁八〇八。
3 印鸞章：《清鑑綱目》，嶽麓書社（一九八七），頁二一一。

之富，「通國莫及」。

雍正帝即位之初，對各省總督巡撫布政使按察使一級「封疆大吏」的總體判斷是：「懈弛者十之八九，其中一塵不染者僅一二人而已」。[4]在這些地方大員的帶領下，地方官員結成利益同盟，共同對付中央的監督和檢查，導致各地中央政策得不到執行，火耗加派惡性發展。「每歲民間正項錢糧一兩有派至三兩、四兩、五兩、六兩以至十兩。」「朝廷正供之外輒加至三倍、四倍、五六倍以至十倍不止。」[5]

三

雍正皇帝的個性與乃父康熙截然相反。一提起雍正，人們馬上想到的是「嚴苛」、「險刻」、「抄家皇帝」等等詞彙。確實，康熙皇帝崇尚寬仁，對臣下不法經常睜一隻眼閉一隻眼，雍正卻是出了名的「精明嚴刻」，眼裡揉不得一粒沙子。他不能容忍他所看到的任何貪瀆行為，必將犯官嚴懲而後快。雍正皇帝也並不回避自己的「苛刻」之名，甚至以此為榮。他曾經說：「其實心任事，整飭官民，不避嫌怨，遂不滿人之意，或謗其苛刻，或議其偏執。」[6]「精明嚴刻，此四字即自相矛盾。既云精明，則所懲者必當其罪，安得又有嚴刻之誚？」[7]

康熙皇帝好名，喜歡在百官面前「買好」。雍正卻不屑於此。他公開表示絕不會謹讓退縮，

「以取庸主之名」。他深刻認識到，正是父親喜歡「寬大之名」，才導致「人心玩愒已久，百弊叢生」，因此即位後，他不憚以嚴酷手段，誅除異己，厲行整頓。他公開說，他不怕死後身負罵名：「至於眾口之褒貶，後世之是非，朕不問也。」[8]

康熙中年以後，追求穩定，在地方上好用「安靜不生事」的庸官、巧宦。雍正卻最為反感這種「好好先生」。他說：「柔善沽譽以為和平安靜，此風乃國家之大害，實奸詐小人之存心，非忠良大器之行事。」「夫為大臣者，……謂化有事為無事，化大事為小事，以博寬厚之名，其為害於人心風俗者不淺。且摘發奸弊，懲一儆百，乃整飭官方之要道，豈得謂之多事？豈得謂之苛刻？豈得謂之瑣碎？」[9]「若一味好好先生，姑容玩法以邀譽，諸務廢弛，貽害國家。」他愛起用那些積極有為甚至是剛猛嚴苛的官員。

---

4 胡厚鈞等主編：《中外改革通鑑》，南海出版社（一九九三），頁二四八。

5 中國第一歷史檔案館編：《明清檔案與歷史研究論文集》上，新華出版社（二〇〇八），頁六一〇。

6 郭成康：《十八世紀的中國與世界：政治卷》，遼海出版社（一九九九），頁三八六。

7 《雍正朝起居注冊》第二冊，雍正五年四月初八日。

8 中國社會科學院歷史研究所明清史研究室編：《清史論叢》二〇〇一年號，中國廣播電視出版社（二〇〇一），頁一〇九。

9 中國第一歷史檔案館：《雍正朝漢文諭旨彙編（七）》，廣西師範大學出版社（一九九九），頁二〇六。

可見這對父子，在性格作風上，幾乎處處針鋒相對，完全不同。

四

另一個很重要的不同，是雍正比康熙更為洞悉下情。

雍正登基之後，曾經把自己和康熙作了一個比較，說他事事不及乃父，「唯有洞悉下情之處」，比乃父高明。確實，康熙八歲即位，深居九重。雖然天亶聰明，然自古天子所居的，都是極易受人蒙蔽的地位，沒幾個人敢對皇帝說真話。正如戴逸先生所說：「皇帝……置身於變幻莫測的官僚政治的漩渦中。周圍充滿著歡呼和讚美，欺騙和謠言，搖尾作態的獻媚乞恩，誠惶誠恐的畏懼戰慄。」[10]為什麼會這樣呢？雍正皇帝曾經親自說法，說這是因為大家在皇帝面前說話，首先考慮的是自己的利益：「大小臣工方欲自行其私，又孰肯敷陳其弊」，就連他自己，都沒對老皇帝說過幾句真話：「在朕居子臣之位，定省承歡，又有不便陳言之處。以朕為皇考之愛子尚不能言，則皇考果何從而知之乎？」[11]

中國歷史上，除了開國之君外，那些能大有作為的君主往往有一個特點，那就是曾經深入民間社會，「洞悉下情」，對社會實情有深入透徹的了解。比如創造了漢代「漢宣中興」的漢宣帝，小時候曾經進過監獄，十七歲才被霍光從民間迎入宮中，深知當時民間疾苦和吏治得失。明孝宗的童年也非常不幸，生下後差點被皇后溺死，幸被好心人藏起，吃百家飯長大，所以他即位後才能勵精圖治，有針對性地施政，創造了明代的「弘治中興」。

雍正皇帝也是這樣。他曾經居於藩邸四十餘年，在康熙朝的儲位鬥爭中飽經風波之險，對天下利病、世事人心有著深入的認識。他說：「朕事事不及皇考。唯有洞悉下情之處，則朕得之於親身閱歷。朕在藩邸四十餘年，凡臣下之結黨懷奸，夤緣猜忌，欺罔蒙蔽，陽奉陰違，假公濟私之習，皆深之灼見，可以屈指而數者。」[12]

因為洞悉下情，所以雍正施政比康熙更現實、更理性。清代帝王原本一貫強調務實，比如皇太極曾說：「凡事莫貴於務實。」在征服中原的過程中，滿族統治就表現出強烈的現實主義精神，一切判斷從現實出發，因勢利導，靈活實用。雍正皇帝對列祖列宗的這方面經驗總結得最深刻到位，他說：「本朝龍興關外，統一天下，所依靠的，唯有『實行』與『武略』耳。我族並不崇尚虛文粉飾，而採取的舉措，都符合古來聖帝明王之經驗，並無稍有不及之處。由此可知，實行勝於虛文也。」[13]從以後的所作所為看，他比康熙更能實事求是，而不為教條所拘。

---

10 戴逸：《乾隆帝及其時代》，中國人民大學出版社（一九九二），頁一三〇。

11 馮爾康：《雍正傳》，人民出版社（一九八五），頁五〇二。

12 萬依等：《清代宮廷史》，遼寧人民出版社（一九九〇），頁二一一。

13 崔旭：《清宮祕史》，當代世界出版社（二〇一一），頁二七五。

這樣的性格特點，決定了康熙留下的問題，在雍正手裡能得到解決。面對這些嚴重的問題，雍正表現出了非同尋常的政治勇氣。這個竣急嚴厲的皇帝沒有遵循「三年無改父之道」的古訓，即位之初，就迫不及待地調整康熙晚年的政策，在短短的十三年間，相繼推出創建軍機處、確立密摺制度、推行改土歸流、廢除賤民制度等林林總總的重大改革措施。當然，其中最重要的，還是養廉銀和火耗歸公改革。

五

一般來講，新皇帝登基，為了爭取臣下的支援，都會首先廣施恩澤。特別是雍正在動盪中即位，面臨著皇族的集體挑戰，他上台後應該先給官僚階層一筆大大的好處才對。然而，雍正卻不屑於此。帝位認同的危機，絲毫沒有影響雍正果斷整頓吏治。清代慣例，新帝登基，都會頒發《登基恩詔》，豁免官員在前朝的罪責。但是雍正一上台，卻破例將內閣草擬的「恩詔」當中關於豁免虧空的條例刪除。雍正皇帝即位後明確指出，整頓吏治是他面臨的第一要務，「古今為政之道多端，究其根本，未有不以吏治為先。」這是因為官場腐敗比盜賊為害更大：「命案、盜案，其害不過一人一家而止，若侵帑殃民者，在一縣則害被一縣，在一府則害被一府，豈止殺人及盜之比」。[14]因此他即位不久就發動了一場聲勢浩大的吏治整頓運動。

雍正決定以解決虧空問題為切入點，理順大清財政體制。上任之後不久，他就開始全面清理虧空，並且規定各地要在三年之內自行消化財政赤字，補足過去的虧空：「限以三年，各省督撫將所屬錢糧嚴行稽查。凡有虧空，無論已經參出及未經參出者，三年之內務期如數補足。毋得苛派民間，毋得藉端遮飾，如限滿不完，定行從重治罪。三年補完之後，若再有虧空者，決不寬貸。」對於造成嚴重虧空的官員，雍正對他們先罷官後索賠，要他們自掏腰包賠補。自己還不起的，家人和親戚代還；畏罪自殺的，人死債不除，仍由其家屬親戚代賠。

雍正清查虧空的目的，第一個當然是快速充實國庫，讓他手裡有錢可花，二是可以借機排查各地官員的貪污情況。這一招非常見效，各地通過查帳查出不少案子。比如廣西巡撫李紱從康熙末年的廣西捐穀虧空案入手，通過三年徹查，將廣西各位大員侵蝕分肥的情況調查得一清二楚。

雍正皇帝排查虧空給很多地方官員造成了強大心理壓力。很多官員因此丟官罷職甚至進了監獄，很多地方，貪瀆無能的官員被大幅撤換。雍正十年（一七三二），直隸總督李衛上奏：通省府廳州官員，在任三年以上已寥寥無幾。雍正也因此獲得了「抄家皇帝」的「美名」。

當然，在清查虧空的過程中，雍正也比以前更為深入地了解了大清財政體制的弊端，認識到各地虧空的成因主要不是官員們的「婪索」，而是地方財政經費不足所致。他意識到財政制度不

14 中國第一歷史檔案館編：《雍正朝漢文諭旨彙編》第三冊無年月諭旨，廣西師範大學出版社（一九九九），頁一八四。

改革，虧空問題不可能得到根本解決。

在皇帝追查虧空的強大壓力下，很多地方官員也不約而同地向他提出了「火耗歸公」和「養廉銀」這兩項重大改革意見。我們上文講過，要想從根本上解決虧空問題，就只有突破康熙「不加賦」的成例，把「火耗」由私下徵收，變成公開徵收，並用於彌補地方財政收入和官員生活支出的不足。這一點，其實是從康熙晚年到雍正初年各地封疆大吏的共識。

中國歷史上很多著名的政治發明其發明權其實都不屬於最高統治者。最高統治者做的，往往只是明智地採納並且有效地推行。

山西是全國的錢糧大省，財政虧空也一直非常嚴重，雍正即位時，山西各府州縣的虧空積欠，達四百五十萬兩之多。雍正元年四月，內閣學士諾岷被任命為山西巡撫。他到任後經過半年考察，於雍正元年十一月提出建議，將全省的火耗徵收權由州縣上收到省裡，省政府統一徵收火耗，一部分用來彌補以前的虧空，一部分用來給官員們補貼生活：「疏請將通省一歲所得火耗銀提存司庫，以二十萬兩留補無著虧空，餘分給各官養廉。」[15]

諾岷說，這個辦法有四大好處。一是可以降低百姓的負擔。因為以前火耗由州縣官員私下徵收，收來的錢大半都落入了他們的私囊，所以各地火耗率很高。而由省政府公開徵收，過程透明，徵收錢糧之際，「布政使遣員監視」，徵收後直接送到布政司庫，錢糧不會落入州縣手中，可以「減火耗」、降低火耗率。山西的火耗原來是百分之三十到四十甚至更多，他預計歸到省財政以後，降至一成到二成之間，就完全夠用。

二是以前的虧空可以順利彌補上。諾岷估計，全省每年可以拿出二十萬兩白銀彌補虧空，這樣慢慢地可以把以前的財政欠款都補足。

三是地方開支有了著落。比如「每年修理城垣衙署並修築汾河堤岸、義學束脩、殺虎口馬匹料草並倒斃馬匹、各衙門心紅紙張、當辦工食、布政司搬銀工價、堤塘報資等項共需銀六萬四千餘兩」，都可以從省政府徵收的火耗中支出。[16]

四是此外所餘火耗還可以發給官員作為養廉，讓他們不再靠貪污受賄生活。諾岷說，如果發放養廉，官員們「均得養家之銀，又可杜絕禮物之耗費而安分守己。若非極不肖者，必不會冒死而動私派於費挪移錢糧之心」。[17]可以極大程度地改善吏治。

諾岷的思路與雍正皇帝不謀而合。如何改革地方財政，是雍正一段時間以來一直苦苦思索的問題。而諾岷提出的辦法，非常切實可行。所以讀到這個詳明的建議，雍正極為贊許，當即朱批道：「除對爾贊許嘉貺外，別無降旨」。雍正「諭獎其通權達變，於國計民生均有裨益」，批准

15 《清史稿·諾岷傳》。

16 《大清會典》卷二十四，《賦役一》，《奏報》。參見莊吉發：《清世宗與賦役制度的改革》，台灣學生書局（一九〇〇），頁一二九。

17 戴逸、李文海主編：《清通鑑》（一—二〇冊）卷十，山西人民出版社（二〇〇〇），頁二六八九。

他立刻在山西全省實行。

提出財政改革的並非山西一家。雍正二年，河南巡撫石文焯也提出在河南實行火耗歸公，用以養廉及公用。雍正皇帝也非常高興，在石的奏摺上批道：「此奏才見著實，……封疆大吏，原應如此通盤合算」。批准他在河南實行。

六

山西河南改革破冰，而且成效也不錯。雍正皇帝於是想一鼓作氣，把這個作法在全國範圍內推廣。當然，如此重大的改革，需要集思廣益，進行輿論動員。於是雍正把這個議題交給廷臣討論。

不料，在會議中大部分中央官員都對此明確表示反對，他們反對的理由和康熙皇帝相似，就是火耗歸公，會讓老百姓感覺增加了賦稅，屬於「加派」，違反了老皇帝「永不加賦」的承諾。比如御史劉燦就認為這種辦法是「貪吏陰取民財，而乃以取之名歸於皇上」。

康熙當年反對明定火耗標準，說難保官員在標準之外還要多收。很多中央官員也持此意見。比如給事中崔致遠說，如果公開允許加派，難保官員們不「另行搜括，剝膚洗髓，無所不至」。

那麼，如何解決虧空問題呢？朝臣們老調重彈，認為杜絕虧空之源在於「慎選督撫、裁抑家口、崇尚節儉」。也就是從選人和教育上下工夫，不必涉及體制。

雍正感覺到了改革的阻力。很明顯，中央官員高高在上，不了解地方財政運作實情，多數人格於成見，固守教條。而地方官員因為身處實際政務之中，所以能充分認識到改革的必要性。眼看著公開討論不能取得統一意見，雍正決定乾綱獨斷。雍正二年七月初六日，皇帝發表了長篇上諭，詳細論述火耗歸公及養廉銀改革的必要性，表明了他堅決改革的態度。

皇帝首先批評朝中大臣的見解和建議不合實際：「今觀爾等所議，見識淺小，與朕意未合。」

雍正說，火耗的產生，有其客觀理由。他並非不願意減輕民眾負擔，而勢有不能：州縣火耗，原非應有之項。因通省公費及各官養廉，有不得不取給於此者。朕非不願天下州縣絲毫不取於民，而其勢有所不能。

他說，過去各地官員私徵火耗，銀錢多入私囊，弊端很多，比如造成官吏的貪污、陋規的橫行、國庫的虧空和農民負擔的加重等：

> 且歷來火耗，皆州縣經收，而加派橫徵，侵蝕國帑，虧空之數不下數百餘萬。原其所由，州縣徵收火耗，分送上司，各上司日用之資，皆取給州縣，以致耗羨之外，種種餽送，名色繁多。故州縣有所藉口而肆其貪婪，上司有所瞻徇而曲為容隱，此從來之積弊，所當剔除者也。

雍正問道：與其州縣存火耗以養上司，何如上司撥火耗以養州縣乎？

也就是說，百姓所交不論稅還是費，本來都應該是國家的財政收入。但是現在以私徵的方式進行，就變成了州縣官員掏自己的腰包來養活上級，上級就不得不感他們的恩。這顯然是是非顛倒。如果把火耗徵收的權力上收，就變成了上級撥經費養活基層官員，這樣才合政體。

所以，要改革大清財政體制的積弊，就必須實行火耗歸公，從而把耗羨銀兩的控制權由州縣轉到各省督撫的手中，一改過去「州縣存火耗以養上司」為「上司撥火耗以養州縣」。這樣一來，「上不誤公，下不累民，無偏多偏少之弊，無苛索橫徵之擾，實通權達變之善策」。[18]

因此，雍正毅然諭令將此項改革「通行天下」。這道上諭充分地顯現出新一代君主的朝氣和強勢。

七

火耗歸公和養廉銀改革在朝臣的懷疑中於全國推開，不久之後，各地情況匯報上來，大家發現，改革的效果非常好。

第一個效果，是減輕了老百姓的負擔。在改革詔書中雍正曾說，火耗徵收由州縣政府徵收改為省政府統一徵收，可以降低火耗率。因為地方上徵多徵少，與地方官實際利益不掛鉤，這樣可以避免他們濫收多收：

耗羨與正項同解，分毫不能入己。州縣皆知重耗無益於己，孰肯額外加徵乎？

事實證明，雍正這個判斷是正確的。火耗歸公由省政府公開進行，收到的錢進不了地方官的私囊，與地方的利益並不直接掛鉤，因此火耗徵收率普遍降低，人民的隱形負擔相對減輕。改革之後，山西省的火耗率由原來的百分之三十到四十，降到了百分之二十，河南由原來的百分之八十降到了百分之十三，山東由原來的百分之八十降到了百分之十八。這樣一下子扭轉了康熙後期地方官狂徵濫派的嚴重局面。

第二個效果，是財政狀況大幅好轉。火耗歸公之後，各地財政虧空有了穩定的彌補管道，數年間各地虧空基本上補額完畢，雍正三年（一七二五），國庫存銀上升到六千萬兩。魏源後來總結說，乾隆盛世國庫充足，也是因為雍正打下的堅實基礎：「戶部存銀……雍正間漸積至六千餘萬兩，至乾隆五十一年，雖經南巡、蠲免西北用兵等巨額開支，仍存七千餘萬兩」，「皆雍正十

18《清世宗實錄》，雍正二年七月丁未。

餘載清厘整飭之功」。[19]

中央財力有了保障，就有能力惠及民生。遇到災年，雍正開始經常減稅。比如雍正六年三月，皇帝諭戶部：「數年之中庫帑漸見充裕。……特恩將蠲免之例加增分數，以惠烝黎。其被災十分者著免七分、九分者著免六分，八分者著免四分，七分者著免三分，六分者著免一分。將此通行各省知之」。

第三個效果，是地方公共事務得以開展。火耗歸公緩解了中央與地方行政間的緊張，使地方各級政府獲得了相對充裕的收入，有助於地方政府提高行政管理水準。火耗歸公的一部分被用於擴大地方政府資助的工程，改善了一些地方的交通、公共福利和水利設施。有學者認為，「這標誌著近代國家發展的重要一環，即對政府職責的認識已超越了賦稅的徵收以及維持公共秩序」。

八

第四個效果，是貪腐得到了有效扼制。

官俸太薄，結果自然是清官吃不飽飯，貪官貪婪無忌。比如康熙初年御史趙璟所說：「俸祿不增，貪風不息，下情不達，廉吏難支。」[20]雍正認為，要反腐真正有成效，就要解決官員收入問題。否則，怎麼教育、多少禁令都沒有用：「若圖穩之好聽，……又不管其養資，但泛言不許擾害地方百姓，恐眾屬員未必誠服」（朱批諭旨石文焯奏摺）。

所以雍正說，他要求的只是清廉，而並不是讓官員們餓著肚子辦公：「諸凡總期爾合於公慎而已，朕未有令爾等地方大吏至於困苦之心」，「未有枵腹從事之理，但不欺隱，於分外貪取，即為可嘉耳」（朱批諭旨常德壽奏摺）。

雍正皇帝按各級官員的官職高低、事務繁簡，給全國地方官制定了不同的養廉銀標準。一般來說，雍正年間總督每年的養廉銀為二萬兩左右，巡撫為一萬五千兩左右，布政使為一萬兩左右，按察使為八千兩左右，道府為五千兩左右，州縣為一二千兩。養廉銀數額超過了他們各自俸銀的數倍、數十倍乃至一百多倍。

養廉銀制度使官員的薪俸收入有了明顯增加，讓他們僅憑薪資就能過上體面生活。以前地方官員大部分人雖然名義薪資不高，但灰色收入極高，而且國家無法監管，實際上讓大部分人都成了法律意義上的「罪犯」和「竊賊」，生活在罪惡感之中。「以下養上」的財政格局，也讓官場上不得不官官相護。

養廉銀改革，則讓官員的收入顯性化、透明化、制度化。用現代術語講，火耗歸公是一個從

19 魏源：《聖武記》卷十一，《武事餘記》。

20 《東華錄》，齊魯書社（二〇〇五），頁一四〇。

預算外資金轉化為預算內資金的過程。與預算外資金相比，預算內資金具有規範性、穩定性、公開和透明等優點，有利於阻止腐敗滋生，有利於控制宏觀稅負。養廉銀改革使財政資金由省級政府支配，規範用途，撥給下級，劃清了公私的界限，明確了資金使用的程序。改革之後，下級沒有必要也沒有財力向上行賄，上級也可以理直氣壯地監管下級。這就打破了長期形成的「下養上」的局面，增強了地方對中央的向心力。發放養廉銀數額雖然龐大，但實際上只是變暗為明，並沒有加重人民的負擔，也沒有加大朝廷開支。

更重要的是，在養廉銀改革之後，雍正就可以正式禁止「陋規」。雍正說，厚給養廉，就是要讓官員「從容不窘」，則

表二　河南、直隸、山東三省官員的養廉銀及其占原俸的倍數表

官職 ＼ 原俸（兩） ＼ 養廉（兩） ＼ 省別		河南		直隸		山東	
		養廉	倍數	養廉	倍數	養廉	倍數
總督	180			20,000	111.1		
巡撫	155	28,900	186.5	20,000	129		
布政使	156	24,000	154.8	1,000	64.5	10,000	64.5
按察使	130	10,000	76.1	8,000	61.5	10,000	76.1
道員	105	3,000-10,000	28.5-95.2	2,000	18.5	6,000	57.1
知府	80	3,000-40,000	28.5-38.1	2,000	18.5	6,000	57.1
同知	60	800-1,000	10-12.5	500	6.3		
通判	45	600	10	500	8.3		
知縣		600-2,000	13.3-44.4	800-1,200	17.8-26.7	1,000	22.2

資料來源：陳光焱《清代火耗歸公和養廉銀制度的啟示》，《地方財政研究》二〇〇九年第三期。

自然不貪。火耗歸公和養廉銀制度實施後，官員的合法收入已經可以滿足需要，收受規禮自然就少了最重要的藉口。在此基礎上雍正皇帝開始禁革陋規。他明令禁革一切節禮：

在地方官薪水之資自不可缺，但於屬員之手接受節禮陋規，則斷乎不可。目今各省內或有尚未分給養廉之員，著各省督撫悉心商酌辦理奏聞。寧可以州縣應出之項解至藩庫從公發給，而不可使其自相接受，廢公議而徇私交，留禮儀交際之名而長貪婪賄賂之弊也。倘再有私收規禮者，將該員置之重典，其該管之督撫亦從重治罪。[21]

雍正嚴厲警告各級官吏，在實施養廉銀後「於應取之外，稍有加重者，朕必訪聞，重治其罪」。雍正心狠面冷，說到做到，下手無情。「貪倡之徒莫不望風革面」，就此洗手。所以從當時地方官的匯報看，禁革陋規改革確實取得了比較好的效果。比如年希堯就任廣東巡撫後，概行拒收下屬例行節禮；廣西巡撫孔毓珣上任伊始，也將衙門節禮「盡行不收」；廣西布政使劉艇琛對各屬所上節禮也「分毫不敢收受」。

雍正皇帝說：「近觀各省吏治，雖未必能徹底澄清，然而貪贓犯法及侵盜錢糧者，亦覺甚

21 晏愛紅：《清代官場透視：以乾隆朝陋規案為中心》，天津古籍出版社（二〇一二），頁一九五。

少。」[22]養廉銀改革使雍正年間至乾隆中期半個世紀裡，大清王朝貪污大案明顯減少，吏治面貌大為改觀。雍正對火耗歸公和養廉銀改革十多年來的實施情況作總結說：「山西巡撫諾岷始請提解耗羨之法，……自行此法以來，吏治稍得澄清，閭閻咸免擾累，此中利益，乃內外之所共知共見者。」[23]

對於雍正的養廉銀改革，歷來評價都比較高。比如清代學者章學誠說：

> 我憲皇帝澄清吏治，裁革陋規，整飭官方，懲治貪墨，實為千載一時。彼時居官，大法小廉，殆成風俗。貪墨之徒莫不望風革面，時勢然也，今觀傳志碑狀之文，敘及雍正年間府州縣官，盛稱杜絕饋遺，搜除積弊，斤斤自守，革除例外供支，其文詢不愧於循吏傳矣，不知彼時逼於功令不得不然！[24]

近代著名史學家孟心史先生對清朝養廉銀制度也予充分的肯定。他說，養廉銀制實施以後，「自前代以來，漫無稽考之贍官吏，辦差徭，作一結束。雖未能入預算決策財政公開軌道，而較之前代，則清之雍乾可謂盡心吏治矣」。[25]

火耗歸公和實行養廉銀制度，使清代的稅收附加走上了規範化的軌道，一定程度上緩解了地方經費的不足，這是清代反腐制度建設的最大一項成就，也是中國歷史上反腐制度建設中為數不多的成功案例。

九

當然，雍正時期的養廉銀改革也不是十全十美。它有幾個明顯的問題。第一個問題是利益分配不合理。雍正的養廉銀改革主要針對地方官員，改革之後，地方官的薪俸增長數十倍。但是，清代京官收入也很低微，生活非常困窘，待遇卻沒有得到同步提高，因此京官與地方官收入差距非常巨大。此外，地方上高級官員比如總督、巡撫的養廉銀額定得很高，而府縣官員相對較低。特別是吏員未有養廉，歷代以來吏員衙役橫行鄉里、魚肉人民的現象仍然沒有得到解決。

第二個問題是養廉銀改革制度化不夠。作為一項影響極深的改革，養廉銀制度的推行並沒有成立相關的組織機構，主要是依靠雍正帝的意志來強力推行。從根本上說，養廉銀制度要想完善，就應該在中央政府層面加以統籌，讓養廉銀如同原俸一樣，由中央政府從國家正項中支出，

---

22 《清世宗實錄》卷九，雍正八年二月丙辰。

23 《清世宗實錄》卷九，雍正八年二月丙辰。

24 章學誠：《文史通義》，遼寧教育出版社（二〇〇三），頁六四。

25 孟森：《清史講義》，中華書局（二〇一〇），頁二一七。

而不應該由省級政府從「費」中支出，留下未來監管的難點。

當然，對於僅僅執政十三年的雍正來說，我們不能苛求更多。這些問題，應該由他的繼任者們來解決，當然，前提是他的繼任者能秉承他的改革精神。

那麼，他的接班人們表現如何呢？

第五章

養廉銀改革為什麼失敗了

清代皇帝在雍正之後，基本規律是一代不如一代。道光天資平常，能力比較差，也沒有什麼魄力。但是，再無能的統治者剛上台之時，也想挽起袖子，做點事業。因此，新帝登基，例有一番興革。

在世界大勢發生急劇變化大背景下，清朝統治者卻更加因循守舊，更加抱殘守缺。因此我們可以說，養廉銀改革的失敗，不是因為「高薪養廉」思路的失敗，而是大清後世統治者們缺乏雍正皇帝那樣實事求是的政治作風，和敢任艱巨的改革勇氣所導致。

一

很多討論反腐制度建設的文章，都以雍正養廉銀改革最終失敗，作為「高薪無法養廉」的典型例子。

但是這些文章幾乎沒有一篇涉及清代的養廉銀制度失敗的根本原因。

這一章，我們就來探討一下這個話題。

二

雍正的養廉銀改革，在雍正一朝是非常成功的。這一點前一章已經說明。

雍正去世之後，二十五歲的乾隆繼位。乾隆是一個正統儒家思想培養教育出來的皇帝，對於乃父為政之剛猛和為人之刻薄，早就腹誹不已。所以上任不久，就開始對雍正的很多作法「撥亂反正」，比如釋放了雍正時期被囚的康熙第十四子允禵，釋放了許多因為填補不上虧空被抓起來的官員，廢除了雍正的「奏開墾」政策等等。

一開始，乾隆想把他父親的火耗歸公和養廉銀改革也一併廢除，因為乾隆即位之初，就有大臣向他上奏，火耗歸公形同加賦，不如歸復康熙舊制。乾隆剛剛登基，對於這樣一件牽一髮而動全身的大事不敢輕下決斷，於是讓大臣們公開討論。九卿大臣們會議之後，認為從實行情況看，火耗歸公和養廉銀改革是非常成功的，不但便於朝廷，也便於百姓，因此不需要更改：「伏思耗羨由來已久，弊竇漸生，世宗憲皇帝允臣所請，定火耗歸公，革除州縣一切陋習，從此上官無勒索，州縣無科派，小民無重耗，以天下之財，為天下之用，國家毫無所私，可久遠遵行，應勿庸輕改舊章。」

乾隆採納了群臣的建議，雍正皇帝的這項重要改革倖存下來。不過乾隆還是忍不住對父親的這項遺產動了動手腳，進行了富有自己個性色彩的調整和「完善」。

乾隆是中國歷史上另一個聲名遠播的著名皇帝，他這個人有兩大特點。其一是才幹非凡，雄心、自信心和責任心在清代帝王中首屈一指。他對自己的能力極端自信，因此絕不僅僅滿足於自己統治的這一代平安無事。他對每件事的考慮，都是從「大清朝億萬斯年」這一大局出發，著眼於大清江山的永遠鞏固。

與此同時，乾隆和康熙一樣，也是一個「靜態思維」的人。在他的頭腦中，世界永恆不變，歷史永遠迴圈。所以乾隆酷愛用規章制度，把他治理下的一切都標準化、格式化起來，希望讓社會永不再變化。他迷信集權，害怕地方的自發性和創造性，故大力強化中央對地方的嚴格控制。

所以他決心在自己任內，把大清的一切制度都完善並且固定下來，不用自己的子孫後代再費腦筋。這其中就包括火耗歸公和養廉銀制度。

三

前文提過，雍正時期的養廉銀制度確實還有很多待改進之處。比如這一制度並沒有全面覆蓋整個官僚體系。乾隆皇帝上任之後，首先擴大了養廉銀制度覆蓋的範圍，無論文職武職，均有養廉。京官則擴大「雙俸」覆蓋範圍，減少京官與地方官的收入差距。

其次，乾隆對養廉銀制度進行了整齊劃一的「固定化」處理。雍正皇帝設立的養廉銀，本來是一個動態的可以隨著需要不斷調整的數字。其原則是「令該撫酌量官職之大小，府州縣地方之繁簡，秉公派定數目奏聞」。由地方官員根據實際情況請示，由中央政府最後定奪。這樣就可以保證養廉銀的數字可以適應各種變化。

但是乾隆卻規範了各級官員養廉銀的數字，並且形成定制，不得突破。乾隆十二年（一七四七），他發布上諭說：「各省督撫養廉有二三萬兩者，有僅止數千兩者，在督撫俱屬辦理公務，而養廉多寡懸殊，似屬未均，著軍機大臣等酌量地方遠近，事務繁簡、用度多寡，定議具奏」。朝廷因此對各級官員的養廉銀都重新審定，公布了明確的數字，並且永為定制，輕易不做調整。

從表面上看，乾隆此舉是對養廉銀制度的規範和完善，但是，這個作法卻造成了嚴重的後果，那就是在通貨膨脹之時，官員的收入與支出不能合理調適。

如前所述，從雍正到乾隆再到嘉慶，大清王朝經歷了一波漫長的通貨膨脹，物價上漲非常明顯，生活在乾隆朝的很多人都有非常強烈的感受。比如汪輝祖在乾隆五十七年（一七九二）說，當他十多歲的時候（乾隆十年前後），每斗米的價格只有九十到一百文，現在，一斗米在一百八十到三百一十文間浮動。錢泳則說，經他研究，順治朝一畝地的價格不會超過二三兩。在康熙時期每畝上升至四五兩。乾隆初年，每畝價格上升至七八兩，偶爾甚至有十兩。到了乾隆後期和嘉慶初年，土地已升至平均每畝五十兩。

這些人的說法得到了後來研究者的證實。我們現在已經知道，造成清代中期這波漫長通貨膨脹的原因，除了清代的人口增長經濟發展外，還有因為海外貿易導致的美洲白銀的大量流入。「根據整個十八世紀官員的零星紀錄，王業鍵估算出這一時期物價差不多增長了三倍。」

表三　清代總督養廉銀表

總督	金額（兩）
陝甘	20,000
雲貴	20,000
兩江	18,000
閩浙	18,000
直隸	15,000
湖廣	15,000
兩廣	15,000
四川	13,000

注：本表參照黃惠賢、陳鋒《中國俸祿制度史》[1]製成。

1《中國俸祿制度史》，武漢大學出版社（二〇〇五），頁五五〇—五五一。

通貨膨脹三倍，就意味著官員的收入與支出之間，至少又出現了三分之二的缺口。「康熙晚年三五錢銀子就可以買一石米，如今恐怕一兩多也買不到。州縣官倚為左右手的錢糧、刑名兩位師爺，過去二三百兩銀子能延請的，此時非千金羅致不可，但州縣官的養廉總共不過白銀千兩上下。」[2]官員們的生活再一次嚴重入不敷出。「官員生活支出增加，但養廉額不變，使得官員極為緊張。」

四

地方政府的經費遇到了同樣的問題。物價上漲了三倍，意味著原本就不甚充足的地方經費又縮減為原來的三分之一。物價上漲，意味著「基建物料、勞役工食及幕賓和胥吏的薪金都必須相應地增加。除此之外，正如王業鍵所指出的，人口增長了，就需要更多的胥吏，以應對地方管理，並且要求愈來愈多的經費用於諸如貧民賑濟的支出。」所以從乾隆中期開始，幾乎所有的衙門都感覺到了嚴重的經費緊張。「柴潮生聲稱，分配給官員的養廉銀也不足，只夠提供私人幕賓和長隨的薪金、招待費用以及車馬、燭炭的開支。沒有任何剩餘，官員很難開展任何有益於農業、養蠶和百姓教育等的項目。」

火耗的徵收幅度，在雍正的設計當中，和養廉銀一樣，也是一個可以根據實際情況不斷調整的變數。但是與養廉銀遇到的「完善」一樣，酷好靜態控制的乾隆皇帝把各省的火耗數額也固定下來了，不許輕易提高火耗標準。乾隆朝確定的火耗標準「只是基於制定之時也就是乾隆五年的最低需求，但未能考慮經濟、人口和行政需求的變化」。因此在通貨膨脹三倍後，「火耗歸公」改革同樣失去了意義：「火耗歸公到了乾隆末年不再起作用的主要原因之一是，中央政府拒絕同意定期增加火耗的徵收，而這樣本可以便於地方官員應付由通貨膨脹和人口增長所帶來的支出的增加。儒家的仁政觀念阻止稅收增長達到一個有可能毀壞小農經濟的水準。然而，無法擴展財政基礎只能引起地方與中央政府重新爭奪有限的資源。」

除了把火耗和養廉銀的標準固定化，乾隆皇帝大力削弱了地方政府在財政上的自由支配權。雍正年間，省級政府徵收到的火耗，歸省政府自行支配，並不需要上報戶部。乾隆卻把省級財政支配權上收到中央。地方官員要把每年火耗徵收的數目匯報到戶部，如何使用，也要經過戶部一一批准。「如果未得到戶部的同意而對地方工程項目進行撥款，將遭到彈劾。然而，許多這種類型的開支都是緊急事情，比如搶修道路橋梁甚至決口，官員常常沒有時間走完戶部所規定的繁瑣程序。這種情況下，即便開支是合法的，相關官員也要為動用經費負賠償責任。」

乾隆朝的財政制度僵化到了這樣的程度，以至於我們在《宮中檔》中見到這樣一份奏摺：直

[2] 晏愛紅：《清代官場透視：以乾隆朝陋規案為中心》，天津古籍出版社（二〇一二），頁二二〇。

隸巡撫方觀承在乾隆十七年（一七五二）上奏，要求戶部批准以下幾項「重大支出」，其中包括密雲縣兩條河流上衛兵工食銀四十八兩，水手工食銀一〇五兩，賞賜給兩個節婦的官方津貼銀十二兩。這份奏摺，「生動地表現了徵求戶部同意支出的多樣性和小數額」，讓我們看到中央財政對地方的控制細化到了什麼程度。在這種制度下，「許多在處理地方財政時富有創造性和革新精神的官員反而遭到處分，也就不足為奇了」。

通貨膨脹的現實與乾隆制度僵化之間的衝突，通過廣東巡撫鶴年的例子可以看得很清楚。按慣例，廣東省負責為中央購置白蠟。然而，因為通貨膨脹，白蠟的價格從部價定價三錢，已經漲到了市價九錢五分三厘。如果是在雍正時期，這個差價可以由省裡的火耗加以彌補。但是，乾隆年間，這一調整必須經過戶部批准。然而，當巡撫向戶部提出這個請求時，戶部毫不猶豫地以不合制度為由予以否決。

在這種情況下，地方官員沒有別的選擇，他們不約而同又一次開始在地方上偷偷徵收「附加費」，雍正皇帝擔心的「耗外加耗」大量出現。

五

歷史似乎又回到了原點，乾隆皇帝的正確應對方式，是效仿父親，來一次新的財政體制改革，大幅度地提高官員收入，把他們從收支不平衡的桎梏下解放出來。

但是乾隆拒絕這樣做。相反地，因為財政緊張，他開始不停地打官員們那筆養廉銀的主意。已經大大縮水的養廉銀，在乾隆晚期，又開始遭受朝廷的七扣八扣。比如乾隆四十年（一七七五），浙江省修築石塘，因為物價上漲嚴重，工料物價「今昔不同」，原來估算的工程造價，竟然短缺二百萬兩之多。這短缺的經費如何彌補呢？乾隆要求，浙江通省官員自乾隆四十六年（一七八一）起，每年各捐養廉四分之一。

這種作法並非乾隆創新，而是康熙時的舊例。康熙時期，因為地方公用不足，皇帝經常要求官員們捐出俸祿，要求吏員捐出工食銀。但是雍正皇帝對這種剜肉補瘡的作法是極為反感的。並不需要太高的智商就能想明白，把本來不多的薪資捐出之後，官吏們不可能甘於喝西北風，他們肯定要從老百姓身上想辦法弄錢，而且還會層層加碼，本來只需一萬，最終會從百姓身上克扣出三萬，國家受到的損失反而更大。所以雍正元年（一七二三）三月，雍正在湖廣總督楊宗仁的奏摺上批下如下一段話：「再捐助一事，朕甚不悅。……如有不肖督撫虛應捐助一萬之名，而加倍取之於百姓兩三萬不止，拖欠錢糧，虧空倉庫，合盤算來，所捐仍出於朝廷，如此等有害無益之舉，爾可極力為朕改革。」

但是乾隆皇帝完全不理解父親的思路。這種臨時抱佛腳式扣款，從乾隆晚年起漸漸成為常態。嘉慶親政之初，福建巡撫汪志伊說閩省官員「實得養廉不及一半」。福建所屬台灣情況更糟糕，據說當地官員的廉俸「非扣罰，即公捐，非部規，即私例，有名無實，百不一存」。[3]

嘉慶皇帝繼位之後，也順理成章地沿用這一「祖制」，靠扣發官員養廉銀來解決一時的財政窘迫。比如嘉慶十九年（一八一四）四月，因為「教匪滋事」，直隸省動用軍需約九十萬兩，皇帝命令「在現任大小官員養廉銀內分作十五年均勻攤扣歸款」。

本來就不足花用的養廉又被扣得差不多了，現實又是「百物翔貴，委難敷用」。官員們應該如何自處呢？毫不奇怪，貪污腐敗又一次開始橫行，「賄賂公行已非一日，原情而論出於貪瀆者猶少，迫於窮困者實多」。「不得已設為名目，取給下僚。」陋規體系全面死灰復燃。嘉慶初年，洪亮吉在上書中具體指出了當時陋規橫行的情況：

> 出巡則有站規、有門包，常時則有節禮、有生日禮，按年則又有幣費。升遷調補之私相饋謝者，尚未在此數也。以上諸項，又寧增無減，寧備無缺，無不取之於州縣，而州縣則無不取之於民。錢糧漕米，前數年尚不過加倍，近則加倍不止。督、撫、藩、臬以及所屬之道、府，無不明知故縱，否則門包、站規、節禮、生日禮、幣費無所出也。而州縣亦藉是明言於人曰：「我之所以加倍加數倍者，實層層衙門用度，日甚一日，年甚一年。」究之州縣，亦恃此督、撫、藩、臬、道、府之威勢，以取於民，上司得其半，州縣之入己者亦半。初行之，尚或有所畏忌，至一年二年，則已成為舊例，牢不可破矣。訴之督、撫、藩、臬、

司、道，皆不問也。

歷史又流轉回到了雍正初即位時面臨的困境，再次燃起的腐敗之火，比原來更有破壞力。

六

陋規在物價壓力下生長壯大，這一過程，在漕運的「幫費」中體現得最為典型。

清代北京是糧食消費最集中的地方，除了市民吃飯之外，還有宮廷消費、供養軍隊等都需要大量糧食，此外當時給百官發俸祿，也有一部分是發放糧食，稱為「祿米」。所以漕運對北京很重要。所謂漕運，是朝廷在南方某些指定的省分徵收稅糧，然後把這些糧食經由水路運往北京。如果漕運停止，北京城就要挨餓。因此對於南方這些指定省分來說，漕務是一項極為重要的公務。由此就誕生了一項很大的花費，叫「幫費」，也就是指州縣政府幫助運糧船運輸的費用。

本來，運輸漕米這個事與州縣官員無關。朝廷的規定是，南方這些省分的州縣官員只負責從老百姓那徵收到漕米，並且把這些漕米安全地送到船上，就完事大吉，可以拍拍手回家了。

[3] 晏愛紅：《清代官場透視：以乾隆朝陋規案為中心》，天津古籍出版社（二〇一二），頁二二三。

運輸漕糧這件事，本來是由國家指定的工作人員「旗丁」，也叫「運丁」，也就是負責漕運的兵丁負責。這些負責漕運的旗丁本來有國家法定的報酬，還有國家提供的運輸經費，這些與州縣官員本來沒有任何關係。但問題是，旗丁的報酬標準和運輸的經費標準都是在清初確定的。而清代中期通貨膨脹之後，旗丁的收入就相當於減至原來的三分之一，「所領一石之價，僅敷買數斗之糧」，這些收入遠遠不能滿足他們生活的需要。「今昔糧價不同，人口浩繁，買食不敷，丁力未免拮据。」與此同時，清中期後，運河河道年久失修，遇到淺阻之處，需要雇人拉縴，運輸經費在通貨膨脹後本來已經縮水為原來的三分之一，再加上增加的成本，經費更是不夠。

在這種情況下，朝廷本來應該重新制定標準，把旗丁的薪資和運輸經費提高至少三倍。嘉慶四年（一七九九），漕運總督蔣兆奎就以「諸物昂貴旗丁運費不敷」，奏請每石漕米增收一斗，作為補貼運費，嘉慶皇帝以「事屬加賦，斷不可行」予以駁回，並嚴旨申飭：「若謂時值物價較昂，則又不獨旗丁為然，如各官俸廉、兵丁糧餉，概因物貴議加，有是理乎？」確實，物價上漲導致經費不足，不是漕運衙門一個衙門的問題，如果你們進行了改革，那就要牽一髮而動全身，全國的經費制度都要跟著改。但是嘉慶皇帝是一個著名的「守成皇帝」，以性格保守著稱。他沒有勇氣突破財政制度固定化這一祖制。

實際上在嘉慶任內，很多大臣都提出了陋規改革的建議。比如大臣尹壯圖就提出，對現在陋規項目逐一清查，以乾隆三十年（一七六五）為限，舊有者多少，以後增加者多少，定為標準，續增科派者全部革除。但嘉慶明確反對這一主張，他的理由是：第一，從表面看，這個建議似乎是讓陋規合法化，很容易引起社會的非議；第二，陋規係積習相沿，由來已久，只可將來慢慢整頓，不可概行革除，以免引起紛擾。顯然嘉慶認為這個問題一動就引起不穩定，還是採取保守療法比較好。

所以朝廷拒絕提高薪資和經費，但是要求旗丁還必須得完成其本職任務。這實際上就是鼓勵旗丁們去「自謀生路」。

這樣一來，旗丁就不得不動起歪腦筋。按規定，旗丁負責審查地方官送來的米符不符合標準。所以他們藉口米色不純等，開始向地方政府索要「幫費」。如果地方官不幫他們提供運輸經費，他們就說送來的米不達標，拒絕上船。

漕運一事辦得好壞，直接關乎地方官的政績和官運。地方官員害怕「延誤漕糧起運之期」，受到朝廷追責，只得向他們妥協，從地方財政中拿些錢給他們。這就是「幫費」的起源。

事情至此，尚可謂情有可原。

問題是，和所有不合理收費一樣，實際需要最後只成了一個引子，引出來的是貪婪得足以吞天蔽日的人欲。如前所述，清政府的薪俸體系和經費體系定於開國之初，到了清代中晚期，因為通貨膨脹，已經嚴重脫離實際，各級衙門都在挖空心思，尋找新的經費來源。因此發現「幫費」這個新的陋規來源之後，沿途所有衙門官員都紛紛伸手。因為糧船北上，「沿途文武均有催趲之責」，漕運總督、河道總督以及途經各省督撫都會遣派人在沿途重要的關閘檢查，沿途「不下數百員」。每個人都要得些好處，否則不予放行。總漕、倉場衙門的官員和衙役也因為掌握著盤查、驗米等權力，更是「得以意為臧否」，對旗丁予取予求，而旗丁「顧惜身家，不得不如其願」。

因此，和地丁銀中的「耗羨加徵」一樣，漕務中的「幫費」自誕生後，也迅速惡性發展，滾雪球一樣名目愈來愈多，數額愈來愈大。如魏源所言：「今歲所加，明歲成例，則複於例外求加。」由嘉慶初年的每船一二百兩、中期的三百兩之譜，至道光初年的四五百兩，經道光中前期的大幅上揚，至末年已攀升至千兩以上。名目也一再新出，什麼鋪艙禮、米色銀、通關費、盤驗費等，不一而足。據周健分析，這些幫費只有大約百分之十是旗丁用於補貼收入的不足，其他百分之九十，則分潤給沿途管理漕運事務的各級衙門及官員。而幫費也因此成了州縣辦漕支出中最大一項。從道光二十年烏程縣的實例看，支付幫費銀占整個漕務支出的四二・四五%。

在清代財政體制中，「幫費」的產生和發展很有代表性，對我們理解清代稅收體系畸形發展的內在肌理，正好是一個便於解剖的「麻雀」。由這個例子我們可以看到，陋規往往是因事而設，緣勢而生，如藤攀樹，如癭附軀。它的產生，沒有依據，沒有計畫，因此它的成長也漫無節制，呈現一種病態的旺盛和繁榮。雖然沒有一個明確的頂層設計和發展規畫，全靠相鄰層級間的博弈和糾纏，但是它醜陋生長的結果，卻一定程度上彌補了財政體系的缺陷，並且幾乎滿足了漕運過程中所有相關利益部門的利益需要。只不過，這種彌補是以大量民脂民膏被侵吞為代價。

七

到了道光時期，大清王朝的統治者最後一次鼓起勇氣，試圖解決陋規問題。

清代皇帝在雍正之後，基本規律是一代不如一代。道光天資平常，能力比較差，也沒有什麼魄力。但是，再無能的統治者剛上台之時，也想挽起袖子，做點事業。因此，新帝登基，例有一番興革。道光皇帝在位期間，唯一一次積極進取，就發生在即位初期。

道光皇帝登基不久，召見資深重臣英和，詢問他如何整頓政治，改革國家。英和當時任吏部尚書，並在軍機大臣上行走。他為官多年，深知當時天下最關鍵的問題在於吏治，而吏治的核心是整頓陋規。於是他建議道光從陋規這個問題抓起。

關於陋規橫行之下官場的種種醜態，道光皇帝當皇子之時，也有所耳聞。聽英和這麼一說，他也深感這個問題不抓不行。親政之初，他雄心勃勃，又沒有實際政治經驗，不知道這個問題的深淺，對英和的建議立即表示同意。

十幾天內，道光接連下了四道語氣堅決的諭旨，宣布要整頓陋規。他說：

自雍正年間至今，已近百年，各省上自督撫大員，下至府、廳、州、縣等地方官吏，藉口辦公經費不足，紛紛私定名目繁多的陋規，如舟車費、行戶費、火耗費、平餘費、雜稅、存滕費、鹽當費、規禮費等等，不一而足，恣意苛求，藉以肥私。督撫等各省上司，明知通省官吏，莫不如此，難以參奏糾劾，只好表面禁止，而私下放縱，聽之任之，於是，巧取豪奪，斂財聚富之風，日甚一日，小民生計，屢經朘削，日見困頓。

至於改革的具體思路，也是英和制定的。他說，「以州縣辦公無資，而取民無藝。奏請各省陋規定其數為公用，數外多取者罰之」。道光皇帝於是命各省督撫要督率藩司，將所屬機構的陋規，逐一清查。看看這些陋規是因何而產生，哪些是情有可原，哪些純粹是官員貪污入己。分別清楚後，「存者存，革者革，違者議處。」應該保留的就保留，應該革除的就革除，明定章程，立以限制，各省奏上，經批示確定以後，通行曉諭，一體遵守。

從這道聖旨來看，道光對陋規問題的實質看得倒是很清楚。他說，與其讓各級貪官污吏，偷偷摸摸地巧立名目，搜刮民脂民膏，導致官逼民反的可怕結局，還不如把陋規公開化，制度化。這樣可以限制其剝削程度：「與其陰以取之，何如明以與之。」保留一部分陋規，滿足地方官生活需要，解決地方上的辦公經費緊張的問題，又可以通過革除一部分陋規，減輕百姓的負擔。其思路與雍正完全相同。

可惜，道光不是雍正那樣的大有為之君，道光時的大臣們也罕少雍正時期那樣的能臣，道光時期，「人才消磨已盡」，剩下的絕大多數已經是能力嚴重退化只知維護自身利益的庸臣。

道光皇帝的這道聖旨發下，大清官場群情沸騰。大臣們紛紛激烈反對，不斷上奏，給剛上台的皇帝一個下馬威。吏部侍郎湯金釗、山西學政陳官俊、禮部尚書汪廷珍等上了奏章，認為對陋規作明文規定，與傳統的以德治國的精神不符。道光的這道諭旨，不僅解決不了吏治腐敗的問題，反倒會加深政治矛盾，進而引起社會危機。直隸總督方受疇乾脆馬上跑到北京，向道光面陳此事根本行不通，定會引起天下官僚群起對抗，局勢將不可收拾。接著，兩江總督蔣攸銛也千里迢迢跑到北京，表示明確反對。四川總督孫玉庭則上了一道奏摺，詳細論證此舉如何不可行。他說：各省的陋規，本來是大清律令所不准許的，怎麼能明令收取呢？准許陋規，實在是有失政體。按他的政治經驗，如果搞一個陋規調查，清查中肯定會滋擾百姓，擴大清查物件，把零星小戶，如舟車戶的陋規也進行登記，會攪得老百姓不得安寧。這就是所謂的「輿情不協，國體有關」。

氣勢洶洶地反對把道光皇帝一下子嚇倒了。他本來是一個沒什麼主意的人，現在一看大臣們異口同聲說此事不可行，那顯然是不可行了。所以他後來回憶說，「據湯金釗、陳官俊、汪延珍先後陳奏，皆以此事為不可行，……朕心已悟此舉之非矣」。等到地方大吏進京面陳，特別是讀到孫玉庭的奏摺，完全說服了他，讓他感覺「所言尤為剴切詳明。此事不但無益於民生，抑且有傷國體」。他出了一身冷汗，感覺非常害怕，因為自己差點捅了個政治大樓子，造成政治嚴重不穩定，幸虧有經驗的大臣們救了他。「幸而內外臣工知其不可，而肯據實駁正，若皆緘默不言，聽其舛誤，其失可勝言乎！」

道光皇帝於是立刻收回成命，下令立即停止查辦陋規。

當然，這個彎子轉得太快，道光對自己當初的決定不能不有所解釋。他下達上諭說，之所以犯這個錯誤，一是當時剛剛奉皇父靈柩從熱河回到北京，心緒煩亂，一時糊塗；二是「朕初親政事，於天下吏治民生未悉」，初臨政事，對天下吏治民生情況不熟；三是看「英和平時本明白敢言，其言似為近理，朕一時審度不明而誤聽」。英和看起來又是一個精明之人，他當時說的也似乎有些道理，所以引導他犯了錯誤。這實際上是把主要責任推給了英和。

最後，他向全體大臣道歉，請求大家原諒：「我不是一個文過飾非的皇上，既然深知清查陋規之弊，自當改過遷善。」「朕不慎不敏，為君之難，諸臣亦當諒朕之心。」

你看，這個皇帝當得還是挺有風度。而且雖然主要責任推給了英和，但是他認為英和也是出自公心，所以不必嚴懲。僅命英和「毋庸在軍機大臣上行走」，其餘一切職務照舊。至於反對最力的孫玉庭，道光認為他「直言無隱」，是一個「公忠體國」的大臣，下令表彰。

大清王朝統治者最後一次清查陋規的努力就此流產。

八

鴉片戰爭之後，國家步入危急存亡之秋，財政問題更加突出，但是清代末期的幾個皇帝更是一蟹不如一蟹，他們解決財政問題的思路只剩下一條，就是扣減百官的俸祿和經費。特別是太平天國軍興，咸豐皇帝首先想到的「節源」之方，就是給京官「減薪」。「咸豐六年（一八五六），為緩解太平天國戰爭造成的財政收支不平衡，政府對京職文官俸祿進成折扣發放」：文職官員一二品酌給七成；三四品酌給八成；五品以下及七品之正印官，武職三品以上，酌給九成。甲午戰爭爆發，扣減又接踵而至。光緒二十一年（一八九五），「在京王公以下，滿漢文武大小官員俸銀並外省文武大小官員養廉，均按實支之數核扣三成，統歸軍需動用」。政府還採取錢鈔代銀等方式，變相降低京官俸祿。

如果能效法雍正的改革精神，後世皇帝本來可以有更大作為。傳統社會除了宋代之外，其他王朝大多數都陷入了財政思維誤區，皇帝們只重視田賦，工商業稅收卻大量流失。在「崇本抑末」的思想指導下，即使在康乾盛世，皇帝對於日益發展的工商業，也沒有給予足夠的關注。商業特別是鹽商等壟斷商業獲得的巨額利潤，一部分只是以陋規的形式進入官員的腰包，政府卻要承受財政拮据。所以晚清統治者完全有機會徹底改革財政制度，變不完全財政為完全財政，增加財政收入，大幅增加財政支出中養廉和地方公費的預算。當然，這樣做就要求他們打開國門，讓中國經濟融入世界經濟大潮，充分發展工商業，以提供足夠的稅源。

在世界大勢發生急劇變化的大背景下，清朝統治者卻更加因循守舊，更加抱殘守缺。因此我們可以說，養廉銀改革的失敗，不是因為「高薪養廉」思路的失敗，而是大清後世統治者們缺乏雍正皇帝那樣實事求是的政治作風和敢任艱巨的改革勇氣所導致。

第六章

由「中興名臣」主導的最後一次裁撤陋規

所謂的「同治中興」，不過是大清王朝行將就木前的一次「迴光返照」。不過，這一「迴光返照」也並非輕易得來。大清王朝之所以又苟延了數十年的性命，其基礎正是晚清各地官員進行的卓有成效的「釐金」改革、「減賦改革」以及海關洋員主導的海關改革，一方面減輕了民眾的負擔，另一方面增加了財政收入，為中央政府進行了有效的「輸血」。

一

官逼民反，是傳統社會不變的規律。清代陋規問題發展到最後，終於把老百姓逼到山窮水盡的地步，導致太平天國起義席捲長江中下游。

在太平天國起義之前，江南諸省就有很嚴重的「浮賦」問題，「附加稅」之高達到了驚人的程度。比如江蘇省在咸豐前期，一石大米值二千文錢。也就是說，如果給國家交一石米的漕糧，老百姓本來只需要交二千文錢。但是官府卻層層加碼，各地需要交八千、十千至十八千文不等，附加稅達到了正稅的三倍至八倍不等。[1]當時就有人說：「江南必反於漕。」[2]果然，太平軍一到，那些活不下去的貧民紛紛隨之而去。

在鎮壓太平天國的過程中，中央政府的權威逐漸下移，各地督撫掌握愈來愈多的實權，因此在鎮壓太平天國過程中，許多有見識的地方官員開始主動調整賦稅，整頓陋規。他們認識到，若不解決陋規導致的民眾負擔問題，雖然太平天國被鎮壓下去，另一場農民起義也會隨之而來。

最早行動起來的是湖南省，因為湖南是太平軍最早撤出的省分。經左宗棠建議，湖南巡撫駱秉章在一八五五年初秋決定裁革一些陋規，以減輕農民負擔。他的具體方案是「地丁每兩加耗四錢，漕米折色照部章每石完納一兩三錢，外加納一兩三錢以資軍餉，又加納銀四錢作縣署公費。其他款目，一概裁革」。[3]就是說，地丁銀加收百分之四十的火耗。而漕米，只加收百分之三十。這個數字看起來很高，但是比起原來，已經低了很多：「新統一規定的田賦稅率加上浮收約比原來總稅率低二成，而折徵漕糧加上浮收不到原來的五成」。當然代價是地方官灰色收入的減少：「為了能夠減低稅率，駱巡撫取消了許多歸地方各級官員所有的津貼。」[4]這是所謂晚清各地「減賦」的先聲。

湖北巡撫胡林翼是晚清地方大吏中減賦工作最有成效者之一。他很早就提出，減賦是與太平天國爭奪民心的最好辦法：「禦賊之法，先結民心；救亂之略，先保民命。」[5]咸豐七年，湖北戰亂初步平息，胡林翼對一度被太平軍占領的那些州縣也進行減賦改革。「一八五七年，胡林翼對一度被太平軍占領的州縣仿照湖南辦法，裁減丁漕浮收，革除一些冗費。把漕糧折價，定在四千至六千五百文之間，並宣布禁革由單費、串票費、樣米、號錢等額外需索。」[6]當然，改革的內容必然包括對陋規的裁撤：「對三十三個應照常徵繳漕糧的縣，他爭取清帝的批准進行一次大改革——大量削減極重的浮收和取消名義上有數十種他稱之為『浮費』的收入。這裡面包括過去巡撫本人、布政使、督糧道以及府道都享受的津貼。」[7]

---

1 吳雲：《兩罍軒尺牘》，卷五，第十三頁，轉引自潘國旗：〈太平天國後期清政府的「減賦」政策芻議〉，《財經論叢》二〇〇六年第一期，頁九八。
2 馮桂芬：《均賦稅議》，《顯志堂稿》卷十。光緒二年校邠廬刻本。
3 駱秉章：《駱文忠公奏稿》，卷八，第十二頁；又《駱秉章年譜》，咸豐五年乙卯紀事，轉引自潘國旗：〈太平天國後期清政府的「減賦」政策芻議〉，《財經論叢》二〇〇六年第一期，頁九九。
4 費正清等：《劍橋中國晚清史》，中國社會科學出版社（一九八五），頁四八四。
5 汪士鐸：《胡文忠公撫鄂記》，卷四，嶽麓書社（一九八八），頁二二。
6 潘國旗：〈太平天國後期清政府的「減賦」政策芻議〉，《財經論叢》二〇〇六年第一期，頁九九。
7 費正清等：《劍橋中國晚清史》，中國社會科學出版社（一九八五），頁四八五。

在這個問題上較有作為的另一個「中興名臣」是曾國藩。咸豐十年（一八六〇）四月十九日，湘軍統帥曾國藩出任兩江總督。就在朝廷任命曾國藩署理兩江總督的當天，曾國藩的日記中記載他曾和胡林翼探討湖北賦稅徵收體制改革的經驗：

是日，胡中丞言州縣辦上司衙門之差，所費不過百千，而其差總、家丁開報至三四千串之多，縣令無所出，則於錢糧不解，積為虧空，皆天家受其弊。故湖北州縣現無絲毫差事，如有，向例由州縣辦差者，皆由藩庫發實倉銀與州縣，令其發給，不使州縣賠墊分毫。其名則天家吃虧，其實則州縣無可藉口，錢漕掃數清解，為天家添出數十倍之利云云。信為知言。

也就是說，胡林翼和他討論現行稅收體制的弊端。胡林翼說，州縣官員執行上級命令，原來只需要花費比如數百貫至多一千貫，但是經手的吏員一般都會開報到三四千貫。州縣官員沒有這麼多經費，只好侵蝕挪用本應上交的稅款，時間長了，就形成虧空，中央政府吃虧。所以在他的治下，上級如果給州縣安排什麼任務，同時也會安排配套的經費，不讓州縣政府賠墊。表面上看，上級政府吃虧，實際上則是州縣政府沒有藉口借此貪污，其實對整個國家是有好處的。

曾國藩把這番議論全盤記下，可見是非常贊同的。他在自己的轄區內裁除陋規，減輕百姓負擔，也是在太平軍撤出之後逐步推進的。同治元年（一八六二），江西全境基本恢復，曾國藩開始了減賦改革。江西省田賦的附加稅率，原來是百分之一百五到百分之一百七十之間（地丁每銀一兩，或收銀一兩五六錢至六七錢不等，或收錢二千四百文至三千一二百文不等）。漕米則每一石米，或收銀二三兩至四五兩不等。[8]

曾國藩與江西巡撫沈葆楨商量之後，決定自同治元年起，將田賦附加稅率定為百分之五十（每地丁正耗銀一兩一錢，實收庫平銀一兩五錢），漕米每石改收二兩白銀。所有州縣辦公等費一概在內。農民按照減浮章程完納丁漕，較前大為輕減。據布政使李桓估計，改革之後，每年可為老百姓減賦一百多萬兩：「此次新章核扣，每年複可為民間節省銀一百萬餘兩，為軍餉共籌銀三十餘萬兩」。[9]

降低附加稅必然就要裁減「陋規」。江西和其他省一樣，「至於饋贈陋規，到任者則有上司各衙門之供應、門包，年例則有本管知府之節壽、月禮。收漕則有糧道、本府同寅文武、地方紳士之陋規與大漕館、裝修等名目。此外尚有一切隨時零星饋贈之款」。[10] 曾、沈、李認為「江西

8 張鼐：〈太平天國前後長江流域各省之田賦問題〉，《清華學報》第十卷第二期，一九三五年。
9 李桓：〈請奏嚴定減收丁漕裁停繁費章程詳〉，《寶韋齋類稿》卷十一，官書七，趙寶墨齋版（一八八〇）。
10 鄭起東：〈試論清政府鎮壓太平天國後的讓步政策〉，《清史研究》二〇〇八年第三期，頁六二。

一切積弊情形均與湖北相等」，曾國藩與沈葆楨「仿照湖北定章，先將州縣一切捐攤款項全行停止，饋贈陋規悉數裁革，以清其源，再將各屬徵收丁漕數目大加刪減，以節其流」。

在曾國藩、沈葆楨的鐵腕之下，這項嚴重損害官員階層利益的改革得到了成功。不過由於是首次嘗試，曾國藩不久之後發現，這次減稅改革搞得過於激進了。如此大規模地降低附加稅後，各州縣收入頓減，許多地方行政開支沒有著落。「儘管這些措施能使江西的知縣們辦事更加方便，但曾國藩發現在以後兩年中他們的負擔並未大大減輕，其中有些人為了完成任務還陷入困境。」「一八六三年六月，曾國藩在描述江西局勢時說：『州縣之入款頓絀，而出款則不少減。牧令深以為不便，而紳民於大減之後仍爾催徵不前。』一八六三年湘軍軍費增加，此事使曾國藩愈加後悔不該把江西省田賦稅率定得偏低。」改革的不良後果使曾國藩充分認識到了「陋規」存在的部分合理性。

同治二年（一八六三）五月，江蘇大部已經收復，曾國藩與江蘇巡撫李鴻章開始研究江蘇的減稅問題。不過鑑於江西經驗，江蘇的陋規裁革力度沒有江西的大。舊有陋規，有的裁撤，也有些予以保留，「只期只敷辦公，不准逾額浮收」。[11]原來的錢糧不動，而漕糧數量合計全省為三十分減去八分。改革之後，江蘇的漕糧負擔只減去了百分之二十七，幅度遠較江西為小。

太平天國戰爭耗盡了曾國藩的心力。愈到晚年，他對官場上的陋俗愈持「渾和寬容」的態度。這種心態使得他不能下定決心，從根本上重新釐訂陋規，在地方上建立一套清楚合理的新財政體系。他認為陋規形成多年，合理因素與不合理因素糾結難分，只能因勢利導。他說：「大抵風俗既成，如江河之不可使之逆流。雖堯舜生今，不能舉斯世而還之唐虞。賢者辦事貴在因俗而立制。所謂『除去泰甚』者耳。」[12]「他勸李鴻章，即使蘇松太地區的浮收在將來得到核減，『浮收竟可不必入奏，不必出示』。他還建議各縣徵收浮收可按該縣風俗人情而為之制，對大小戶之例不必更張過甚。『大戶名目可革則革，辦法不必一律，減法不必一價，但使小戶實有所減而已。』」[13]

不過在整頓鹽務陋規方面，曾國藩的成就還是十分顯著的。因為鹽商們通過國家授予的專利權獲利極豐，所以地方官場上對鹽商們的剝削也極重。幾乎每個衙門都想從鹽商身上撈點錢，只要沒有來源的支出，最後差不多都算到鹽商們頭上。

與各地一樣，兩江地區財政的重要支柱，也是鹽規。根據兩淮運司王鳳生的統計，道光十年，兩淮鹽商負擔的法定稅額（即兩淮綱鹽正課）為二十一萬七千兩。但這只是鹽商們負擔的一小部。除了正稅外，他們每年要負擔兩江地區的養廉銀、兵餉，以及「水腳」、「部飯」等辦公

11 劉郇膏等：《江蘇減賦全案》卷二，清同治五年刊本，頁四三。
12 郭廷以編：《郭嵩燾先生年譜》上冊，台灣：中研院近史所一（九七一），頁二四七—二四八。
13 費正清等：《劍橋中國晚清史》，中國社會科學出版社（一九八五），頁四九〇。

經費三十三萬兩，這算是國家的正項開銷。此外，還有普濟、育嬰、書院、義學、務本堂、孝廉堂等地方公益事業，需要他們貢獻二十餘萬兩。這些還都不是大頭，各衙門公費等項，需要他們負擔八十萬兩之巨。為了向鹽商們要錢，官員們想盡花招。如漕運總督、河道總督、巡撫各衙門，從未有緝捕搞賞等款，而各處仍以此名義每年向鹽商徵收開銷三、四千兩。[14]

過於巨大的「陋規」導致鹽商們幾乎賺不到什麼錢，經營鹽業的積極性大減，從而加劇了兩淮鹽務的衰敗。從同治三年起，曾國藩著手大力整頓兩淮鹽務。他替鹽商們計算成本、明確了正稅及各稅附加稅的稅額，保證他們有錢可賺。為此他規定：例收的每引報部正課銀一兩五分一厘，雜課二錢，外辦經費銀四錢，倉穀一分，河費一分，鹽捕營一分，無可減免，仍照舊額徵收。而團練、工、緝費、號項等不急之款，則一概刪除。至於從鹽商身上所出的招商局費銀、都營賞犒銀、駁船、江船、商夥、辛工、棧租等處費銀以及皖岸報效銀等等數目，都要固定下來，不得任意多收。書役人等也不准再需索分文，濫收者一經查出或商人稟明，給以嚴懲。[15]這一措施有力地促進了兩淮鹽業的重新興旺。

從整體上看，江南地區的減賦政策對太平天國戰爭後經濟的恢復功不可沒。十餘年來，兩江總督所轄的江蘇、安徽、江西都是清軍與太平天國作戰的主要戰場。江南這塊從前最富庶的地方，遭受的破壞尤其嚴重。「白骨露於野，千里無雞鳴」之句，完全適用於兩江。有外國人記述當時他觀察到的蘇州一帶情形：「沿途所歷各村，每三四處，必有一完全焚毀者；亦有三村相連，外二村未動，而其中一村僅餘焦土者。」過去，南京到蘇州一帶，「皆富饒殷實，沿運河十八里，廛舍櫛比，人民熙熙攘攘，往來不絕」，現在，則「房舍、橋梁，盡被拆毀，十八里中杳無人煙，雞、犬、牛、馬絕跡。自此至無錫，沿途如沙漠，荒涼萬里」。[16]曾國藩當湘軍圍金陵時就曾在給郭嵩燾的信中感歎：「皖省群盜如毛，人民相食，或百里不見炊煙。」[17]

戰爭停止幾年之後，原本被蹂躪得毫無生氣的江南地區已經重現繁榮，許多地方已經見不到戰爭的痕跡。同時，官員們的貪婪榨取得到一定程度的約束，對澄清兩江地區吏治也起了重要作用。讓步政策確實促進了經濟的發展。太平天國戰爭後，江南經濟迅速恢復，讓步政策功不可沒。西方傳教士目睹了太平天國戰後經濟迅速恢復的情況，衛三畏寫道：「一八六五年中國所面臨的形勢，其被破壞的程度是一般人難以想像的。然而，恢復的速度——居民不僅恢復了舊業，而且重建了住所，整頓了貿易——甚至使那些一貫詆毀他們的人也感到吃驚，並轉而讚譽很被人瞧不起的中國文化所顯示出的復興活力。」[18]同治九年（一八七〇），曾國藩回任兩江總督，經過

---

14 倪玉平：〈變通於成法：陶澍與淮南鹽政改革〉，《鹽業史研究》二〇一〇年第二期，頁四。
15 盛茂產：〈曾國藩與兩淮鹽務〉，《鹽業史研究》二〇〇三年第四期，頁四八。
16 李文治：《中國近代農業史資料》，第一輯，頁一四八。
17 《曾國藩全集．書信》，嶽麓書社（一九九四），頁三九二二。
18 衛三畏：《中國總論》下冊，上海古籍出版社（二〇〇五），頁六九二。

瓜州，看到瓜州港口興旺的景象：「荒江寂寞之濱，今則廛市樓閣，千牆林矣」，[19]回憶起十年前經過瓜州時殘破的情景，唏噓不已。

所謂的「同治中興」，不過是大清王朝行將就木前的一次「迴光返照」。不過，這一「迴光返照」也並非輕易得來。大清王朝之所以又苟延了數十年的性命，其基礎正是晚清各地官員進行的卓有成效的「厘金」改革、「減賦改革」，以及海關洋員主導的海關改革，一方面減輕了民眾的負擔，另一方面增加了財政收入，為中央政府進行了有效的「輸血」。

19《曾國藩全集·書信》，嶽麓書社（一九九四），頁一三五八。

第二部分

高薪未必養廉，但低薪一定腐敗：中國俸祿史的啟示

腐敗首先是一個制度問題，其次才是道德問題。在制度層面，腐敗的源頭無疑是權力的不受約束和權力決定一切，但官員的薪酬或者俸祿水準是否能讓他們過上體面的生活，是否和他們手中的權力匹配，則是誘發腐敗最直接、最具體的原因。如果官員沒有體面的收入，無論是崇高的道德說教，還是嚴厲的法律懲處，最終只能事與願違。

第七章
漢代：為什麼西漢清廉而東漢腐敗

一個人如果生活不下去了，即便面對鋒刃相逼，也會想辦法去謀取收入，何況他們還手握地方財政大權。這就所謂讓渴馬去守水，讓餓犬去護肉，讓他們不去碰，是不可能的。在薄俸制下，雖然會有一些恪守操守的清官廉吏，但是只是極個別的現象，不可能用這樣的標準去要求所有人。

中國歷史上的吏治敗壞時期，其政治病狀通常是高度相似的。除了梁冀門者通過收門包致富這種後世也經常存在的現象之外，東漢官場還出現了腐敗集團化、公開化，很多官員們結成利益共同體，以求自保。

一

所謂俸祿，就是官員的薪水。戰國以前是沒有後世意義上的俸祿的。因為那時是貴族社會，實行世襲制，沒有今天所說的官員。夏商周的諸侯及其下級卿士大夫各有自己的領地或者叫「食邑」。他們是自己領土的主人，代代世襲，領土內的一切財產除進貢的之外都由他們自己支配。

打個比方，當時的王朝是由各級諸侯與天子共同持有股權的一個公司，大家都靠股息生活，只不過股份大小有別，所以根本不用發什麼薪資。這種體制，也叫「世卿世祿制」。

「俸祿制」是伴隨著君主專制制度發展起來的。所謂君主專制，是指國家的產權收歸君主一人，其他中層管理者不再與君主共用國家的股權，而是變成了君主的打工仔。有打工的，才有了薪資，也就是俸祿。

戰國時代是君主專制的萌芽期。因為各國激烈競爭，諸侯們不約而同進行改革，逐步廢除不利於調動社會各階層積極性的貴族制也就是「世卿世祿制」，過渡為任命制。君主根據人們的功績來封官授爵，按官爵高低來決定薪資。

秦代是第一個全面實行俸祿制的大一統王朝。不過秦代留下的俸祿資料很少，《中國俸祿制度史》中根據部分存留下來的資料計算，秦代「五十石」之官，也就是一個基層小官，年收入為

一、七一二．五公斤小米，大約相當於五口之家一年的口糧。而一個「千石」高官每年收入是三四、二五〇公斤小米，已經可以維持相當優裕的生活。薪資差別是相當大的，這也驗證了歷史記載的秦代「有功者不得不賞，有能者不得不官，勞大者其祿厚，功多者其爵尊，能治眾者其官高」[1]的統治原則，也就是說，通過高官厚祿、拉大收入差距來刺激人們的積極性。

二

西漢俸祿制度主要襲自秦代，中高級官員俸祿比較豐厚。漢元帝時，著名賢臣貢禹曾在上書中描述他家經濟情況的變化。他說未做官時，他家雖然有百畝田地，但是衣食不贍，生活困苦，做官之後情況就截然不同了：

> 臣禹……拜為諫大夫，秩八百石，俸錢月九千二百，廩食太官，又蒙賞賜四時雜繒綿絮衣服酒肉諸果物，德厚甚深。……又拜為光祿大夫，秩二千石，俸錢月萬二千。祿賜愈

---

1 楊子彥：《戰國策正宗》上，華夏出版社（二〇一四），頁七五。

多，家日以益富，身日以益尊。[2]

這則資料告訴我們，西漢的俸祿形式是比較現代化的，不再像戰國和秦那樣用糧食支付，而是主要以銅錢支付，也就是實現了貨幣化。貢禹在擔任相當於中級官員的「八百石」官時，月收入是九千二百錢。據漢簡材料，漢代一斤（一漢斤約為二五〇克）肉大約六錢或者七錢，則他的月收入在今天可以買七〇七斤（今天的斤）肉。《九章算術》卷七記：「善田一畝，價三百；惡田七畝，價五百。」就是說，好地一畝三百錢，差地一畝七十五錢。則他的月收入可以買三十一畝好地。

除了薪水之外，皇帝對中高級官員還會有不時的賞賜，賜給「四時雜繒棉絮衣服酒肉諸果物」，[3]所以漢代中級以上官員收入還是比較高的。

漢代在建立之初，經濟相對困難之時，就確立了中高級官員較高的薪俸標準，這是有著明確的「高薪養廉」的考慮的。漢孝惠帝說，「吏所以治民也，能盡其治則民賴之，故重其祿，所以為民也」。[4]也就是說，給官員們高薪，是讓他們好好為百姓工作，最終落腳點也是為了民眾。所以董仲舒說，當時官宦之家一般實力都非常雄厚，可以大量購買田宅奴婢：「身寵而載高位，家溫而食厚祿，因乘富貴之資力，以與民爭利如於下」。[5]漢武帝時丞相公孫弘生活儉樸，晚上睡覺蓋著布被。名臣汲黯認為這與他的收入狀況不符，有作秀的嫌疑，因此上疏彈劾他：

「弘位在三公，俸祿甚多，然為布被，此詐也」。[6]由此可見漢代高級官員的生活待遇確實是非常優厚的。

與此同時，漢代法律對貪污受賄的處罰也非常嚴厲。漢初官吏接受他人宴請被舉報，就要罷官。「吏受所監臨，以飲食免」。[7]漢代官員如果接受賄賂，或者通過經商謀取收入，則以「盜賊罪」論處。主政官員「盜直十金」，即判死刑「棄市」。如果收受禮物，則處以罷官，並且還要沒收禮物並處罰金。「受所監臧二百五十以上，請逮捕繫治。」[8]二百五十錢在當時只不過能買一件比較好的衣服，可見處罰之重。朝廷鼓勵百姓舉報貪污受賄行為，還把沒收之物作為對舉報者的獎賞。

因此西漢大部分時期和東漢前期，在整個中國歷史上屬於官風較好的時期，中高級官員極少

---

2 班固：《漢書》下冊，嶽麓書社（二〇〇八），頁一一四七。
3 班固：《漢書》下冊，嶽麓書社（二〇〇八），頁一一四七。
4 班固：《漢書》下冊，嶽麓書社（二〇〇八），頁二六。
5 班固：《漢書》下冊，嶽麓書社（二〇〇八），頁九六五。
6 班固：《漢書》下冊，嶽麓書社（二〇〇八），頁九八八。
7 班固：《漢書》下冊，嶽麓書社（二〇〇八），頁四四。
8 班固：《漢書》下冊，嶽麓書社（二〇〇八），頁一二二四。

出現大規模貪腐現象。《二十四史》中，以漢代「循吏」即清正有為之官最多，比如「仁愛好教化」、主動儉省用度的蜀郡太守文翁；「視民如子」、「為百姓興利，郡以殷富」[9]的南海太守召信臣；厲行廉潔、立節自律、「身處脂膏」、「不以自潤」的姑臧長孔奮；「性公廉」、拒收賄賂的東萊太守楊震等等。

三

但是漢代俸祿體系存在一個很大的問題，是高級官員與低級官員，以及官與吏之間的待遇過於懸殊。

關於漢代官與吏的劃分，一直有所爭論。有些學者認為，漢代和秦一樣，「六百石以上為官，六百石以下為吏。吏以二百石為界，二百石以上為大吏，以下為小吏。」但是也有學者提出疑問，因為如果按這個標準，一縣之長級別為三百石到五百石，也要被劃入吏的範圍，這顯然不符合實際情況。而且漢代二百石以上官吏都由朝廷任命，二百石以下才可由地方政府自行任命。所以有人主張應該以二百石為界，二百石以上為官，以下為吏。

不論如何，漢代高級官員和低級官員的收入差距是非常大的。最高級別的官員丞相的月俸錢，相當於中低級官員「比六百石」的二十倍，相當於二百石以下吏員的一百到六百倍。差距非常巨大。「百石」級的小吏，其年收入僅與普通農戶一年的收入相當。漢代高級官員俸祿水準雖然很高，但是官吏整體平均月收入竟然不過一三八九錢，甚至比不上「月二千」的雇來替人服徭役的「更卒」。這是因為漢代高級官員數量很少，而基層公務員卻為數非常龐大，所以平均數就被大大拉低了。因此我們說，大多數漢代政府公務員收入不高。從這個角度來看，漢代也應該屬於薄俸制。

講到這兒，我們要來分析一下官與吏的區別。這是了解中國古代社會的一個重要常識。今天我國的公務員系統不再有官與吏的區別，只有普通科員與中高級領導的區別。但是在古代，這兩個有著很大的身分差別。一般來講，官員是皇帝任命的，在地方上代表皇帝的權力。而吏則是官員任命的，是政府裡的具體工作人員，負責收收發發，跑腿辦事。打個不恰當的比方，官員相當於今天政府裡的中層以上領導，吏員則是相當於今天的科員，頂多是主任科員。

別看吏員的地位比較低，但是在一定條件下，吏員的權力甚至比官員還要大。因為他們負責的範圍很廣。中央政府的吏員負責管理檔案，協助長官處理日常事務。地方吏員一般責任是地方政府的文件收發、管理，官場上的迎來送往，負責具體與百姓打交道等等。

[9] 班固：《漢書》下冊，嶽麓書社（二〇〇八），頁一三五三。

秦漢時代，法律公文繁雜，所謂「五曹自有條品，簿書自有故事」，[10]一般官員空降到一個地方，很難迅速進入情況，而吏員長年在一個地方，熟悉繁縟複雜的政府條文，是法律方面的專家，他們「勤力玩弄，成為巧吏」。[11]《漢書．刑法志》說：「文書盈於几閣，典者不能睹。是以郡國承用者駁，或罪同而論異，奸吏因緣為市，所欲活則傅生議，所欲陷則予死比。」也就是說，因為法律條文和以前案例太多，積壓於檔案室內，根本看不過來。所以那些資深的奸猾之吏就可以玩弄其間，同一個罪名，根據不同的判例可以做出完全不同的判決意見，想讓人生則生，想讓人死則死。律令成為市場交易的籌碼。《漢書．周勃傳》說，周勃下廷尉後，「不知置辭，後以千金與獄吏，獄吏乃書牘背示之」。一個往日

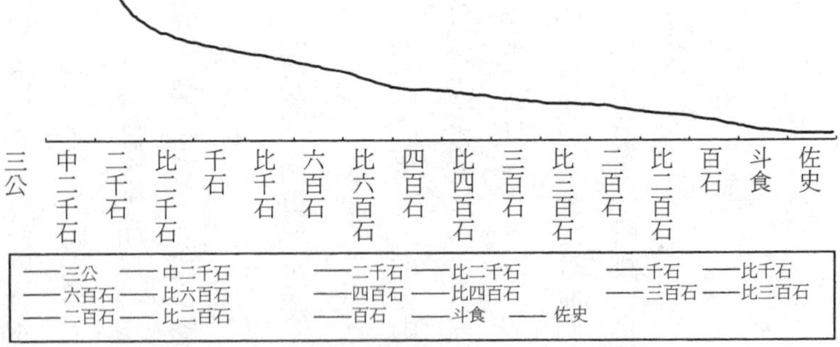

圖四　東漢官吏收入對比曲線

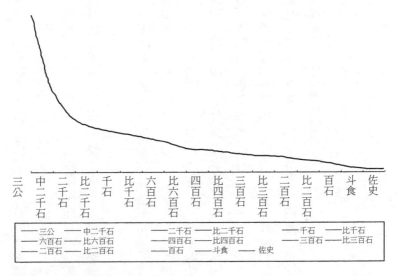

的丞相，也不得不低顏求助於小吏。

除了司法領域外，地方政府吏員還具體負責收取賦稅，徵發徭役等任務。所以他們比官員離百姓距離更近，是與百姓直接發生關係的政府末梢毛細血管，負責把百姓的膏血汲取輸送到上層。因為難於監管，腐敗容易滋生。早在律法嚴密的秦代，就已經出現胥吏腐敗的現象。雲夢秦簡《法律答問》說：「部佐匿者（諸）民田，者（諸）民弗智（知），當論不當？部佐為匿田，且可（何）為？已租者（諸）民，弗言，為匿田；未租，不論□□為匿田。」這裡的「部佐」即鄉部之佐，基層吏員，這種匿田的鄉佐，就是上下其手的胥吏。

漢代吏員腐敗情況更為普遍。《漢書．黃霸傳》說，官府在送故迎新之際，「奸吏緣絕簿書盜財物，公私耗費甚多」。顏師古注說：「因交代之際而棄匿簿書以盜官物也。」也就是說，在兩任官員交接的時候，小吏故意把帳簿弄丟或者藏起來，偷偷盜取官物。

漢代有的地方吏員甚至已經形成了強大地方勢力，新任長官到了之後不得不先拜他們的碼頭。比如潁川「吏俗朋黨」，齊郡吏員「舒緩養名，（朱）博新視事，右曹掾史皆移病臥。博問

10 王充：《論衡》，上海人民出版社（一九七四），頁一九〇。
11 王充：《論衡》，上海人民出版社（一九七四），頁一九〇。

其故，對言：『惶恐！故事二千石新到，輒遣吏存問致意，乃敢起就職』」。[12]也就是說，朱博到齊郡當官，吏員都在家裡裝病，要給新太守一個下馬威，直到太守專門派人存問，才肯上班，以此顯示自己的存在。而且已經形成「故事」也就是慣例。可見吏員在地方盤根錯節把持政務在漢代已經出現苗頭。

所以漢代政治中最大的問題之一，是低級官吏特別是吏員謀取灰色收入的情況比較普遍。一方面，他們收入過低，無法滿足基本生活需要。另一方面，他們在百姓面前又是權力的代表，有很多上下其手的空間。《鹽鐵論》分析了吏員腐敗的原因：「今小吏祿薄，郡國繇役，遠至三輔，粟米貴，不足相贍，常居則匱於衣食，有故則賣畜鬻業。非徒是也，繇使相遣，官庭攝追，小計權吏，行施乞貸，長吏侵漁。」這種情況下，不可避免「上府下求之縣，縣求之鄉，鄉安取之哉？語曰：『貨賂下流，猶水之赴下，不竭不止』」。[13]敗壞了基層統治。有人評論當時吏治說：「今俗吏所以牧民者，……詐偽萌生，刑罰無極，質樸日消，恩愛浸薄。」[14]

西漢基層吏治的弊病，除了吏員剝削百姓、玩弄司法之外，還表現在基層政府官吏辦事效率低下，欺上瞞下，推諉拖延，導致公務積壓。基層吏治不清，結果自然是普通民眾承受痛苦。「其民困於饑寒而吏不恤。」[15]

漢宣帝時，張敞、蕭望之上書，主張提高低級官吏的薪俸水準。他們說：「夫倉廩實而知禮節，衣食足而知榮辱。今小吏俸率不足，常有憂父母妻子之心，雖欲潔身為廉，其勢不能，請以什率增天下吏俸。」[16]漢宣帝是一個十分開明的皇帝，同時又當漢初經濟恢復之後，國家財政狀況良好，遂發布詔令，進行基層公務員薪資改革，專門給低級公務員漲了一次薪資。他說：「今小吏皆勤事，而俸祿薄，欲其毋侵漁百姓，難矣。其益吏百石以下俸十五。」[17]這句話，是「增祿養廉」主張的代表性言論。

這次改革是比較成功的。漢宣帝時期是漢代吏治最好的時期之一，「漢世良吏，於是為盛」。[18]這一時期出現了很多有名的循吏。不過這次增俸，只是一定程度上減少了低級官吏的收支差距，增長幅度仍然與實際需要相去甚遠。總體來看，低級官吏收入太低的問題，整個漢代都沒有解決。其主要原因，當然還是低級官吏數量太大，國家財力無法負擔其俸祿的大幅上漲。

講到這，我們要談另一個話題，談一談古代的官民比問題。網上一些資料說，中國古代的官

12 班固：《漢書》下冊，嶽麓書社（二〇〇八），頁一二六九。
13 桓寬：《鹽鐵論》，上海人民出版社（一九七四），頁七五。
14 班固：《漢書》下冊，嶽麓書社（二〇〇八），頁一一四三。
15 班固：《漢書》下冊，嶽麓書社（二〇〇八），頁一三五二。
16 杜佑：《通典》上，嶽麓書社（一九九五），頁五一〇。
17 班固：《漢書》上冊，嶽麓書社（二〇〇八），頁八四。
18 班固：《漢書》下冊，嶽麓書社（二〇〇八），頁一三四六。

民比例，開始是非常低的，越往後愈來愈高。據說西漢的官民比為一比七、九四五，唐代為一比三、九二七，清代為一比九一一。而到了現在，官民比例達到一比三三。

這種演算法其實有很大的問題，最主要的問題是只算了官，卻沒有算吏。而吏的數量，在每個時代，都是遠大於官的。如果只算官，那麼古代一個縣政府，可能只有令、丞、尉等三四個官員。但是我們不能忘了，在他們之外，還有龐大的吏員及差役系統。秦漢之際國家對鄉里社會的控制是非常全面而具體的。鄉里之中，除有鄉嗇夫、鄉佐、里典、里佐之外，還有屬於都官系統的鄉司空、倉主、田官、田典等吏。錢穆先生說，「漢代一個縣政府，也往往有屬吏幾百人的大規模」。[19]嚴耕望在評價漢代地方政治時說：「而郡府縣廷之內部組織則極為嚴密。內置諸曹，分職極細；外置諸尉，星羅弈布。而重刑罰，每置獄丞；重教育，則有學官；至於農林畜牧工礦諸務，各置專署，為之董理。又綱以道路，節以亭侯，務交通以便軍政，因亭吏（應為鄉亭之吏）而治里落。秦漢時代，中國始歸一統，其組織之嚴密已臻此境，居今思惜不得不深服先民之精思密劃。」[20]

網上數字說西漢時期官民比例是一比七、九四五，據說是以全國人口五千九百五十九萬，官員七千五百人為基數計算的。但《通典》記載西漢官吏合計為十三萬〇二百八十五人，沒有具體說明其中官員的數字。記載東漢官員數目則說：「（右）內外文武官七千五百六十七人。（自注：一千五十五人內，六千五百一十二人外）。」[21]七千五百這個數字與《通典》提供的東漢數字七千五百六十七接近。《通典》說東漢外官六千五百一十二人，則以漢代一百〇三個郡國計算，平均每個郡（國）才六十三個人。不可謂不精簡。但是《通典》接下來說：「內外諸色職掌人一十四萬五千四百一十九人（自注：一萬四千二百二十五人內職掌：令史、御屬、從事、書佐、員吏、待詔、卒騎、治禮郎、假佐、官騎及鼓吹、屠者、士衛、緹騎、導從、領士、烏桓騎等；一十三萬一千一百九十四人外職掌：員吏、書佐、假佐、亭長、鄉有秩、三老、遊徼、家什等）。都計內外官及職掌人十五萬二千九百八十六人。」[22]這樣一平均，每個郡有官吏數量近一千五百人。事實上，實際數字比通典記載的可能還要多。尹灣漢墓出土《東海郡屬縣鄉吏員定簿》說明，西漢末年東海郡四十三個縣，每縣官員最多一百〇七人，最少也有四十一人。如果以平均七十人計，全郡官吏也有三千〇一十人，比我們剛算出來的六十三人多了四十八倍。

所以按官吏合計計算，官民比例可就大不一樣了。如果我們僅按《通典》的數字，西漢官吏總數十三萬〇二百八十五人，東漢十五萬二千九百八十六人，總人口基數都按五千九百五十九萬

---

19 錢穆：《中國歷代政治得失》，台灣：東大圖書公司（一九六六）。

20 嚴耕望：《中國地方行政制度史——秦漢地方行政制度》，台灣「中央」研究院歷史語言研究所影印第四版，（一九九七），序言，頁三—四。

21 杜佑：《通典》一，中華書局（一九八八），頁九九〇。

22 杜佑：《通典》一，中華書局（一九八八），頁九九〇—九九一。

計算，西漢官民比例一比四五七；東漢官民比例一比三八九。比照網上數字，一下子上升了二十倍。

在這種情況下，官吏的俸祿就成為政府極為沉重的負擔。傳統時代，政府財政收入來源管道非常單一，主要是農業稅，財政基礎薄弱，所以政府對廣大基層官吏，只能採取薄俸制。即便如此，漢朝政府也要拿出一半左右的財政收入作為官吏俸祿。漢代吏員的作風問題因此比較突出。

不過總體來講，兩漢吏員的素質和隋唐之後的歷朝歷代比起來，還算是相當高的。這主要是因為漢代吏員有著比較暢通的上升空間。漢代吏員成績出色，可以升為官員，甚至高官。清人錢大昕說：「漢之三老、嗇夫、治行猶著者，可累擢至大官，故賢才恆出其中，郡縣掾吏亦然。今雖欲重其選，而若輩本無出身之路，地方官又數淩辱之，其願充者不過奸猾無恥之徒而已，安能佐縣令之治哉。」[23]所以漢代吏員多有能忍耐清苦自尊自愛力圖有為者。但是唐代以後，隨著科舉制的發展，官與吏的地位差別日益拉大，吏員們出人頭地的空間日益狹窄，但是待遇低下問題卻沒有解決，因此吏員腐敗也就日甚一日。

漢代吏員可以做官，對保證官員的素質也有益處。後世有人說，「徒三十年看儒書，不如一詣習主簿」。[24]那些由吏員出身的官員，治理地方更有經驗，屬於「技術型」官僚，他們與後世那些靠背四書五經參加科舉的官員比起來，對民生疾苦更為熟悉。

四

講漢代俸祿史，不能不提王莽時期的俸祿改革。

王莽這個人是一個奇葩，他為人既相當狡詐，又有濃重的書呆子氣，所以大腦充滿了各種奇思妙想。他篡位之初，就開始仿照古書記載，進行了一系列花樣百出的官制改革，新創了許多官名。比如他按照《周禮》的規定，設了三公九卿二十七大夫八十一元士。這一下導致各級官吏數量一下子倍增，結果「國用不足」，不得不大幅降低官員們的俸祿水準。一度自公卿以下，每月只有麻布二匹。這樣一來，百官無法存活，貪污之風迅速刮起。

為了應對這種局面，天鳳三年，王莽開始進行大規模的俸祿改革。

王莽的設計初衷良好，嘗試進行高薪養廉，大幅提高了薪資標準，「上至四輔以萬斛云」，新莽四輔級官員是最高級別，他們的俸祿是西漢最高級別官員三公的二．三八倍。看起來魄力不可謂不大。問題是，雖然制定了改革方案，但是王莽並沒有能力迅速擴大財政收入，那麼靠什麼給百官發薪資呢？王莽一個腦筋急轉彎，靠貨幣改革，增發貨幣。

---

23 顧炎武、黃汝成：《日知錄集釋》，花山文藝出版社（一九九〇），頁三六四。

24 房玄齡等：《晉書》（簡體字本），中華書局，頁一四三五。

王莽貨幣改革的主要思路是不需要增加產銅量，只需要把銅錢上的幣值大大提高，增長整個銅錢的供應量。所以他設計了非常複雜的兌換體系。在王莽的貨幣體系中，有大錢、有壯錢，還有幼錢、么錢、小錢。他為錢幣組織了一個家庭，排了輩分。除了錢，還有「布」，布的家族關係更複雜，有么布、幼布、厚布、差布、中布、壯布、弟布、次布、大布。按照上古的制度，烏龜殼、貝殼也都成了貨幣。此外，還有貨布、貨泉、契刀、錯刀、寶貨。

一個大布值十個小布，一個小布值兩個大錢，一個大錢值五十個小錢。一個烏龜殼值十個貝殼，一個貝殼值半個大布。一個錯刀值十個契刀，一個契刀值十個大錢。一個貨布值兩個半貨泉……（葛承雍《王莽新傳》）

但是這樣隨便增發貨幣，自然迅速導致惡性通貨膨脹，王莽所發的新幣，老百姓根本不承認。於是王莽制定的高薪資根本無法兌現。史載「莽之制度煩瑣如此，課計不可理，吏終不得祿」，[25]官員收入每況愈下，很多官員沒有俸祿收入。貪污腐敗因此不可避免地更加劇烈起來：「各因官職為奸，受取賕賂以自供給。」[26]雖然沒有俸祿，卻出現了許多富豪。「天下吏以不得俸祿，並為奸利，郡尹縣宰家累千金。」[27]

王莽見狀大怒，又開始了雷厲風行的鐵腕懲貪。他下令從始建國二年起，「諸軍吏及緣邊吏大夫以上為奸利增產致富者，收其家所有財產五分之四，以助邊急」。[28]也就是說，把那些貪官家產的五分之四沒收，充作軍費。為了反腐，王莽大力鼓勵屬下舉報長官，奴僕舉報主人，結果天下大亂。「公府士馳傳天下，考覆貪饕，開吏告其將，奴婢告其主，冀以禁奸，奸愈甚。」[29]他愈反貪，貪污腐敗愈惡化。俸祿制度的失效，造成整個國家官僚體制的失效，王莽遂因之敗亡。

五

東漢前期，吏治也算清明。到了東漢中後期，則情況為之一變。

首先是因為在戰亂和災荒的交迫之下，東漢王朝財政狀況不斷惡化。漢安帝時，諸羌反叛，政府用於平亂的戰爭費用達到二百四十億錢之巨。漢順帝末年，羌人複反，軍費達到八十餘億錢。再加上東漢中期連續不斷的嚴重自然災害，財政陷入了極度困難。為了渡過危機，東漢政府採取了「最省事」，也最容易想到的辦法：減少百官的俸祿。漢安帝、漢順帝均曾經下詔，「減百官俸」。桓帝時期，因為對武陵蠻的戰爭，還一度停發百官俸祿。

25 班固：《漢書》下冊，嶽麓書社（二〇〇八），頁一五五一。
26 班固：《漢書》下冊，嶽麓書社（二〇〇八），頁一五五一。
27 班固：《漢書》下冊，嶽麓書社（二〇〇八），頁一五五四。
28 班固：《漢書》下冊，嶽麓書社（二〇〇八），頁一五五四。
29 班固：《漢書》下冊，嶽麓書社（二〇〇八），頁一五五四。

在這種情況下，中高級官員的收入也大幅降低，那些潔身自好的清廉官員，大都陷入了窮困之中。如漢桓帝時的名臣朱穆，長期任中高級官員，「祿仕數十年，蔬食布衣，家無餘財」。[30]東漢著名學者政論家崔寔，曾經在多地擔任太守，「歷位邊郡，而愈貧薄。建寧中病卒，家徒四壁立，無以殯殮」。[31]

西漢時期就存在的基層官吏收入過低問題在這種情況下更加惡化，那些級別低的官吏，不但不能養活妻室兒女，甚至連冬夏衣被也買不起。比如東漢明帝時，河內欒松「家貧為郎，（尚書郎）常獨直台上，無被，枕杫，食糟糠。」[32]無獨有偶，《京兆舊事》載，「長安孫晨，家貧，為郡功曹，十日一炊，無被，有藁一束，暮臥其中，旦則收之。」

深受薄俸之苦的崔寔曾經詳細算了一筆帳，來證明東漢中後期的俸祿制度多麼不合理。他說：「夫百里長吏，一月之祿，得粟二十斛、錢二千。長吏雖欲崇約，猶當有從者一人。假令無奴，當複取客。客庸一月千芻，膏肉五百，薪炭鹽菜又五百。二人食粟六斛，其餘財足給馬，豈能供冬夏衣被、四時祠祀、賓客升酒之費乎？況復迎父母、致妻子哉！不迎父母，則違定省；不致妻子，則繼嗣絕。迎之不足相贍，自非夷齊，孰能餓死？於是則有賣官鬻獄，盜賊主守之奸生矣」。[33]就是說，一個堂堂縣長，月俸才四十斛，相當於四千錢。即使不照顧父母妻子，自己一個人生活，但身邊總少不得要雇一個傭人了。一個傭人每月傭金一千錢，每月的柴草及油、肉每月需五百錢，薪炭鹽菜也要五百錢。加上主僕二人糧食消費六斛，又是六百錢，以上總計二千六百錢，下餘一千四百錢，還要用來養馬。因此冬夏衣被、四時祠祀、賓客鬥酒之類費用就無處可出了，再加上父母妻子需要奉養，所以這點薪資確實沒法支撐正常的生活。

崔寔在中國歷史上首次對薄俸與吏治的關係進行了深入的思考。他說：

> 今所使分威權、御民人、理獄訟、幹府庫者，皆群臣之所為，而其俸祿甚薄，仰不足以養父母，俯不足以活妻子。父母者，性所愛也。妻子者，性所親也。所愛所親，方將凍餒，雖冒刃求利，尚猶不避，況可令臨財御眾乎！是所謂渴馬守水，餓犬護肉，欲其不侵，亦不幾矣。夫事有不疑，勢有不然，蓋此之類，雖時有素富骨清者，未能百一，不可為天下通率。聖王知其如此，故重其祿以防其貪欲，使之取足於奉，不與百姓爭利。[34]

也就是說，如今官員權力很大。但是俸祿卻不足以養活父母妻兒。一個人如果生活不下去

30 范曄：《後漢書》上冊，嶽麓書社（二〇〇八），頁五三三。
31 范曄：《後漢書》上冊，嶽麓書社（二〇〇八），頁六二八。
32 范曄：《後漢書》上冊，嶽麓書社（二〇〇八），頁五〇七。
33 嚴可均：《全後漢文》上冊，商務印書館（一九九九），頁四六八—四六九。
34 嚴可均：《全後漢文》上冊，商務印書館（一九九九），頁四六八。

了，即便面對鋒刃相逼，也會想辦法謀取收入，何況他們還手握地方財政大權。這就所謂讓渴馬去守水，讓餓犬去護肉，讓他們不去碰，是不可能的。在薄俸制下，雖然會有一些恪守操守的清官廉吏，但是只是極個別的現象，不可能用這樣標準去要求所有人。所以聖明的君王會以厚祿來防止官吏貪污不法。

在兩千年前，崔寔就已經把道理講得這樣清楚了。然而和後世一樣，東漢皇帝們在這種情況下，卻開始大力提倡「清官」政治，要求官員們崇尚節操，以清廉自守，以「薄屋者為高，藿食者為清」。[35]東漢末年政論家仲長統在《昌言》中直言不諱地批評統治者們的這種思路說：「彼君子居位也。蓄積非橫賦斂以取優饒者也。俸祿誠厚，則割剝貿易之罪乃可絕也；為士民之長，固宜重肉累帛，朱輪四馬。今反謂薄屋者為高，藿食者為清，既失天地之性，又開虛偽之名，使小智居大位，庶績不咸熙，未必不由此也。……祿不足以供養，安能不少營私門乎？從而罪之，是設機置阱以待天下之君子也。」[36]

確實，在薄俸制下，東漢官風迅速大壞。「鄉官部吏，職斯祿薄」，[37]導致他們「車馬衣服，一出於民，廉者取足，貪者充家」。[38]也就是說，既然國家不能提供足夠的生活費用，那麼官吏衣食所需，只有向老百姓伸手了。清廉之人，撈的錢夠一家生活就可以了，那些貪婪之人，則開始無所不至，貪腐大面積地覆蓋了全部官僚系統。「上自公侯，下至小吏，皆不得祿，而私賦斂，貨賂上流，獄訟不決。」[39]也就是說，從高級官員到底層小吏，因為沒有薪資收入，所以就紛紛開動腦筋，把權力當成收入的資本，想法撈錢，於是一級級上貢的現象開始出現，而地方政府行政效率大大降低，社會公正受到極大破壞，民生更加艱難。吏治腐敗甚至導致人口減少，鮑宣就把「酷吏毆殺」列為民眾「七死」之首。

六

當然東漢末期腐敗橫行的原因不僅是薄俸制。嚴重的黨爭和宦官、外戚專權也是重要原因。東漢中後期，權力運行的常態被打破，最高權力在皇帝、外戚和宦官集團中不斷搖擺，權力運行日益失去制約。在這種情況下，雖然國家財政仍然日益緊張，官場上超級富豪卻不斷出現。外戚梁冀勢力極盛之時，到他家送禮的人絡繹不絕。梁冀本人日進斗金不說，連他的門人也因之巨

35 范曄：《後漢書》上冊，嶽麓書社（二〇〇八），頁六〇二—六〇三。

36 范曄：《後漢書》上冊，嶽麓書社（二〇〇八），頁六〇二。

37 范曄：《後漢書》下冊，嶽麓書社（二〇〇八），頁七二二。

38 范曄：《後漢書》下冊，嶽麓書社（二〇〇八），頁七二二。

39 范曄：《後漢書》上冊，嶽麓書社（二〇〇八），頁四九四。

富：「皆請謝門者，門者累千金。」[40]梁冀家財因此「合三十餘萬萬」。[41]官場奢侈之風日盛，宦官侯覽「起立第宅十有六區，皆有高樓池苑，堂閣相望，飾以綺畫丹漆之屬」。[42]

中國歷史上的吏治敗壞時期，其政治病狀通常是高度相似的。除了梁冀門者通過收門包致富這種後世也經常存在的現象之外，東漢官場還出現了腐敗集團化、公開化，很多官員們結成利益共同體，以求自保。比如漢桓帝時，「太尉張順、司徒樊陵、大鴻臚郭防，太僕曹陵、大司農馮方，並與宦豎相姻私，公行賄賂」。[43]

東漢中後期還出現了與科舉時代類似的因師門、同年關係而結黨的情況。兩漢選官採取徵舉制，也就是說，由官員們舉薦那些社會名聲良好的人為官。但是「名聲良好」這個標準彈性極大，操作起來灰色空間也巨，導致官場人情風盛行。一位官員舉薦了某一個人，則這個人不管以後官做到多大，永遠是舉主的「故吏」，要念舉主恩情。因此一個高官能輕鬆地用師生情誼織就龐大的官場關係網。比如門閥大族弘農楊氏和汝南袁氏，皆「門生故吏遍於天下」。和明清科舉時的同年類似，漢代同一年被徵辟、察舉為官者互稱「同歲」，同歲之間，亦常常黨庇幫助。比如王世公因為和段遼叔「同歲」，所以段遼叔早亡之後，王世公就舉其長子為官。

到了東漢後期，徵舉制已經形同虛設，完全失去了最初的意義。顯貴之家世代為官，選拔官員任人唯「情」，所以出現了「舉秀才，不知書；察孝廉，父別居。寒素清白濁如泥，高第良將怯如雞」[44]的著名諺語。

東漢末年，皇帝帶頭腐敗，公開賣官賺錢來滿足自己奢侈生活的需要。尤其是漢靈帝時期，買官晉身已成為常制，絕大多數官員都要通過交錢才能晉升官位。「是時，段熲、樊陵、張溫等雖有功勤名譽，然皆先輸貨財而後登公位。」[45]當時的廷尉（相當於今天司法部長）崔烈為了當宰相，花了五百萬。正式任命那天，靈帝對左右親信說，「悔不少靳，可至千萬」，[46]就是說他很後悔當初沒有再堅持一下，要不然，這個官可以賣到一千萬。事後，崔烈的兒子對他說：「大人實在不該買這個三公，外面議論紛紛，都嫌這官有銅臭味」[47]（「銅臭」這個典故就是從這兒產生的）。

洛陽白馬寺人司馬直儘管廉能之名滿天下，但是要升官也得花錢。靈帝因司馬直「有清名」，所以給他打了折，減價到三百萬錢，讓他升任鉅鹿郡太守。赴官任上，司馬直愈想愈難

---

40 范曄：《後漢書》上冊，嶽麓書社（二〇〇八），頁四二九。
41 范曄：《後漢書》上冊，嶽麓書社（二〇〇八），頁四三一。
42 范曄：《後漢書》下冊，嶽麓書社（二〇〇八），頁九一六。
43 范曄：《後漢書》下冊，嶽麓書社（二〇〇八），頁八〇〇。
44 葛洪：《抱樸子》，上海書店出版社（一九八六），頁一二七。
45 范曄：《後漢書》上冊，嶽麓書社（二〇〇八），頁六二八。
46 范曄：《後漢書》上冊，嶽麓書社（二〇〇八），頁六二九。
47 范曄：《後漢書》上冊，嶽麓書社（二〇〇八），頁六二九。

過，給皇帝寫了一封奏摺，痛陳朝政之失，然後服毒自殺，一時轟動朝野。

總之，在皇帝、外戚、宦官的交替專權和集體腐敗下，國家的統治基礎已經被掏空了。東漢末年出現了「里野空」、「朝廷空」、「倉庫空」的「三空之厄」，權臣們「親其黨類，用其私人，內充京師，外布列郡，顛倒賢愚，貿易選舉，疲駑守境，貪殘牧民，撓擾百姓，忿怒四夷，招致乖叛，亂離斯瘼」。[48]政治腐敗直接導致了東漢的滅亡。

[48] 范曄：《後漢書》上冊，嶽麓書社（二〇〇八），頁六〇三—六〇四。

第八章

不給官員薪資是貪小便宜吃大虧

歷史事實一再證明，薄俸甚至無俸，對一個王朝來說，總是占小便宜吃大虧之舉。實行俸祿制度，從短期看，因為興革之舉會導致官民一時不便，但從長遠看，對國家是有好處的，因為這一改革從制度上堵住了百官肆無忌憚地搶奪民眾財產的管道，百姓負擔實際上是大為減輕了。

一

魏晉南北朝是中國歷史上一個極為動盪的時期，先後出現過數十個政權，這些政權的俸祿制度也有很大差別。

動盪時期，財政通常都比較緊張，官俸水準也往往不高。比如晉代實際俸祿水準很低，晉武帝坦承：「今在位者，祿不代耕」。[1]著名詩人陶淵明「不為五斗米折腰」，辭去彭澤令，一方面固然表現了他心志之高潔，另一方面也從一個側面說明了晉代官俸之薄。陶淵明所說的五斗米，應該是日俸，換算成年俸，不過才一百八十斛。

南朝襲晉制，俸祿也很低。南朝陳時的著名清官褚玠，就遇到過因為俸祿過低而無法返鄉的窘事。褚玠為官「廉儉有幹用」，當時山陰縣官員與地方黑惡勢力勾結，貪污受賄，「山陰縣多豪猾，前後令皆以贓污免」。[2]皇帝遂命他為山陰令，前去治理整頓。他到任後，厲行打擊豪強大戶，成績顯著，不過離任時遇到了一個嚴重的問題：沒有路費。「玠在任歲餘，守祿俸而已，去官之日，不堪自致，因留縣境種蔬菜以自給。……皇太子知玠無還裝，手書賜粟米二百斛，於是還都。」[3]也就是說，他當縣令時，僅靠俸祿生活，不謀求灰色收入，所以離職之時，竟然無力支付車船費用，只好留在縣裡，靠種蔬菜維持生活。直至皇太子得悉這一情況後，資助他返回首都。

這類薄俸制下清官境遇悲慘的故事，在中國歷史上時有發生，而且情節也都大同小異。

二

魏晉南北朝時，有一件中國俸祿史上比較特殊的事件值得一提，那就是北魏的俸祿改革。中國歷史上不光有薄俸制，在一些歷史時期，還曾經實行過無俸制。

這些實行無俸制的朝代當然大多數都是由少數民族建立的，比如鮮卑族拓跋部建立的北魏。遊牧民族建立的王朝，一般都以戰爭搶掠為生，所以立國之初，北魏人根本不知道什麼是俸祿。當時北魏文武百官的生活來源，主要有三個方面：

一是朝廷賞賜的戰利品。每當北魏王朝打了勝仗，那些隨軍將士和百官就過一次節。至於賞賜的內容，當然是搶到什麼就賞百官什麼，所以內容五花八門，既有金銀器物、馬牛豬羊、衣服首飾，還有俘獲的人口，亦即所謂「生口」。

比如拓跋珪天興二年，「破高車雜種三十餘部，獲七萬餘口，馬三十餘萬匹，牛羊百四十餘萬頭。……班賜從臣各有差」。[4]

---

1 顧炎武、張京華：《日知錄校釋》上，嶽麓書社（二〇一一），頁五一〇。

2 李延壽：《南史》，嶽麓書社（一九九八），頁四三八。

3 李延壽：《南史》，嶽麓書社（一九九八），頁四三八。

4 魏收：《魏書》，吉林人民出版社（一九九八），頁二四。

泰常八年四月，南攻劉宋後還軍至晉陽，因為掠奪之物甚豐，所以「班賜從官，王公以下逮於廝賤，無不沾給」。[5]

始光三年，出軍攻打夏政權，獲其「宮人萬數，府庫珍寶車旗器物不可勝計……馬三十餘萬匹，牛羊數千萬，以（赫連）昌宮人及生口、金銀、珍玩、布帛班賚將士各有差」。[6]

一打勝仗，就有大量子女玉帛可分，這種山大王式的生活聽起來當然很爽。但是也有問題，一個是賞賜不時，沒有規律，二是分配嚴重不均，獲得賞賜最多的當然是隨軍出徵的將士及文武官員，留守的官員所獲甚少，甚至根本撈不到賞賜。這些官員生活當然就會遇到困難。比如北魏名臣高允在任中樞機要官員中書侍郎時，「時百官無祿，允常使諸子樵采自給」，[7]「家貧布衣，妻子不立」，[8]其家「唯草屋數間，布被縕袍，廚中鹽菜而已」。[9]出任機要，而家貧如此，可見北魏官員待遇水準是何等不公平。這不是高允的個別情況，《中國俸祿制度史》中說：「當時平城漢族文官因沒有固定俸祿，又不能得到賞賜，以致衣食不足者，當不在少數」。

在這種情況下，大部分留守文職官員和地方官員的主要收入就靠貪污受賄、「刮地皮」。史載當時無祿之官，「率是貪污之人」，「少能以廉白自立」，以至百姓視他們為「饑鷹餓虎」。北魏太武帝時，公孫軌出任虎牢鎮將，「其初來，單馬執鞭；及去，從車百兩（輛），載物而南」，[10]百姓登山怒罵相送。這當然是壞官。相比之下，所謂好官也不過是取之百姓時，手法比較「文明」而已。北魏文成帝時，崔寬任陝城鎮將，「時官無祿力，唯取給於民，寬善撫納，招致禮遺，大有受取，而與之者無恨。……家產豐富，而百姓樂之。諸鎮之中，號為能政」。[11]也就是說，崔寬為官，因為國家不給俸祿，所以也不乏聚斂，但是聚斂之後，善於撫慰，且地方治理尚算有方，所以居然被稱為「能政」，則北魏其他地方吏治可想而知。

地方官員的貪腐給王朝治理帶來很多問題，他們過度剝削壓榨百姓，侵奪民產，導致地方殘破、民不聊生，甚至無力上交國稅，文成帝太安五年詔書稱：「牧守蒞民，侵食百姓，以營家業，王賦不充」。[12]還有的地方民眾逃亡，土匪橫行，「致令盜賊並興，侵劫滋甚」，[13]商旅不通，國家當然深受其害。

所以北魏前期，皇帝們經常下詔，痛斥各地官員的貪污不法。比如太武帝太延三年詔書說：

5 魏收：《魏書》，吉林人民出版社（一九九八），頁四二。
6 魏收：《魏書》，吉林人民出版社（一九九八），頁四五。
7 李延壽：《北史》卷三十一，中華書局（一九七四），頁一一二四。
8 李延壽：《北史》卷三十一，中華書局（一九七四），頁一一二四。
9 李延壽：《北史》卷三十一，中華書局（一九七四），頁一一二四。
10 李延壽：《北史》卷二十七，中華書局（一九七四），頁九七五。
11 魏收：《魏書》，吉林人民出版社（一九九八），頁三八三。
12 魏收：《魏書》，吉林人民出版社（一九九八），頁七九。
13 魏收：《魏書》，吉林人民出版社（一九九八），頁九八。

「內外群官及牧守令長，不能憂勤所司，糾察非法，廢公帶私，更相隱置，濁貨為官，政存苟且。」[14]太平真君四年詔書說，「牧守令宰」們不僅不能勵精為治，「勤恤民隱」，甚至「侵奪其產，加以殘虐。」[15]孝文帝延興二年詔書指責「牧守無恤民之心，競為聚斂」，[16]太和二年又說：「諸州刺史，牧民之官，自頃以來，遂各怠慢，縱奸納賂，背公緣私，致令盜賊並興，侵劫茲甚，奸宄之聲屢聞朕聽」。[17]可見北魏雖是新興王朝，但吏治腐敗程度卻較南朝有過之而無不及。

這是官員獲取收入的第二條途徑，貪污受賄。

第三條則是與大商人勾結，通過經商牟取厚利。北魏前期雖然商業並不發達，但是官員經商之風卻很盛。如上文所說，崔寬任陝城鎮將，一方面剝削百姓，另一方面，因為「弘農出漆蠟竹木之饒，路與南通，販貿往來」，[18]由此所獲不少。官員經商，當然主要是利用手中職權，與富商大賈相勾結，壟斷市場，強買強賣，謀取暴利。比如文成帝和平二年詔稱：

> 刺史牧民，為萬里之表，自頃每因發調，逼民假貸，大商富賈，要射時利，旬日之間，增贏十倍，上下通同，分以潤屋。故編戶之家，困於凍餒；豪富之門，日有兼積。為政之弊，莫過於此。[19]

旬日之間，獲十倍利潤。這哪是生意，簡直是搶劫。所以官員們在分潤自肥的同時，卻導致地方上貧富差距不斷擴大。

基於前述種種情況，北魏皇帝們的懲貪動力是很強的。為了懲治貪腐，他們也開始動腦筋，想盡了各種辦法。太武帝太延三年下詔，號召天下百姓和官員，舉報其官長和上級：「其令天下吏民，得舉告守令不如法者」。[20]文成帝太安五年下詔書，要求對官員們實行長期追責制，雖然任滿調離或者退休，但是如果發現問題，也不放過：「牧守蒞民，雖歲滿去職，應計前逋，正其刑罪」。[21]

北魏明元帝拓跋嗣的辦法更為特別，他發明了類似今天財產公開的辦法。他聽說州縣官員搜刮百姓特別厲害，就專門派出一批使節到各地巡行，任務只有一項，就是查點官員的財產。巡行使節闖入官員家中，一項項清點財物。如果你不能證明是合法所得，那就以「巨額財產來源不明

14 魏收：《魏書》，吉林人民出版社（一九九八），頁五八。
15 魏收：《魏書》，吉林人民出版社（一九九八），頁六三。
16 魏收：《魏書》，吉林人民出版社（一九九八），頁九三。
17 魏收：《魏書》，吉林人民出版社（一九九八），頁九八。
18 魏收：《魏書》，吉林人民出版社（一九九八），頁三八三。
19 魏收：《魏書》，吉林人民出版社（一九九八），頁八〇。
20 魏收：《魏書》，吉林人民出版社（一九九八），頁五八。
21 魏收：《魏書》，吉林人民出版社（一九九八），頁七九。

罪」，一律視作贓物。明元帝還擴大了太武帝時期的舉報制度，詔令「守宰不如法，聽百姓詣闕告之」。[22]試圖發動群眾的力量，共同打擊貪腐，其作法有類於後世的朱元璋。

獻文帝拓跋弘甚至設置「諸監臨之官」，監察百官，「所監治受羊一口、酒一斛者，罪至大辟，與者以從坐論」。[23]與朱元璋貪污六十兩剝皮實草頗為相似。

但皇帝們的百端治理整頓，幾乎毫無成效。明元帝號召百姓舉報不法官員，詔令下達之後，倒是群起響應，不過響應的都是地方上的流氓地痞。「凡庶之凶悖者，專求牧宰之失，迫脅在位，取豪於閭閻。而長吏咸降心以待之，苟免而不恥，貪暴猶自若也。」[24]就是說，這些地方上的兇惡之徒，專門搜集地方官員的過錯，然後上門威脅，如果不給我好處，我就上報。地方官員不得不賄賂他們，回過頭加倍貪暴。其情形與朱元璋時期官員「朝殺而暮犯」十分相似。

清代史學家趙翼對這種情形曾有過評價：「是懲貪之法未嘗不嚴，然朝廷不制祿以養廉，而徒責以不許受贓，是不清其原而徒遏其流，安可得也。」[25]可謂一針見血。

直到孝文太和八年，北魏君主才想通一個簡單的道理：不給百官發俸祿，不可能達到地方吏治的清明。因此才把制定俸祿制度的問題提上了議事日程。北魏孝文帝以漢化改革聞名史冊，他的俸祿改革其實也是任內的一項重要舉措，只不過後世注意者不多。他將魏晉南朝的九品制由九個等級變為正一品到從九品十八個等級，加大了官員職位差別，並據以分發不同數量的俸祿。此制直至明清，相沿不絕。但因史料缺乏，北魏俸祿標準具體多少不得而知。

俸祿制度的建立，結束了北魏政權建立以來一百年無俸的歷史，也有利於整頓吏治。在頒行俸祿的同時，孝文帝厲行懲貪。孝文帝詔書中說，對官員的貪污行為，因為歷史原因，既往不咎，但「祿行之後，贓滿一匹者死」。[26]規定極其嚴厲。

孝文帝說到做到，在馮太后的支持下，他對於那些膽敢以身試法者頻頻出手，決不姑息。當時任秦益二州刺史的李洪之與獻文帝之母結拜為兄妹，所以「號為顯祖親舅」，此人「素非廉清，每多受納」，[27]被人舉報，孝文帝命人把他捉拿進京，親自審問，力排眾議，令李洪之在家裡「自裁」。皇室梁州刺史臨淮王拓跋提、汝陰王拓跋天賜及南安王拓跋禎，都因貪贓枉法，或發配邊鎮，或罷官貶為平民。孝文皇帝派大批監察人員巡視全國，「糾守宰之不法，坐贓死者四十餘人」，[28]至於流放之人，「歲以千計」。使得天下貪污受賄之風為之一剎。

22 李延壽：《北史》卷一至卷四五，吉林人民出版社（一九九五），頁一七。
23 李延壽：《北史》，中華書局（一九七四），頁七九五。
24 魏收：《魏書》，吉林人民出版社（一九九八），頁一九二一。
25 趙翼：《廿二史箚記》，中華書局（二〇〇八），頁一四八。
26 魏收：《魏書》，吉林人民出版社（一九九八），頁一〇四。
27 魏收：《魏書》，吉林人民出版社（一九九八），頁一一七八。
28 魏收：《魏書》，吉林人民出版社（一九九八），頁一六七八。

當然，和歷史上其他改革一樣，這樣一個重大的俸祿改革，也遇到了極大的爭議。很多人對新制度奉行不便，感覺實在太麻煩了，不如恢復過去的賞賜制簡單明瞭。還有人認為，建立俸祿制，「增加了百姓負擔」。

確實，孝文帝在宣布實行俸祿制的詔書中說：「始班俸祿……戶增調三匹、穀二斛九斗，以為官司之祿」。[29]每戶老百姓要多交三匹布，多交二斛九斗穀，作為百官俸祿的來源。這樣一看，似乎百姓負擔大大加重。後世那些實行薄俸制的君主，不給百官開足俸祿的理由也是以減輕百姓負擔為辭。但是歷史事實一再證明，薄俸甚至無俸，對一個王朝來說，總是占小便宜吃大虧之舉。實行俸祿制度，從短期看，因為興革之舉會導致官民一時不便，但從長遠看，對國家是有好處的，因為這一改革從制度上堵住了百官肆無忌憚地搶奪民眾財產的管道，百姓負擔實際上是大為減輕了。所以孝文帝接著說：「雖有一時之煩，終克永逸之益。」[30]

所以雖然朝中激起了多次討論，最終大部分人認為，還是俸祿制是長久之道：「洪波奔激，則堤防宜厚；奸悖充斥，則禁網須嚴。且饑寒切身，慈母不保其子；家給人足，禮讓可得而生……今給其俸，則清者足以息其濫竊，貪者足以感而勸善；若不班祿，則貪者肆其姦情，清者不能自保。難易之驗，灼然可知，如何一朝便欲去俸？」[31]

歷史事實證明，孝文帝的俸祿改革，保證了國家的財政收入，減輕了農民負擔，整頓了吏治，因此保證了孝文帝時期均田制、移風易俗、實行漢化等其他各項改革的順利進行。

可惜北魏的俸祿制度，後來也遇到了和東漢後期一樣的命運。北魏後期，因為戰爭等需要，財政緊張，多次削減百官俸祿，「太和中，軍國多事，高祖以用度不足，百官之祿四分減一」。[32]百官實際只能領取三個季度的俸祿。孝明帝末，戰亂四起，水旱災害頻發，財政窘迫，甚至向百姓預收數年租調，俸祿也很難再正常發給，孝莊帝時，乾脆停止發放俸祿。「百官絕祿」，官員們又聚斂成風，朝廷再度陷入極度腐敗，國家不久就滅亡了。

29 魏收：《魏書》，吉林人民出版社（一九九八），頁一〇四。
30 魏收：《魏書》，吉林人民出版社（一九九八），頁一〇四。
31 魏收：《魏書》，吉林人民出版社（一九九八），頁七三二。
32 魏收：《魏書》，吉林人民出版社（一九九八），頁四五四。

第九章
高度人性化的唐代俸祿制度

唐代俸祿制度的最大特點是人性化，比較合理。唐代俸祿水準在中國歷史上屬於較高時期。這是統治者在制度設計上的有意為之。

唐代俸祿水準在中國歷史上屬於較高時期。這是統治者在制度設計上的有意為之。唐玄宗曾於天寶十四年（七五五）下詔說：「衣食既足，廉恥乃知。至如資用靡充，或貪求不已，敗名冒法，實此之由。」[1]可見「足薪養廉」是唐代統治者的明確思路。

[1] 顧炎武、黃汝成：《日知錄集釋》，嶽麓書社（一九九四），頁四三八。

在這種思路的指導下，唐代建立起了體系完備、內容複雜的俸祿制度。唐代官員的法定收入主要有三大類：職田（非現任職官則給祿米）、俸錢（因俸錢中包括了食料、雜給等錢，所以通常又叫俸料錢）和賞賜。

唐代各級地方現任職官，每人都會分有八十畝至十二頃不等的職田。離任時，職田則交接給下一位官員。非現任官員則發祿米，這是官員收入當中最穩定的部分。因為在遇到通貨膨脹的時候，只有糧食是最保值的。職田會保證官員們無論什麼情況下都能吃得上飯。

第二部分，俸錢，是政府提供給官員用來購買日常飲食及辦公用品的錢。其中還具體包括月俸、食料、雜用、課錢等項。因為糧食已經有職田供應，所以「月俸」主要用於官員購買糧食之外的生活必需品；「食料」則用於工作餐和個人生活；「雜用」則用於自備工作所需的一些辦公用品。由此可見唐代政府對官員的生活及工作需要考慮得是很周到的。除此之外，朝廷甚至還負責各級官員僕役的生活費用，叫作課錢。此外，朝廷對大臣特別是高級大臣還經常有所賞賜。

在這種情況下，唐代高級大臣的生活是非常優渥的。名臣郭子儀「歲入官俸二十萬貫，私利不在焉」。[2]大曆八年（七七三），回紇人請求賣給唐朝一萬匹馬，而朝廷因開支不足，準備只買一千匹。郭子儀說：「回紇人幫我們平定叛亂立有大功，應該報答一下他們的支援，而且國內也需要馬，我請求繳納一年的俸祿，幫助出馬錢。」[3]請納自己一年的俸物以充一萬匹之馬價，足見其俸祿之隆。中級官員的收入也不低，白居易任江州司馬，作了一首琵琶行，給人的感覺是十分失意，其實他那時的薪資並不低，按規定他的月俸為五萬文，實領可達六七萬文。因此唐人沈既濟曾說：「祿利之資太厚，……得仕者如升天，不仕者若沉泉，歡愉憂苦，若天地之相遠也。」[4]

相比之下，明清兩代俸祿體系當中，就沒有職田，只有祿銀祿米，而且標準很低，朝廷還經常不能足額發給。這實際上就相當於一定程度上默許官員去營謀灰色收入。

唐代俸祿制的另一大特點是各級政府的辦公費用有明確的來源管道，不需官員自己想辦法。唐代為保證各級官員人的辦公條件，按不同官署級別，批給數量不等的「公廨田」，交由農民耕種，收租歸各級官署使用作為辦公費用。

唐代還實行了公務用車制度，各級官署都備有交通運輸工具。中央機構基本上都有自己的車坊。《唐六典》載：「諸司皆置車牛，司農等車一千二十一乘，將作監三百四十五乘，殿中省尚乘局一百乘，少府監六十三乘，太常寺一十四乘，國子監二十乘，太僕寺十一乘，光祿寺二十乘……。」地方上各州縣也普遍設置車坊。

2 《新唐書．郭子儀傳》，轉引自葛承雍：《中國古代等級社會》，陝西人民出版社（一九九二），頁二二一。
3 張家林：《二十五史精編舊唐書．新唐書》，中國戲劇出版社（二〇〇七），頁四七八。
4 杜佑：《通典》卷十八，嶽麓書社（一九九五），頁二二六。

和歷代一樣，唐代官員服制也很森嚴，官員在不同場合的著裝，有著具體的禮儀規定，分為朝服、公服、弁服等多種，繁瑣複雜，不過唐代官員的官服費用是由國家負擔，不需個人置辦。

唐代官員出差費用也有保證。官員因公出行，持有官方頒發的有效證件，也就是券牒，可以使用官方提供的館驛。為了體現對於官員的體恤，有些時期，官員因為私事外出，比如節假日請假掃墓，皇帝也開恩可以使用館驛。而且館驛制度規定得很詳細周到，比如《唐會要》載：「諸使至京都，經一日以上，即停乘傳驛及供給」。外地官員進京第一天，還可享受傳驛和驛站的供給待遇，第二天才取消。

唐代退休官員也有退休薪資，發給在職薪資的一半。

總之，唐代俸祿制度的最大特點是人性化，比較合理。明清兩代，退休官員沒有薪資，在任官員購置官服需要自己出錢，因為官服昂貴，可能是官員年收入的數倍之多，所以清代甚至出現有的官員買不起官服要租官服穿的奇怪現象。甚至清代連皇帝賞賜大臣馬褂花翎之類，也是只賞一個資格，需要大臣們自己出錢去買。除此之外，大臣們上班坐車坐轎、置辦辦公用品，從一地到另一地去赴任的路費，這些本應該政府補貼的項目，都要大臣們自己出錢。對於各級政府辦公經費，朝廷也考慮甚少，地方財政收入大部分都劃歸中央，留下的數字只能滿足需要的不到十分之一，絕大部分辦公經費需要官員自籌解決，所以地方官員就只能在國家稅費之外，亂搜刮亂攤派，無限度地增加百姓負擔。所以說，明清兩朝俸祿體系的特點是皇帝目光短淺，為了自己省事，把無限的麻煩都推給官員了事，這同時也就意味著要放任官員們貪污腐敗。而唐代俸祿體系的成功之處在於國家不憚花費精力去進行較為完備的財政體系建設，其結果是唐代的官風遠較明清兩代為好。

當然，唐代的俸祿制度也經歷了從不完善到完善的過程。唐朝「武德以後，國家倉庫猶虛，應京官料錢，並給公廨本。令當司令史、番官迴易給利，計官員多少分給」。[5]就是說，國家付給各部門一定的基金作為官府的商業資本和高利貸資本，即「公廨本」。各衙門委派小吏以此為本錢去搞創收，給官員解決「料錢」，即官員的生活雜用費用。這些搞創收的小吏當時被稱為「捉錢令史」。這項制度實行不過十幾年弊端已日益明顯，捉錢令史依官仗勢，強買強賣，與民爭利，給社會造成了巨大擾亂。《唐會要》卷九一載，開元六年（七一八）祕書少監崔沔說：「收利數多，破產者眾……在於平民，為重賦。」直到玄宗開元年間，朝廷才痛感這樣占小便宜實際上是吃大虧，因此將官員俸料的來源納入稅收管道，與正式俸祿一道解決。

在李唐統治的近三百年裡，除了安史之亂及稍後的一段時間裡，官員的俸祿都比較穩定。特別祿米和職田變化不大。不過俸料錢卻在唐立國始定以後二百多年裡增長了十多倍。究其原因，主要是物價上漲，俸料錢同步上升。這也說明唐代俸祿制是有彈性的，隨著條件變化而增減。

---

[5]《唐會要》卷九一《內外官料錢》上，轉引自史念海：《唐史論叢》第六輯，陝西人民出版社（一九九五），頁一六四。

當然，雖然實行厚祿制，唐代也仍然有一些官員俸祿不足生活的記載。比如唐僖宗時張直方「百口不自存，每內燕，以衣敝惡，辭不赴」。[6]其主要原因，是當時大部分稍高品級的官僚家庭，供養的人口都在百口以上。比如《舊唐書》載，工部尚書劉審禮「再從同居，家無異爨，合門二百餘口，人無間言」。因此這不能作為唐代俸祿水準不高的證明。

[6] 歐陽修等：《新唐書》，中華書局（一九七五），頁五九八一。

第十章
宋代「高薪養廉」成功還是失敗？

北宋晚期，貪污腐敗已經由下至上，遍及整個官場。高級大臣，也常有淪陷者。當然，北宋晚期腐敗普遍化的原因是多方面的，既有低薪制原因，也有制度崩壞的原因。宋代腐敗的主要原因之一，是低薪制導致的底層官吏腐敗普遍化。到了南宋，低薪狀況加劇，對貪腐的懲罰力度也不斷減弱。與此同時，黨爭愈來愈嚴重，權力約束愈來愈弱化，官僚體系也日益呈現整體性淪落。

一

宋代在中國歷史上以高薪聞名。有人說，「在中國歷代封建王朝中宋代官僚的俸祿是最為優厚的」。[1]清人趙翼道：「其給賜優裕，故入仕者不復以身家為慮，各自勉其治行。觀於真、仁、英諸朝，名臣輩出，吏治循良。及有事之秋，猶多慷慨報國，紹興之支撐半壁，德佑之畢命疆埸，歷代以來，捐軀殉國者，唯宋末獨多，雖無救於敗亡，要不可謂非養士之報也。」[2]

但是，如果仔細分析史料，我認為對宋代官俸以「最厚」一詞蔽之，過於簡單化了。宋代俸祿制度不是一兩句話就能說清楚。大體來說，宋代初期，官俸並不高，以致百官生活多有困難者。後來歷經調整，逐漸增長，到北宋中期後達到較高水準。南宋時期因為財政困難物價上漲等原因，俸祿水準又有所下降。此外，宋朝與漢朝一樣，中高級官員收入很高，低級官員收入卻很低，很多基層官員的收入甚至不能滿足體面生活的需要。更為嚴重的是，宋代的地方胥吏居然是沒有俸祿的。所以說，宋代應該是厚祿與薄俸兼具的時代，高官厚祿，低級官員薄俸，而吏員甚至無祿。

宋代初年，和很多王朝初創時一樣，官員俸祿並不太高。宋初俸祿沿襲北周，名義上俸祿水準大約是唐代的一半，但是經常八折發給，其中三分之二又是實物而非銅錢，所以總算起來，俸祿只有唐代的四分之一（見《中國俸祿制度史》）。因為制度未備，有的職務甚至沒有俸祿。因此有人稱，「士大夫收入甚微」，「所幸物價甚廉，粗給妻孥，未至凍餒，然艱窘甚矣」。[3]太宗至道二年，館陶縣尉查道：「與妻采野蔬雜米為薄粥以療饑」，[4]後來窮得沒有辦法了，與妻子商量辭官改去賣藥以糊口：「不勝貧，與妻謀，欲去官賣藥」。[5]白州知州蔣元振：「親屬多貧，不能贍養。……啜菽飲水，縫紙為衣」。[6]居然穿著紙衣。

宋朝立國的方針是崇文抑武。這主要是鑑於五代武人不斷篡位的歷史教訓，但除此之外，趙匡胤也認為，相對武人在地方治理上表現出的貪婪殘暴，文官治國對老百姓的危害性畢竟更小一些。宋太祖說：「朕今選儒臣干事者百餘，分治大藩（節度使轄區），縱皆貪濁，亦不及武臣一人也。」[7]以文官治國，總是划算的，即使多給他們些錢，也比軍閥治理地方要合算得多。

因此宋太祖確立了高薪養廉的思路。他說：「吏員猥多，難以求其治；俸祿鮮薄，未可責

---

1 龔延明：〈宋代官吏的管理制度〉，《歷史研究》一九九一年第六期。邵紅霞：〈宋代官僚的俸祿與國家財政〉，《江海學刊》一九九三年第三期。

2 趙翼：《廿二史箚記》，鳳凰出版社（二〇〇八），頁三五六。

3 王泳：《燕翼詒謀錄》卷二，轉引自黃惠賢，陳鋒：《中國俸祿制度史》修訂版，武漢大學出版社（二〇一二），頁二二六。

4 畢沅：《續資治通鑑》一，嶽麓書社（一九九二），頁二二五。

5 《長編》卷三十九，至道二年四月戊子條，轉引自黃惠賢，陳鋒：《中國俸祿制度史》修訂版，武漢大學出版社（二〇一二），頁二九八。

6 畢沅：《續資治通鑑》一，嶽麓書社（一九九二），頁一八六。

7 李燾：《續資治通鑑長編》卷十三，「開寶五年十二月末紀事」，中華書局（一九八五），轉引自伍聯群：《北宋文人入蜀詩研究》，巴蜀書社（二〇一〇），頁四七。

以廉；與其冗員而重費，不若省官而益俸。」[8]宋太祖是中國歷史上為數不多的經常講人話的皇帝。他說的道理很簡單，既然你給人家的錢少，你就沒法要求人家廉潔。所以開國之初，宋太祖曾精簡官員編制、合併州縣，同時提高官吏待遇。宋太祖一共廢了十六個州，州縣的官吏也盡可能精簡，二百戶以下的小縣，只設主簿一人，一州官員，最多只有四人。州縣官員編制精簡後，每位州縣官加俸五千錢。

總體上來說，趙匡胤及其弟弟太宗皇帝的治理是成功的。宋太宗登基後，對自己治下的官風作出了這樣樂觀的評價：五代時期「外則侯伯不法，恣其掊斂。內則權倖用事，賄賂公行」，[9]而近些年來，這些弊端多被清除，「臣僚守法，兆民舒泰，雖未能還淳返樸，亦可謂之小康矣」。[10]

不過宋太祖「省官益俸」的思路，在後世子孫那裡只有部分執行，「省官」也就是官僚隊伍的精簡未能被繼承，但是宋代俸祿確實愈來愈優厚，對中高級官員的實際生活需要考慮得愈來愈周密。宋代進行過好幾次公務員薪資改革，愈改水準愈高。宋真宗大中祥符元年（一〇〇八）重定百官俸祿，執行增俸益祿之策，以致「三司估百官奉給折支直，率增數倍」。[11]元豐三年（一〇八〇），宋神宗進行官制改革，頒行《元豐寄祿格》，對官員的福利待遇考慮得更加周到，官員可以配有僕役，最低級的官員配給一名，宰相則可配給一百名。高級官員的僕役由國家發給衣糧錢，普通官員的僕役國家發給餐錢。考慮得無微不至。所以史稱「元豐制祿複倍增矣」。[12]此外，宋代各級地方政府還設有公使庫，專門用於宴請、饋贈官員赴任、免職官員往來的支出。

宋代官員俸祿體系比唐朝還複雜，大體可劃分為正俸、加俸、職田三類。宋代官員的正俸主要包括俸錢、衣賜、祿粟三種。加俸則主要有職錢、侍從衣糧、餐錢、茶酒廚料、薪蒿炭鹽，以及各種添支等項。職田又稱「職分田」、「圭田」，是用作官員在職補貼的官田。除前述收入之外，宋代官員還享有給券、公使錢及多種賞賜，可以視為變相俸祿。趙翼《二十二史箚記》卷二十五「宋恩賞之厚」中說：「動輒為銀五千兩，或錢五十萬緡。云：有人臣賜第，一第之賞，數十萬緡，稍增壯麗，非百萬不可。」如果把以上各項折成米斤比較，宋代官員俸祿大多數時候稍高於唐朝水準。

所以宋代中級以上官員生活總體上來講比較優裕，高級官員更是腰纏萬貫。「國朝遇士大夫甚厚，皆前代所無。」[13]宋朝的著名宰相呂蒙正出身於貧寒，任官期間也算廉潔。然而呂蒙正退

8 畢沅：《續資治通鑑》一，嶽麓書社（一九九二），頁七〇。
9 李燾：《續資治通鑑長編》二，中華書局（二〇〇四），頁五九七。
10 李燾：《續資治通鑑長編》二，中華書局（二〇〇四），頁五九七。
11 脫脫等：《宋史》三，中華書局（二〇〇〇），頁二七五七。
12 脫脫等：《宋史》三，中華書局（二〇〇〇），頁二七五七。
13 王栐：《燕翼詒謀錄》卷五，轉引自郭學信：《北宋士風演變的歷史考察》，中國社會科學出版社（二〇一二），頁二七五。

休後，在洛陽建「有園亭花木，日與親舊宴會」。[14]中級官員如元豐年間的朝奉郎、試戶部侍郎蘇轍，既享有寄祿官正七品朝奉郎本俸，內容是月俸錢三十千，春、冬絹各十三匹，春羅一匹，冬棉三十兩；又享有職事官從三品試戶部侍郎職錢月四十五千。另外還按年或月發給不同數量的鹽、茶、酒、面、廚料、薪、蒿、炭、紙，給馬芻粟以及元隨傔人衣糧等，所以宋代中高級官員生活水準很高。

因此總體看來，宋代中前期宰執大臣官風相對較好，特別是北宋中前期，高級大臣多能「以天下為己任」，貪贓枉法者很少。有宋一代，文治大興，百姓生活比較穩定，始終沒有爆發大的農民起義，一定程度上與官僚體系的盡職盡責有關。

二

不過，宋代也存在著和漢代類似的問題，就是高級官員與低級官員收入差距過大。

宋代州縣級官員收入較低。以《嘉祐祿令》為例，最高等的節度使，料錢為四百千，最低的內侍郢、唐、複州內品才三百，差距非常明顯。元豐時期大幅度提高俸祿標準，主要是針對中上層官員進行的，品級較低的官員受惠較少。總體來說，宋代五品以上官員收入很高，但是五品以下的收入是比較低的。特別是州縣官員及幕職官員，其收入一般僅能滿足基本生活需要，家口多者養家糊口都有困難。宋代州縣官及幕職官等低級官員稱為「選人」（因其是京官的「候選」官員），其數量占整個官員隊伍的五分之四，「選人」普遍低薪，因此在整個宋代官員隊伍中其實也是薄俸者居多。而且每當國家經費不足時，朝廷首先會克扣、遲發州縣級官員的俸祿。乾道七年（一一七一），曾有臣僚上言：「沿邊諸州訪聞，除守倅外，郡縣官請俸至累月不支，何以養廉？」[15]有很多州縣官員從上任那一天直到離職，俸祿一直被拖欠，比如羅仲謀在永州東安縣「攝邑凡八月，去之日有未給俸錢四十萬，以邑之匱也，置之而去」。[16]漢陽軍漢川縣令「既去，俸之未給數十萬錢」。這在宋代並非個別現象。

所以低級官員普遍感覺生活壓力巨大。有人抱怨說：「閑曹奔走徒雲仕，薄俸沾濡不逮親」。更有打油詩說：「平江（治今江蘇蘇州）九百一斤羊，俸薄如何敢買嘗。只把魚蝦充兩膳，肚皮今作小池塘。」[17]大中祥符年間，翰林學士李宗諤「家貧，祿廩不足以給婚嫁，（王）旦前後資借之甚多」。[18]宋真宗時，張逸「（知）青神縣，貧不自給，（王）嗣宗假奉半年使辦

---

14 畢沅：《續資治通鑑》一，嶽麓書社（一九九二），頁三〇二。
15 《宋會要．職官》五十七之八十九。
16 曾棗莊、劉琳：《全宋文》二四〇，上海辭書出版社（二〇〇六），頁二四三。
17 《夷堅丁志》卷一七，《三鴉鎮》。
18 《長編》卷七十八，大中祥符五年九月戊子條。

裝」。[19]低級官員甚至有貧至生不足養、死不得葬者。如「觀察推官柳某死，貧不能歸，乳嫗挾二子行丐於市」。[20]

宋代採取高官厚祿而低級官員薄俸的矛盾制度，也自有其不得已，這就是宋代官吏數量過多。宋代以文官治國，大力推行科舉，中者無不授官。據統計，宋太宗在位二十一年，通過科舉而得官的將近一萬人。宋仁宗在位四十一年，單由進士一科而得官的就有四、五一七人。兩宋官吏數量增長非常迅速。僅以「三班員」（供奉官、左右班殿直）而言，據《續資治通鑑長編》載，宋初僅三百人，真宗天禧間已達四千二百餘人，而神宗時則多至一萬一千餘人。這些一方面造成人浮於事，文牘主義盛行，「居其官不知其職者，十常八九」，[21]另一方面造成官吏隊伍過於龐大，財政不勝負擔，「三冗」（冗官、冗兵、冗費）現象十分突出。《宋史·食貨志》說：「承平既久，戶口歲增。兵籍益廣，吏員益眾。佛老外國，耗蠹中土。縣官之費，數倍於昔。百姓亦稍縱侈，而上下始困於財矣！」宋代「吏部以有限之官待無窮之吏，戶部以有限之財祿無用之人」，[22]廣大的低層官員只能承受低薪，吏員無薪的怪異制度設計。這種情況對國家來說當然也是占小便宜而吃大虧。

這種低薪制，造成了兩種後果。一方面是很多人視州縣官員為畏途。宋代尚未流行「三年清知府，十萬雪花銀」的說法，有些地方，比如廣南西路等地，多次出現縣令缺員現象，「縣令有闕，十占六七」。咸平三年（一〇〇〇）六月詔，「如今州縣闕員甚多，可選朝官有清望者，不限員數，令各舉所知以補員闕」。[23]紹興二年（一一三二）詔，「二廣州縣多缺官，有一郡止知州，或一縣全缺正官者，望令吏部速注正官催促之任，事下榷貨務及吏部勘當」。可見這並非偶然現象。

另一方面，不可避免地，出現了部分州縣官員的貪污不法。

宋代州縣等基層官員，不但承受著低俸祿的經濟壓力，更承受著官僚體系層層傳導下來的財政壓力。兩宋軍費開支巨大，冗費沉重，所以財政常年緊張，不得不拚命壓榨地方。以「上供錢物」為例，宋高宗紹興二十六年（一一五六），右奉議郎魯沖上書談及宜興縣的情況：「以臣前任宜興一縣言之……歲入不過一萬五千餘緡。其發納之數，有大軍錢、上供錢、糴本錢、造船錢、軍器物料錢、天申節銀絹錢之類，歲支不啻三萬四千餘緡。又有見任、寄居官請奉、過往官兵批券、與非泛州郡督索拖欠，略無虛日」。[24]可見宜興縣上供支出名目繁多，每年要三萬四千

19 《宋史》卷四百二十六，《張逸傳》。
20 周必大：《文忠集》卷六十四，《陳居仁神道碑》。
21 《宋史》卷一百六十一，《職官》一。
22 脫脫等：《宋史》三，中華書局（二〇〇〇），頁二四二〇。
23 曾棗莊、劉琳：《全宋文》（第五冊），巴蜀書社（一九八九），頁七〇七。
24 脫脫等：《宋史》三，中華書局（二〇〇〇），頁二八二四。

餘緡，但是其收入只有一萬五千餘緡。這其實也是南宋地方州縣財政狀況的常態。所以州縣官員稅收壓力非常大。為了應對財政緊張，中央政府不得不給予基層政府一定稅收自主權，只規定稅目和稅額，至於如何操作，不得不聽任地方官「開動腦筋」，對於其破格之處也只能睜一隻眼閉一隻眼。這就開啟了地方官員額外徵斂之途。

所以宋代中後期，地方官稅外加稅、費外加費的情況司空見慣，方式則五花八門。紹熙五年（一一九四），戶部曾說：「潼川府鹽、酒為蜀重害。鹽既收其土產錢給賣官引，又從而徵之。矧州縣額外收稅，如買酒錢、到岸錢、榻地錢之類，皆是創增。」[25]「近來諸邑別欲增衍，多有出賣官紙者，吏人行遣，人戶投詞，非官紙不用。此本非法令所許，若縣道藉此支用，已非一日。」[26]就是說縣政府要求本地辦公用紙及百姓訴訟用的狀子，必須使用官紙，這種作法在當時是違法的。當然地方官克扣百姓更常見的作法是在收糧的時候，在量具上、價錢上以及所謂損耗上下工夫，以致南宋理宗曾詔令各路，在減價購買米的時候要按市價給錢，量具公平，「毋科抑，申嚴收租苛取之禁」。但是和後世一樣，當然也是屢禁不止。比如饒州知州每石糧食要多加收四斗。

宋代已經出現「常例錢」的說法，所謂「常例錢」，就是官場上半公開化的禮金，性質同於元明兩代的「常例錢」和清代的「陋規」。蔡戡曾云：「臣竊見二廣縣尉，多是恩科出身。巡檢亦有揀汰離軍，使臣或老或病，或頑鈍無恥，或貪黷無厭。初為此類，志在苟得，但知減剋弓兵錢糧，誅求保正常例，或收接詞訟，公受賄賂。」[27]顯然蔡氏這裡所云「常例」即是指「常例錢」。

從宋初開始，就屢有州縣官員貪腐的記載。比如宋太祖乾德二年（九六四）庚子，平海軍節度使陳洪進每年向上進貢的物品非常豐厚，「多厚斂於民」。[28]他的親戚、子弟之間也相互勾結，「交通賄賂」，[29]貪污腐敗，導致「二州之民甚苦之」。太平興國八年（九八三），威塞節度使、判潁州曹翰本州政事治理不力，專務苛刻，在州內斂財，擅自動用部內衙役，「官賣鹽所得錢銀、民歲輸租粟及絲綿、絹，翰悉取其餘羨；又擅賦斂民以入己，侵官地為蔬圃果園」。[30]官員貪腐，地方民眾當然只能蹙額興歎。有的州縣官員甚至「所為貪酷，自到任數月，民之逃徙者二千餘家，籍貲者以數千」。[31]

25 脫脫等：《宋史》三，中華書局（二〇〇〇），頁三〇〇一。
26 《晝簾緒論．理財篇第九》，轉引自汪聖鐸：《兩宋財政史》下，中華書局（一九九五），頁五二三。
27 何竹淇：《兩宋農民戰爭史料彙編》下編第二分冊（上、下冊），中華書局（一九七六），頁四一八。
28 畢沅：《續資治通鑑》一，嶽麓書社（一九九二），頁三七。
29 畢沅：《續資治通鑑》一，嶽麓書社（一九九二），頁三七。
30 李燾：《續資治通鑑長編》一，中華書局（二〇〇四），頁五四六。
31 惠棟：《建炎以來繫年要錄》（七—十八冊），中華書局（一九八五），頁三〇五三。

范仲淹對於低薪與經濟犯罪的關係有過具體論述，他說：

養賢之方，必先厚祿，厚祿然後可以責廉隅。……在天下物貴之後，而俸祿不繼，士人家鮮不窮窘，男不得婚，女不得嫁，喪不得葬者，比比有之。（低級官員）衣食不足，求人貸債，以苟朝夕，到官之後，必來見逼，至有冒法受贓，賒貨度日，或不恥賈販，與民爭利。既作負罪之人，不守名節，吏有奸贓而不敢發，民有豪猾而不敢制，奸吏豪民得以侵暴，於是貧弱百姓理不得直，冤不得訴，徭役不均，刑罰不正，比屋受弊，無可奈何，由乎制祿之方有所未至。[32]

當然需要說明的是，宋代州縣官之貪污不法，尚不及明清兩朝之普遍。上文州縣官員多次缺員，就是明證。

三

與州縣官員腐敗比較起來，宋代吏員腐敗更為嚴重，甚至與明清相彷彿。

宋代基層政府，官與吏的比例一般為一比二十左右，可見胥吏數量之龐大。但宋代官與吏的地位差別至為明顯。

我們講過，漢代吏員有機會升為高官。但是唐宋之後，隨著科舉制的發展和普及，官吏漸漸分途。唐憲宗（八〇六—八二一年）時曾有上諭禁止吏員投考進士科。不過在唐代吏員還可以由別科（如明法科）進入官員階層。到了宋代，官員階層基本由科舉出身的讀書人壟斷，吏員不論工作多麼努力，也沒有什麼上升空間。（宋代雖然有胥吏出職為官的規定，但真正能出職的人數極少，且多需在官府任吏職二三十年以上，而且一般只能被授縣尉、縣主簿、監當官之類的繁雜差遣，官階也最高只能到八品。）

隨著地位的降低，吏員階層逐漸受到社會的鄙視，主流社會一般認為，「吏事，末也」。[33]所以唐宋之後，稱吏一般為「胥（小）吏」。宋代朝廷對官員收入考慮得還算盡心，對吏員則基本不考慮其收入來源。中央政府的胥吏，只給予極為微薄的俸祿，而地方州縣吏乾脆「無常俸」，不給任何報酬。這是因為宋代把充作吏員作為百姓為國家服役的方式之一，要求他們義務為國奉獻。宋神宗時期雖然創立「倉法」或稱「重祿法」，提高吏員俸祿，但是主要針對的是中央機關的吏員，地方上情形並無很大改善。因此宋代初年，稍有資產的人都不願為吏。

---

32 李燾：《續資治通鑑長編》（第十一冊至第二十冊），中華書局（一九八五），頁三四三八。

33 查繼佐：《二十五別史（十八—二十一）明書（一—四）》，齊魯書社（二〇〇〇），頁一〇九七。

雖然沒有薪資，吏員們卻還要承擔許多不合理的負擔。比如他們要負責籌備過境官員迎來送往、食宿賞玩的開支，備辦官員生日的送禮等支出：「縣官日用，則欲其買辦燈燭柴薪之屬；縣官生辰，則欲其置備呈香圖綵之類；士夫經從，假寓館舍，則輪次排辦；台郡文移，專人追逮，則裒金遣發；其他貪黷之令，誅求科罰，何可勝紀」。他們在各級官員眼中，就是可以任意拔毛的羊。有的地方甚至規定，如果地方賦稅徵不上來，要由負責收稅的吏員代繳。「嶺南民有逋賦者，縣吏或為代輸，或於兼併之家假貸，則皆納其妻女以為質。」[34]所以吏員如果不營私舞弊，很容易將自己弄得傾家蕩產。

那麼在這種情況下，極少數老實的胥吏可能真的寧肯傾家蕩產，也不為害百姓，絕大多數的人則注定要「蠶食百姓」。而他們蠶食百姓的機會，又唾手可得。

科舉時代，進士舉人們腹中只有幾句聖人之言，對於治理地方，並無任何專業知識，所以很多公事都要交給胥吏去具體處理。正如王安石所言：「文吏高者，不過能為詩賦，及其已任，則所學非所用，政事不免決於胥吏。」（李燾：《續資治通鑑長編》卷二、卷二二一）吏員是專制權力的終端，他們處理的事務表面上看瑣碎細小，但是卻關係百姓生活甚重。宋代的知縣以三年為任，很多人只當了一年半載即赴他任，但是吏員卻長期在本地工作，了解地方民情。所以剛到任的官員不得不高度依賴吏員。

所以科舉時代，吏員的勢力往往強過主官，「近時吏強官弱，官不足以制吏」（李心傳：《建炎以來繫年要錄》卷六〇），甚至有人將宋代官府曹司形容為「公人世界」（葉適：《水心別集》卷一四《吏胥》）。胥吏在處理具體事務時可以「輕重高下，悉出其手」。他們得以營私的手段很多，「凡有毫釐之事關其手者，非賂遺則不行」。[35]「胥吏之駔儈奸黠者，多至弄權。蓋彼本為賕賂以優厚其家，豈有公論？百姓便以為官司曲直皆出彼之手，彼亦妄自誇大以驕人。往往事亡巨細，俱輻湊之，甚至其門如市，而目為立地官人者。」[36]被稱為「立地官人」、「立地知縣」。

具體來說，徵稅之吏，「戶長當限，引呈催數，多寡率計於吏手，縣令豈能五悉知。往往吏得賂，則以催少為多，故僥倖免罪；不得賂，則以催多為少，故枉受刑責」。[37]處理文案的吏人盤剝百姓的機會更多，「奸民密知人有產無契，若有契未印，若界至不明，輒詐作逃絕，乞佃脫判，會實囑裡正者鄰扶同誣申，案吏利其厚賂，不問是非，遽憑偏詞給據」。[38]在普通經濟糾紛案件中，誰賄賂吏人到位，誰就更有可能勝訴，「二競者之詞，悉見於親供，或憚案牘之繁，不暇遍覽，將結斷時，案吏則以案具始末情節引呈，蓋欲便於觀覽也。不知甲乙對競，甲之賂厚，

34 李燾：《續資治通鑑長編》第二冊卷一至卷一六，中華書局（一九七九），頁二八二。
35 李燾：《續資治通鑑長編》第十一冊至第二十冊，中華書局（一九八五），頁四七五九。
36 陳襄：《州縣提綱》卷一。
37 陳襄：《州縣提綱》。
38 陳襄：《州縣提綱》卷二。

則吏具甲之詞必詳；乙之詞雖緊要者且節去，以此誤長官之判多矣」。[39]

宋代史料中，關於胥吏不法行為的記載比比皆是。比如吏員隨意下鄉，剝削百姓：「鄉村小民，畏吏如虎，縱吏下鄉，縱虎出柙也」。[40]吏員們經常低價買物，甚至白吃白拿，「今州縣有所謂市令司者，又有所謂行戶者，每官司敷買，視市直率減十之二三，或不即還，甚至白著，民戶何以堪此」。[41]宋代鄉村還活躍著一批「攬戶」，他們一到徵糧時節，就走鄉串戶，到各家去收糧，再統一上交官府。攬戶代納賦稅原本是利官便民之舉，但是因為他們大多由地方的胥吏或是他們的親戚，仗著官府的權勢，強行徵稅，又在計量器（斛）上大做文章，大斗改小斗，已經成為地方上的黑惡勢力。有的地方，吏員們提前把很多年的稅都先收了，「今聞屬縣，有未及省限而預先起催者，有四年而預借五年之稅，五年而預借六七年之稅者，民何以堪此」。[42]有的州縣政府甚至有意識地製造冤獄，來滿足供養吏員的經費需要。黃震記載：「縣獄若不遍追一鄉無辜之人，則結解時無以充計置本州公人之費，州獄若不再追本縣已放之人，則圓結時無以充提刑司計置公人之費。積弊已深，有力莫救。」[43]

宋代胥吏貪污腐敗已不僅僅局限於小範圍，不是個體現象，而是形成了群體性、普遍性的現象，有人說有宋代「良吏實寡、賕取如故」。[44]有人說，宋代「天下吏人素無常祿，唯以受賕為生」。[45]陳藻甚至寫了一首名為《憎吏行》的詩，詩中說：「人逢胥吏面，唾欲搗其胸。傷哉彼何罪，造化生蛇蟲。」宋人說，胥吏之治，是宋代最失敗的地方：「漢之天下弊於戚畹，唐之天下弊於官豎，我朝天下弊於吏奸，凡為朝廷失人心，促國脈者，皆出於吏貪」。[46]

王安石對於胥吏不法的原因作過比較合理的分析。他說：「方今制祿，大抵皆薄，……州縣之吏，……計一月所得，乃實不能四五千，少者乃實不能及三四千而已。雖廝養之給，亦窘於此矣。而其養生、喪死、婚姻、葬送之事，皆當出於此。……故今官大者，往往交賂遺營資產，以負貪污之毀；官小者，販鬻、乞丐，無所不為。」[47]司馬光的觀點大致相同：「府吏胥徒之屬，居無廩祿，進無榮望，皆以啖民為生者也。」[48]國家不肯給吏員發放俸祿，實際上就是默許他們蠶食百姓，其代價就是社會底層的敗壞。

39 陳襄：《州縣提綱》。
40 真德秀：《西山政訓》。
41 真德秀：《西山政訓》。
42 真德秀：《西山政訓》。
43 曾棗莊、劉琳：《全宋文》卷八〇四一黃震一三，上海辭書出版社（二〇〇六），頁八九。
44 脫脫等：《宋史》四，中華書局（二〇〇〇），頁二九二〇。
45 沈括：《夢溪筆談官政二》。
46 俞文豹：《吹劍錄》。
47 王安石：《臨川集》卷三十七〈上仁宗皇帝言事書〉。
48 司馬光：《溫國文正司馬公集》卷二十三〈論財利疏〉。

為了防治胥吏不法，朝廷和官員們想了很多辦法。宋代的官箴書籍中，出現了很多關於防範吏人的告誡，作者通常都會建議各地地方官重視胥吏人選，「帑吏，必擇信實老成人，仍召有物力者委保」。[49]宋代政府對胥吏群體的管理和約束是相當嚴厲的，規定胥吏一旦犯罪，即處以重法。「至待貪吏則極嚴：應受贓者，不許堂除及親民；犯枉法自盜者，籍其名中書，罪至徒即不敘，至死者，籍其貲。」[50]其嚴厲程度過官員階層數倍。然而如果收入來源不能保證，再嚴厲的懲罰也制止不住手握權力者枉法營私，這已經多次被歷史證明。所以雖然國家不給薪資，但是各地猾民爭相作吏，很多吏人也居然豪富。比如吳地一姓朱吏人「田產跨連州郡，歲收課租十萬餘石，甲第名園，幾半吳郡」。[51]

四

當大部分吏員腐敗並且腐敗手法光怪陸離之後，他們就不得不賄賂州縣官員以求自保。而大部分州縣級官員腐敗之後，勢必也得分潤其直接上級。這樣腐敗就從吏員到州縣級一層層往上，不斷蔓延。

北宋時期，貪腐一直局部存在，包拯曾對當時的吏治情況深表不滿。他說：「今天下郡縣至廣，官吏至眾，而贓污摘發，無日無之。雖有重律，僅同空文，貪狠之徒，殊無畏憚。」「況幅員至廣，官吏至眾。黷貨暴政，十有六七。若不急於用人，以革其弊，亦朝廷之深憂，不可不察。」[52]

到了北宋晚期，貪污腐敗已經由下至上，遍及整個官場。高級大臣，也常有淪陷者。當然，北宋晚期腐敗普遍化的原因是多方面的，既有低薪制原因，也有制度崩壞的原因。本來宋代的「祖宗家法」對各級權力特別是皇權形成了比較有效的制約，以至有人說宋代實行的是「儒家憲政主義」。但北宋末期諸帝、特別是宋徽宗帶頭破壞宋初一系列良好制度。宋代皇帝下詔，要經過中書門下諸衙門審核通過才能執行，但宋徽宗「御筆手詔」行事，既不與中書省商議，又不交中書舍人起草，也不經門下省審覆，而是親筆書寫後直接交付實行。宋徽宗本人濫用皇權，貪圖享受，恣意妄為，做出不少勞民傷財之事。同時在他的治下，對官權的約束也受到破壞。宋代本來嚴格限制宦官權力，但是到了北宋末期，童貫破例領樞密院事，成為兩宋歷史上唯一的宦官執政，號稱「媼相」。宋朝舊制，宰相一般不是一個人，而是由參知政事和宰相組成的一個集體。而蔡京獨相十三年零十一個月，成為兩宋歷史上第一個權相。北宋末年的大規模腐敗，根源實

---

49 陳襄：《州縣提綱三．帑幣擇人》。
50 脫脫等：《宋史》四，中華書局（二〇〇〇），頁三三三七。
51 王明清：《玉照新志》。
52 包拯：《包拯集》卷二〈請先用舉到官〉。

在於權力的恣意濫用。宋徽宗重用寵信的蔡京、王黼等「六賊」，公然賣官，每一個官職均有定價，甚至在科舉殿試時名次亦可通過行賄而得。到了北宋滅亡前夕的宣和七年（一一二五），宋徽宗本人也曾下詔，哀歎當時的吏治情況：「比者，士或玩法貪污，遂致小大循習，貨賂公行，莫之能禁。外則監司守令，內則公卿大夫，托公徇私，誅求百姓，公然竊取，略無畏憚，將何以安！」[53]

而南宋吏治整體上又遜於北宋。南宋政治動盪，財政困難，物價不穩定，官員特別是低級官員收入難以保障。紹興三年（一一三三）五月壬戌，宋高宗說，自元豐俸祿改革以來，物價漲了三倍，而俸祿沒有增長：「自元豐增選人俸至十千二百，當時物價甚賤，今飲食衣帛之價，比宣和間猶不啻三倍，則選人何以自給？而責以廉節難矣」。[54]然而南渡之初，為了應對財政困難，部分官員俸祿又「權減三分之一」。後來又數次減俸，連皇帝賜人的鞍馬、衣服等，也減半賜予，以至於「賜目」上寫道：「馬半匹，公服半領，金帶半條，汗衫半領，褲一隻」，[55]令人啼笑皆非。後來俸祿水準雖然有所恢復，但是總體上比北宋低了很大一截。

攜帶了北宋的腐敗基因，收入水準又比北宋有所降低，這種情況下，南宋的腐敗比北宋更加普遍化、系統化。官場腐敗從行政系統蔓延到了民政、軍政和司法等大多數領域。北宋中早期，對腐敗官員的處理是非常重的。《宋史本紀》載，太祖「繩贓吏重法，以塞濁亂之源」。[56]宋太祖為人寬大，官員犯其他錯誤或可寬縱，但貪贓問題不能逃脫處分。整體上北宋對貪腐的處理都是比較重的。但是到了南宋，因為腐敗已經普遍化了，法不責眾，所以本應處以重罪者，常常輕縱。「文官愛錢，武官怕死」，因此成了官場風氣。南宋時期，官商勾結，舉凡賑貸、鹽政、漕運、專買、稅關、營建、水利工程等，都成為官員大肆斂財的肥差。

我們講過，宋代各府州都設公使庫，作為宴請、饋贈官員以及供赴任、免職官員往來的支出來源。到了南宋，大吃大喝，請客送禮，成為官場常態，公使庫因此也成為各地官場貪腐的據點，每年耗費的國家錢物難以數計。「揚州一郡，每歲饋遺，見於帳籍者至十二萬緡。江浙諸郡，每以酒遺中都官，歲五六至，必數千瓶。淳熙中，王仲行尚書為平江守，與祠官范（成大）致能、胡（元質）長文厚，一飲之費，率至千餘緡。東南帥臣、監司到署，號『上下馬』，鄰路皆有饋，計其所得，動輒萬緡。」[57]一州一府的公使庫成為當地長官、過往官員、朝中權貴搜刮聚斂貪污行賄的公開場所。

---

53 《宋會要輯稿》刑法二之九二，中華書局（一九九七）。
54 熊克：《中興小紀》卷十四。
55 莊綽：《雞肋編》卷中。
56 脫脫等：《宋史》一，中華書局（二〇〇〇），頁三四。
57 李心傳：《朝野雜記》甲集卷十七《公使庫》，頁三九四—三九五，轉引自沈冬梅、範立舟：《浙江通史》第五卷宋代卷，浙江人民出版社（二〇〇五），頁一六八。

借公使庫貪污，以南宋孝宗淳熙八年（一一八一）發生的唐仲友案最為典型。這一年，大儒朱熹在主持地方賑災事務時，發現知台州的唐仲友「不公不法」之事甚多，遂上疏彈劾。唐仲友貪財黷貨，可謂不擇手段。按宋代國家規定，公使庫不准進行以牟利為目的商業性活動。而唐仲友自出任知台州以來，下令公使庫以公家的糧食來釀酒、賣酒營利，賺錢歸自己所有。「其所造酒，米麥之屬，既並取於倉庫羨餘；而所收息錢，太半不曾收附公使庫錢歷，並是入己。」[58]對於公使庫原有的本錢，唐仲友也命人偽作書劄，假借饋贈官員的名義支出，實際上據為己有。

公使庫後來實際上成了唐仲友的私家賓館，他的親戚常常來台州聚會，「頻作宴會」，動輒流連數月，「臨行饋送，各以數百千」，皆出自公使庫。唐仲友的兒子結婚，幾乎一切支出，「凡供帳、從人衣衫、樂妓服裝的置辦」，都從公使庫支錢。唐仲友還從家鄉自家開辦的彩帛鋪以高價買來各類布匹、絹帛等及各色染料，拘禁當地染色工匠，在唐仲友的家裡「變染紅紫」，除去婚禮所用，其餘運回金華本家彩帛鋪貨賣取利。「其子親會宴集經月，姻族內外，一文以上皆取辦於公庫。」

除了借公使庫發財，唐仲友還有很多其他生財之道。比如他欺行霸市，在本地恃勢低價收購水產品，運回家鄉的魚鱔鋪出賣，還差遣本州士卒為他家販運其他海產品。他還通過收取過橋費致富。唐仲友下令：「造置浮橋，破費支萬餘貫官錢，騷擾五縣百姓，數月方就。初以濟人往來為名，及橋成了，卻專置一司，以收力勝為名，攔截過往舟船，滿三日一次放過，百端阻節搜檢，生出公事不可勝計。」[59]

至於在判案等事上貪贓枉法當然更不例外。唐仲友在知州任上「少曾坐廳受領詞狀，多是人吏應褒、林木接受財物，方得簽押，無錢竟不得通。……每事皆有定價，多至數千緡，又縱獄吏百端乞覓，民間冤苦，不可勝言」。[60]

和絕大部分貪官一樣，他還有生活作風問題。他與官妓行首嚴蕊相狎、穢名狼藉，「雖在公宴，全無顧忌」。[61]並下令支用公使庫錢買來各類絲織品，分送包括嚴蕊在內的當地官妓四十餘人，引起輿論譁然。

像唐仲友這樣貪跡如此顯著的貪官，又經朱熹這樣的名臣大力彈劾，卻難以受到處理。朱熹說：「伏念臣所劾贓吏，黨羽眾多，棋布星羅，並當要路，自其事覺以來，大者宰製斡旋於上，小者馳騖經營於下。」[62]受到了朝中關係網的極大阻力。朱熹六上奏章，才使其罷官。可見南宋

58 朱熹：《朱文公文集》卷十八：〈按唐仲友第三狀〉。
59 朱熹：《朱文公文集》卷十八：〈按唐仲友第三狀〉。
60 朱熹：《朱文公文集》卷十八：〈按唐仲友第三狀〉。
61 朱熹：《朱文公文集》卷十八：〈按唐仲友第三狀〉。
62 朱熹：《朱文公文集》卷二十二：〈辭免江東提刑奏狀三〉。

官場官官相護，已成習慣，也就是說，腐敗已經成了系統性現象。朱熹告倒了唐仲友，本人卻受到官場的集體報復，落得「仇怨當路，蹤跡孤危」[63]的下場，不得不引退。

所以在南宋官場，行賄者步步高升，堅持操守者遭受排斥，已經成為正常現象。這就導致社會公道不存，國家根本動搖。南宋一代唯有孝宗時期曾經對貪腐進行過認真有力的治理，其他時代，已經有心無力，只能聽之任之。晚宋名儒真德秀說他所處的時代「饋賂公行，薰染成風，恬不知怪」。

五

提到中國歷史上的高薪養廉，人們總是習慣以宋代為例。不過總體來說，宋朝高薪養廉是否成功，無法一言而論。

這首先是因為宋代的高薪，只局限於中高級官員。應該說，北宋中前期，在中高級官員當中，高薪養廉是相當成功的。當然這也與當時貪懲措施比較嚴厲密切相關。但到了北宋末期，因為腐敗現象自下而上的傳導，同時皇權與官權漸漸失去約束，中高級官員也出現了很多腐敗現象。而宋代基層腐敗的主要誘因，恰恰是因為低薪制。特別是吏員腐敗與「無常祿」之間的關係至為明顯。

所以宋代腐敗的主要原因之一，是低薪制導致的底層官吏腐敗普遍化。到了南宋，低薪狀況加劇，對貪腐的懲罰力度也不斷減弱。與此同時，黨爭愈來愈嚴重，權力約束愈來愈弱化，官僚體系也日益呈現整體性淪落。

很多人把宋代當成高薪不能養廉的例子，並且誇張地說，宋朝是歷史上最腐敗的朝代，這種說法顯然是不全面的。其實在權力約束比較有效，腐敗從底層傳導上來之前，北宋的高薪養廉還是取得了一定程度的成功。與此同時，宋代廉政建設雖然最終歸於失敗，但總體上的貪腐程度，仍然要遜於明朝和清朝中後期。

因此總結宋朝的經驗教訓，我們應該說，局部的高薪養廉注定不能長久，沒有與權力約束結合起來的高薪養廉，是不可能真正成功的。

---

63 朱熹：《朱文公文集》卷二七：〈與趙帥書〉。

第十一章
元朝俸祿制度的缺陷

忽必烈所建立的元朝是一個蒙古舊制與中原制度相結合的統一體，管理上比較粗疏，所以元代俸祿體系發育很不完全，不合理之處甚多。

和北魏一樣，以戰爭起家的元朝開始時是沒有俸祿的。

遊牧民族沒有俸祿的傳統很容易理解。蒙古官兵開始是專以從戰爭中掠取大量財物、私屬人口為生，「韃人初未有除授及請俸；韃主亦不曉官稱之義為何也」。[1] 到中統建元之前，沒有正式建立覆蓋全域的俸祿制度。所以在地方治理上，與北魏初年一樣，也是貪暴橫行：「元初未置祿

---

[1] 王國維：《王國維遺書》第十三冊，《蒙韃備錄箋證》。

秩。無祿不足以養廉，於是地方官吏以未給俸，多貪暴」。[2]那些不能從戰爭中獲得財富的地方官就從地方百姓身上肆意榨取。

在疆域日廣之後，和北魏一樣，元朝開始考慮建設俸祿制度。漢族大臣姚樞早就曾經進言，說實行俸祿有利於建設社會的公平正義：「班俸祿，則贓穢塞而公道開」。[3]

於是忽必烈時期正式建立了俸祿體制。「世祖即位之初，首命給之（祿秩）。……祿秩之制，凡朝廷職官，中統元年定之。」[4]不過忽必烈所建立的元朝是一個蒙古舊制與中原制度相結合的統一體，管理上比較粗疏，所以元代俸祿體系發育很不完全，不合理之處甚多。比如元朝南北官員，職田分配是不一樣的，江南地少人多，所以職田只有北方的一半。朝廷內外官員收入也不均，有的官員俸祿很高，有的卻非常低。鄭介夫說：「祿之不均，自是朝廷一大缺政。其有俸鈔有職田，則過於厚；無俸鈔又無職田，則過於薄。」[5]

元代俸祿制度的另一個重要問題是俸祿當中有相當一部分是用鈔票發給的。元代鈔法實行不善，經常出現嚴重的通貨膨脹，比如中統至元中年間，物價上漲八到十倍。最嚴重的時候，鈔票幾成廢紙，僅能值回印刷成本。雖然朝廷多次採取增俸措施，但遠不及物價上漲的速度。通貨膨脹期間，朝中高官的俸祿表面上很高，但是到市場上買不回多少東西。而地方小官，因為職田上的糧食收入，生活反而有所保障。所以就出現了「官益高而俸益薄」及「朝三品、四品之官，反不及外任九品簿尉之俸」[6]的反常情況。大德年間，連百官之首的宰相都感到生活捉襟見肘，可見其他官吏俸薄的情況更加嚴重。

元代也屬於薄俸制。鄭介夫具體計算當時的官員收入說：「外任俸鈔從五品上，三十兩，從六品，不滿二十兩，如九品，止十二兩，以俸鈔買物，能得幾何？十口之家，除歲衣外，日費飲膳非鈔二兩不可，九品一月之俸，僅了六日之食。」[7]因此元代中下官吏普遍生活困頓，如「（黃溍）在州縣以清白自持，月俸不給，至鬻產佐之」（《新元史．黃溍傳》）。這種低薪制不獨漢官受害，也導致「不少蒙古官員家計入不敷出」。

元代治理水準不高的另一表現是發放俸祿的隨意性。至元十七年（一二八〇）四月，朝廷為了「定奪俸祿，凡內外官吏皆住支」，到十八年四月才「複頒中外官吏俸」。但江南官吏直到至元十九年六月仍「不曾支給俸錢」。類似的停俸，在武宗至大二年（一三〇九）也曾發生。不僅如此，中、下級官吏的俸錢又多被上級克扣。比如至元七年九月，「尚書省御史台呈，今各路

---

2 楊樹藩：《中國文官制度史》下，黎明文化事業股份有限公司（一九八二），頁二二〇。
3 《元代奏議集錄》，浙江古籍出版社（一九九八），頁三七。
4 宋濂等：《元史》，卷九十六《食貨四》，中華書局（一九七六），頁一六二三。
5 《歷代名臣奏議》卷六七。
6 《元朝典故編年考》卷五，《俸祿》。
7 《元朝典故編年考》卷五，《俸祿》。

總管府不深唯朝廷求治之意，將官吏俸祿擅自克減，且遷轉官員客居住任所，其百色所費止仰月俸，橫遭克減，必致失所」[8]。更有部分官吏名義上享有俸祿，實際上則無。如江西行省巡檢「雖稱勾當，考滿實曆，俸鈔多有不及或全無俸月者」[9]；大都置總急遞鋪提領所，除了提領一員外，其他人皆無俸給。

與此同時，在中國歷史上，元朝吏治之腐敗也是空前的。元季官場貪污風行，陋規例錢形形色色。明初葉子奇對元代名目各色的「例錢」曾作過分類解釋，他說：「元朝末年，官貪吏污，始因蒙古、色目人惘然不知廉恥之為何物。其問人討錢，各有名目。所屬始參曰拜見錢，無事白要曰撒花錢，逢節曰追節錢，生辰曰生日錢，管事而索曰常例錢，送迎曰人情錢，勾追曰齎發錢，論訴曰公事錢。覓得錢多曰得手，除得州美曰好地分，補得職近曰好窠窟，漫不知忠君愛民之為何事也？」[10]俸祿制度的缺陷，是造成這種情況的重要原因。

8 宋濂等：《元史》（簡體字本）（卷一至卷二一〇）（一—三），中華書局（一九七六），頁一六二三。
9 《元典章》卷八，《吏部二》「巡檢月日」。
10 葉子奇：《草木子》卷四下《雜俎》。

第十二章
「官俸最薄」與「腐敗最烈」的明代

樸素的農民式思維，讓朱元璋認為「當官的沒幾個好人」。因此在中國歷朝歷代中，朱元璋對官員們是最苛刻的。在制定俸祿制度的時候，朱元璋對自己的親戚家人待之唯恐不厚，宗室貴族的俸祿異常豐厚。

大明王朝後期的腐敗已經到了淪肌浹骨的地步，侵蝕到了社會肌體的每一個細胞。辦一件事需要多少賄賂，有公開的明碼標價，「權門之利害如響，富室之賄賂通神。鈍口奪於佞詞，人命輕於酷吏。」小小的衙門胥吏通過把持官府可以家資上萬。

一

宋代的高薪在歷史上很有名，同樣有名的是明代的「薄俸制」。論者動不動就說，「明官俸最薄」，「俸祿之薄，無以逾明者」。

明代俸祿確實是非常之微薄，這有兩方面原因。第一是受元代薄俸制的影響，另一個，也是最根本的原因，則是明太祖朱元璋的統治思路。

因為出身貧苦，朱元璋終生痛恨貪官污吏。他曾說：「昔在民間時，見州縣長吏多不恤民，往往貪財好色，飲酒廢事，凡民疾苦，視之漠然，心實怒之。故今嚴法禁，但遇官吏貪污殘害民者，罪之不恕。……苟貪賄撓法，猶行荊棘中，寸步不可移，縱得出，體無完膚矣。」[1]

朱元璋不了解，正是元代的薄俸制助長了官吏的貪污腐敗。樸素的農民式思維，讓他認為「當官的沒幾個好人」。因此在中國歷朝歷代中，朱元璋對官員們是最苛刻的。在制定俸祿制度的時候，朱元璋對自己的親戚家人待之唯恐不厚，宗室貴族的俸祿異常豐厚。皇子封為親王後年俸有一萬石，是最高官員的近七倍，這還不包括巨大的土地賞賜。但與此同時，朱元璋以開國之初，經濟凋敝，「百姓財力俱困，如初飛之鳥」[2]為由，又把官吏的俸祿定得出奇之低，對普通官員以「薄俸」為主流。

明代俸祿之薄體現在以下幾個方面：

第一，明代官員沒有了職田。

從唐朝開始，地方現任官員俸祿中都有一項特別穩定的收入：職田收入。但是朱元璋卻毅然廢除歷代相沿的職田制度。原因很簡單，他要把天下官田都留著賞賜給他自己的子孫。各地王府的賜地，「皆取之州縣中極膏腴田地」。[3]

第二，祿米數量也大大降低。沒有職田，官員俸祿中只剩下糧食也就是祿米這一項，而且標準也大大降低。明代正一品年俸是祿米一、〇四四石；正二品七三二石；正三品四二〇石；正四品二八八石；正五品一九二石；正六品一二〇石；正七品九十石；正八品七十八石；正九品六十六石。這個標準是歷代最低的。顧炎武說，「『唐興，上州司馬秩五品，歲廩數百石，月俸六七萬，官足以庇身，食足以給家。』今之制，祿不過唐人之什二三，彼無以自贍，焉得而不取諸民乎？」[4]也就是說，唐代上州司馬是五品官，每年收入數百石，還有月俸六七萬錢，收入足以庇身給家。而明代官員的收入，不過是唐代的十分之二到十分之三。

---

1 《明太祖實錄》卷二十二。

2 趙翼：《廿二史劄記校證》（上、下冊），中華書局（一九八四），頁七五九。

3 《清代檔案史料叢編》第四輯，頁一五一。

4 顧炎武、張京華：《日知錄校釋》上，嶽麓書社（二〇一一），頁五一一。

明代俸祿制與秦漢以來歷代不同的地方，就在於宋代以前，歷代雖然低級官員收入不高，但中高級官員通常都是高薪。而到了明代，連高官也得承受低薪之苦。明朝中後期，最高級的正一品官員的全年俸祿折合成銀子不過才三百兩左右，抵不上一個京師富家子弟三個月的花費。所以明代低薪制是貫穿上中下級所有官僚的情況。

第三，不僅如此，朱元璋甚至捨不得給官員退休金，閻步克《品位與職位》說：「國初的致仕者居然沒有俸祿，賜半俸終身就算是優禮了」。

第四，除了低薪制，朱元璋還取消了官員的許多其他特權。唐宋兩代，官員的子弟會得到「蔭封」，可以直接做官，而朱元璋則取消了這一作法，大官之子雖有「蔭敘」；但所敘的只是「祿」而非「官」，想做官仍要參加考試。明代以前，官場上一直實行「以官抵罪」，即官員犯罪，以降職或奪官作為一種抵罪措施。然而，這一特權也被朱元璋毫不留情地勾銷了。官員犯罪，與百姓同樣，該坐牢坐牢，該流放流放，一點也不予寬容。薛允升因云：「唐律於官員有犯除名官當，免官免所居官，委曲詳備，其優待群僚之意溢於言外。明律一概刪去，古誼亡矣！」[5]因此有人說，朱元璋是一個代表了農民利益的「農民皇帝」。

很明顯，在分配帝國利益蛋糕時，朱元璋把官僚體系排除在外了。朱元璋的作法顯然是「既要馬兒跑，又要馬兒不吃草」。他希望這些孔孟之徒能「見義忘利」，吃著孔孟的精神食糧忘我地為他工作。其實，從一個農民的角度思考，朱元璋認為他給官員的並不算太少，因為比起農民來他們的生活還是優越的。更何況，精細的朱元璋認為，做官對中國人來說除了直接物質收穫外，還會有成就感等心理上的報償。朱元璋這樣教育廣大官員：如果你們清廉為官，雖然收入不是特別豐富，但「守俸如井泉，井雖不滿，日汲不竭淵泉」，畢竟可以無憂無慮地生存下去。另外還能「顯爾祖宗，榮爾妻子，貴爾本身」，「立名於天地間，千萬年不朽」。[6]所以，他覺得他對官員們還算是夠意思。

但實際上，這樣的低薪「不足以資生」，導致很多官員難以養家糊口。

比如洪武年間的陝西參政陳觀，「在陝以廉謹稱。……其卒也，妻子幾無以自存。」[7]一死，妻兒老小馬上就無法生活了。

洪武年間的吏部尚書劉崧「幼博學，天性廉慎。兄弟三人共居一茆屋，有田五十畝」。[8]出仕之後，家族經濟情況沒有任何變化，「及貴，無所增益。十年一布被，鼠傷，始易之，仍葺以衣其子。居官未嘗以家累自隨」。[9]一條被子蓋了十年，被老鼠咬破了才換條新的。但是舊的還

5 薛允升：《唐明律合編》，李鳴、懷效鋒點校本，法律出版社（一九九九），頁三六。
6 《全明文》卷二十九，《大誥．論官無作非為第四十三》。
7 張廷玉等：《明史》三，中華書局（二〇〇〇），頁二六二九。
8 張廷玉等：《明史》三，中華書局（二〇〇〇），頁二六三〇。
9 張廷玉等：《明史》三，中華書局（二〇〇〇），頁二六三〇。

要縫縫補補，給兒子當棉衣。

永樂時期的戶部尚書秦紘為官四十餘年，其「妻菜羹麥飯常不飽」，「及卒，家無餘資。未幾，子孫有貧乏不能存者。」[10]子孫一下子成了貧民。

二

朱元璋時代，俸祿已經如此之低。按理說在朱元璋駕崩之後，隨著經濟恢復，社會發展，明代統治者們應該大幅度提高俸祿。但事實是，洪武之後，明代俸祿不但沒有提高，反而逐步降低。

其主要原因是明代俸祿的「折色」制度。

明初俸祿主要是用糧食來發放的。但是當國庫中的糧食不夠用時，偶爾也會發點其他東西來代替。這就是所謂「折色」。折色最早始於洪武年間，在朱元璋去世後則愈來愈普遍。

建文四年（一四〇二），戶部稱，「天下倉糧，宜撙節以備國用，各處都司官俸，舊全支米者，宜米鈔中半兼支。」[11]也就是說，因為國家糧儲不足，所以各處都司發薪資時，一半發鈔票，一半發糧食。到了正統四年（一四三九），又詔稱「南京及在外文武官吏俸米、軍人月糧，近為糧儲不敷，減分支給，以鈔折充」。[12]折色漸漸成為定制。

問題是和元代一樣，明代的鈔票經常嚴重貶值。《廿二史箚記》卷三十二「明官俸最薄條」記載：「洪武時，官全給米，間以錢鈔，兼以錢一千、鈔一貫抵一石。官高者支米十之四五，卑者支米十之七八，九品以下全支米。後折鈔者每米一石給鈔十貫。又凡折色俸，上半年給鈔，下半年給蘇木胡椒。成化七年，戶部鈔少，乃以布估，給布一匹當鈔二百貫。是時鈔一貫僅值錢二三文，而米一石折鈔十貫，是米一石僅值二三十文錢也。布一匹也僅值二三百錢，而折米二十石，是一石米僅值十四五錢。」

朱元璋時代，偶爾也會發錢發鈔，但是那時鈔票還好用，本應發一石米，實際所發之鈔，大約值一兩白銀，和市場價格大致相當。但是到了明成祖時，因為鈔票貶值，本來應該給一石米，實際所發鈔票，卻只能兌現白銀一錢到二錢，就是說已經貶值到只剩原來的一成到二成了。到了成化年間，一石米發給十貫鈔，看起來比洪武年間漲了十倍，而事實上，那時十貫鈔才值二三十文錢。也就是說，貶值到原來的百分之二到百分之三。如果按半糧半鈔算的話，官員實際只能領到糧食部分，以鈔折算的部分就算是貢獻給國家，薪資相當於降低了百分之五十。明代皇帝們就

---

10 項篤壽：《今獻備遺》卷二十四《秦紘傳》。

11 《明太宗實錄》卷十二，洪武三十五年九月戊子條。

12 《明英宗實錄》卷五十三。

是這樣和百官耍流氓。

時間長了，百官當然紛紛抗議，皇帝於是不發鈔票，改發其他東西。發什麼呢？發胡椒，發蘇木。胡椒和蘇木，一個是調料，一個是顏料，為什麼發這些東西呢？因為這些是從外國進口的奢侈品，鄭和下西洋的時候進口多了，宮中堆積多年，眼看著要放壞了，所以拿出來給百官充薪資用。成化五年（一四六九年），實在沒錢給百官開支了，甚至發衣服被褥，將內庫所存的「綻絲綾羅、紗褐繒布、衣帨衾褥及書畫幾案、銅錫瓷木諸器皿，以充俸鈔。」就是說，皇宮大庫存的綢緞布匹、衣服巾帕、被子褥子、桌子椅子、瓷茶碗錫茶壺都拿出來發給百官。反正宮裡什麼東西多就發什麼。

為什麼要用這些東西作為百官的薪資？當然是因為國庫沒錢了。那麼為什麼大明王朝會窮成這樣呢？主要原因是天下的銀子都發給朱元璋的後代了。我們說過，朱元璋雖然給百官的俸祿標準定得很低，卻給自己的子孫後代極高的俸祿水準。朱元璋規定，他的後代由於身分高貴，不能從事任何社會職業，增加收入的方式只有一個管道，那就是多生孩子。多生一個孩子，國家就按等級多發放一份俸祿。所謂「宗室年生十歲，即受封支祿。如生一鎮國將軍，即得祿千石。生十將軍，即得祿萬石矣。……利祿之厚如此，於是莫不廣收妾媵，以圖則百斯男。」

所以明代皇族拚命生孩子。弘治五年（一四九二）年底，山西巡撫楊澄籌向皇帝匯報，山西慶成王朱鐘鎰已生育子女共九十四人。不久另一位元藩王刷新了此一紀錄，這位元藩王光兒子就多達一百餘，每次節慶家庭聚餐，同胞兄弟們見面彼此都不認識。這就是史書上所謂的「每會，紫玉盈坐，至不能相識」。[13]

這僅僅是明代皇族人口爆炸的一個縮影。朱元璋建國之初，分封子孫於各地，「初封親郡王、將軍才四十九位」。這些王爺好比種子，一二百年過去後，在各地繁衍出的數量大得十分驚人：山西一省，洪武年間只有一位晉王，到了嘉靖年間，有封爵的皇室後代已經增長到一千八百五十一位。洪武年間河南本來也只有一位周王，到了萬曆年間，已經有了五千多個皇族後代……據明末徐光啟的粗略推算，明宗室人數每三十年左右即增加一倍。而當代人口史學者推算的結果是，明代皇族人口增長率是全國平均人口增長率的十倍。據安介生等人口史專家推算，到明朝末年，朱元璋的子孫已經繁衍到近一百萬人之多。

這樣國家財政就出現了難以支撐的窘況。嘉靖四十年（一五六一）朝廷曾經算過一筆帳，天下歲供京師糧四百萬石，而諸王府的祿米支出竟然達到了八百五十三萬石，缺口是四百五十三萬石。天下所供，竟然不能滿足王族所需。所以當時官員們說，「天下之事極弊而大可患者，莫甚於宗藩祿廩」。[14]

---

13 王世貞：《弇山堂別集》全四冊，中華書局（一九八五），頁九。

14 《明史》卷八十二，《食貨志》六，〈俸餉〉。

實在拿不出銀子發薪資給百官，發點東西大家倒也能理解。問題是，皇帝們的小算盤仍然打得非常吝嗇。好比這東西本來只值十塊錢，但是皇帝卻非要說能值一百塊錢。比如永樂二十二年，每斤胡椒算成十六貫鈔票，蘇木每斤算八貫鈔票。但到了明宣宗宣德九年（一四三四），不到十年，胡椒每斤就算成一百貫鈔票，蘇木每斤算成五十貫鈔票，翻了六、七倍。

成化七年（一四七一），因為國庫裡存的棉布太多，積壓久了，眼看著都快爛了，皇帝遂宣布，以後就用細布代替薪資。什麼標準呢，一匹細布折算成二十石米。然而，明代最好的三梭細布，一匹也不過能換二石米。皇帝顯然把布價抬高了十倍。成化十六年（一四八〇），細布也快發光了，又發粗布，而且「每闊白布一匹折米三十石」。一匹闊白布，也就是粗棉布，本來不過值銀子三四錢，卻算成三十石糧食，這就把布價抬高了近百倍。所以《明憲宗實錄》稱：「然三梭（布）一匹極細者，不過直銀二兩，而米價遇貴則有一石直銀一兩者。今布一匹折米三十石。輕重已自懸絕。後乃至以粗闊棉布直銀三四錢者，亦折米三十石，則是粗布一匹而價銀直三十兩，自古未有也。」明代皇帝們的無賴嘴臉就是這樣毫無遮掩。

就這麼低的薪資，在明代還常常拖欠，甚至數年不支薪資。明人王瓊《雙溪雜記》記載：「京官折俸四五年不得一支。外官通不得支。」顧炎武總結明代俸祿史說：「百官所受俸，亦米也，或折以鈔，其後鈔不行而代以銀，於是糧之重者愈重，而俸之輕者愈輕，其弊在於以鈔折米，以布折鈔，以銀折布，而世莫究其源流也。」[15]朝廷在發俸祿時，在銀子、糧食、布匹之間反覆折騰，但是不管怎麼折騰，反正是愈來愈有利於皇帝，愈不利於百官。

在明初洪武至宣德六十年間，載入《明史循吏傳》中的著名清官，占明代循吏總數的六分之五，這不能不說與薄俸制有關。明代那些恪守節操不想大肆貪污的官員，無一不生活得非常艱難。宣德年間，禮部侍郎這樣的高官，死後甚至不能安葬。「鄒師顏，宣都人。……為禮部侍郎。省墓歸，還至通州，卒，貧不能歸葬。尚書呂震聞於朝，宣宗命驛舟送之。」[16]正統元年（一四三六），左副都御史吳訥曾說：「近小官多不能贍，如御史劉准山由進士授官，月支俸米一石五斗，不能養其母妻子女，貸同道御史王裕、刑部主事廖謨等俸米三十石，去年病死，竟負無還」。[17]成化年間，曾以廷試第一名為翰林修撰的羅倫，在被貶為福建市舶副使時，因微薄的官俸不足開支，只好靠賣字謀生。

---

15 顧炎武、張京華：《日知錄校釋》上，嶽麓書社（二〇一一），頁五一二。
16 張廷玉等：《明史》（十四至十六），中華書局（二〇〇〇），頁二七六二—二七六三。
17 鄭曉：《今言》卷一，中華書局（一九八四）。

三

我們看明代官場貪腐發展的曲線圖，與俸祿高低有著直接的關係。明代貪風之盛行，恰恰發生在洪武朝以後，與俸鈔折色之制同步。折色愈低，貪污腐化就發展得愈厲害。

永樂時期，因為折支鈔票的普遍化，貪腐也開始普遍化。有人描述其情形說：「貪官污吏，遍布內外，剝削及於骨髓。朝廷每遣一人，即是其人養活之計。虐取苛求，初無限量。有司承奉，唯恐不及。間有廉強自守、不事于媚者，輒肆讒毀，動得罪譴，無以自明。是以使者所至，有司公行賄賂，剝下媚上，有同交易。夫小民所積幾何，而內外上下誅求如此。」[18]

對於這種情況，官員們紛紛指出，薄俸制是主要原因。比如任雙流知縣的孔友諒抱怨說：「國朝制祿之典，視前代為薄。今京官及方面官稍增俸祿，其餘大小官員自折鈔外，月不過米二石，不足食數人，仰事俯首之資，以道路往來，費安所取資。貪者放利行私，廉者終萎莫訴。」[19]永樂年間著名清官李賢說：「俸祿所以養廉也，今在朝官員，皆實關俸米一石，以一身計之，其日用之資不過十日，況其父母妻子乎？臣以為欲其無貪，不可得也！」[20]大理寺右少卿戈謙也說：「且計一官，其家少者五六口，多者十餘口，俸既不足，則其衣食器用、僕隸之需，必出於民，為害非小。……因國用浩繁，文武官吏俸給什撙節其六七，所得不給其所費。」[21]

從永樂之後，貪腐一代比一代更加嚴重。何瑭說，洪武晚年，「漸啟貪賂之習，積至正德年間，其弊極矣，官以賂升，罪以賂免，輦轂之下，賄賂公行，郡縣之間，誅求無忌。小民受害，殆不忍言。百姓困窮，盜賊蜂起，國家之事，幾至大敗。」他也認為薄俸是造成這種情況的主要原因，官吏之俸薄，「故官吏則務為貪侵」。

明代正統年間御史陳泰一生剛正不阿，鐵面無私，兩袖清風，世稱「鐵」御史。他也說：「今在外諸司文臣去家甚遠，妻子隨行，祿厚者月給米不過三石，薄者一石，又多折鈔，九載之間，仰事俯首之資，道路往來之費，親故問遺之需，滿罷閑居之用，其祿不贍，則不免失其所守，而陷於罪者多矣。」[22]

明代中後期之腐敗，在歷史上刷新紀錄。嘉隆以後，「唯賄是舉，而人皆以貪墨以奉上司」。官場「禮義淪亡，盜賊競作，貪婪和無恥之風彌漫」。著名清官韓一良在與崇禎皇帝的交流中，把低薪制與官員貪風之間的關係表達得直言不諱：「陛下平台召對，有『文官不愛錢』

18 張廷玉等：《明史》四，中華書局（二〇〇〇），頁二九五〇。
19 張廷玉等：《明史》四，中華書局（二〇〇〇），頁二九五四。
20 顧炎武、張京華：《日知錄校釋》下，嶽麓書社（二〇一一），頁一一五五。
21 《戈中丞奏疏》卷一，〈恤民疏〉。
22 顧炎武、張京華：《日知錄校釋》上，嶽麓書社（二〇一一），頁五一三。

語，而今何處非用錢之地？何官非愛錢之人？向以錢進，安得不以錢償。以官言之，則縣官為行賄之首，給事為納賄之尤。今言者俱咎守令不廉，然守令亦安得廉？俸薪幾何，上司督取，過客有書儀，考滿、朝覲之費，無慮數千金。此金非從天降，非從地出，而欲守令之廉，得乎？」[23]

明末思想家顧炎武總結明史，尖銳地指出：「今日貪取之風，所以膠固於人心而不可去者，以俸給之薄而無以贍其家也。」[24]

四

除了官員貪腐登峰造極之外，明代吏員腐敗在中國歷史上也是最嚴重的時期之一。其原因，也與低薪制密切相關。

在規定了官員低薪制的同時，明代也規定了吏員的低薪制。洪武十四年（一三八一）朱元璋規定，在京二品以下衙門吏員月支米皆一石，六品以下衙門米皆六斗。在此之後，又不斷降低這一標準。洪武三十一年（一三九八）規定，在京吏員有家小的，每石減二斗，無家小的，每石減五斗。洪武之後，歷代皇帝也多次降低吏員俸祿，而且規定各地州縣吏員的俸給全部折鈔。在明代紙鈔大幅貶值的情況下，就等於幾乎完全不給各地吏員發薪水了。

在經濟收入低下的同時，明代吏員的社會地位比宋代又進一步降低。明太祖和明成祖均曾頒諭說，因為吏員「心術已壞」，不准進行科舉，對他們進行毫不掩飾的歧視。明仁宗稱，國子監生有雖曾習吏事者，不准以此為資歷出仕，仍需入監讀書，由科舉出身。這是因為「吏事，末也。誠能窮古博今，達於修己治人之道，於吏事何難?」[25]反之，如讓昧於「大經大法」之人去治事，則往往「厲民而辱國」。

吏員待遇和地位如此之低，可是明代中後期社會上卻有一個奇怪的現象，很多老百姓拚了命也要當吏員，甚至許多「身家殷實，田地頗多」的地主不惜重金買路子要當「掛名書吏」。

這是為什麼呢?原因很簡單，吏員們的實際收入很高。

明代吏員們的薪水雖然幾等於無，額外收入卻林林總總。他們的第一項額外收入，叫「頂首銀」，也叫「頂頭銀」，就是一個吏員升走調動或者退休之時，會推薦一個人來接班，被推薦的人要給他一筆錢作為酬謝。據焦竑講明代「新舊相代索頂首銀多至千金」。[26]而黃宗羲說「京師權要之吏，頂首皆數千金」。[27]明朝大學士許淤則說「在京各衙門吏典交代，頂頭銀兩漸至數

---

23 張廷玉等：《明史》五，中華書局（二〇〇〇），頁四四五〇。
24 顧炎武：《日知錄》卷十二，《俸祿》。
25 《明仁宗實錄》卷二上，「永樂二十二年九月乙亥」條。
26 焦竑：《玉堂叢語》卷二，《銓政》。
27 黃宗羲：《明夷待訪錄．胥吏》。

百兩」。[28]頂首銀的高低，當然主要視這一職務的灰色收入之多少而定。中央政府部門的吏員頂首銀如此之高，與他們手中權力之大是相符的。明代各部院的吏員大多來自江浙一帶，他們最初是隨著永樂皇帝遷都北京而入駐京師的，後代這份工作就世代相襲下來。明代大儒黃宗羲說當時「雖無世襲之官，卻有世襲之吏」，他們一代又一代泡在公文當中，精熟各官司典章掌故，所以在官長要求參照以前的案例時，他們可以隨手拿出符合自己營私需要的案例。他們仗著自己的專業知識，動輒以不合程序為由駁回下屬官司來文。因為缺乏專業知識，明代那些掌握了「大經大法」的六部官員很容易被書吏把持，所以部院之中，實際主持部務的往往都是積年老吏，他們經手處理的公文很少被那些弄不清「成例」的主管官員否定，所以他們往往自擬定批文，直接呈送堂官，堂官在大多數情況下也只好就稿畫行。所以明代若干老吏掌握了巨大的權力，因此也就門庭若市、富敵王公。

地方吏員的灰色收入當然遠沒有這麼高，不過也相當可觀。著名清官海瑞在浙江淳安做縣令時，就專門記載了當地吏員的頂首銀標準。地方州縣衙門有吏、禮、刑、戶、兵、工六房，以應對朝廷的六部，因為六房職權不同，收入有別，所以頂首銀標準也不一樣。海瑞所記淳安縣六房吏頂頭銀為：「吏房頂頭銀十兩」、「戶房頂頭銀五十兩」、「禮房頂頭銀十五兩」、「兵房頂頭銀五十兩」、「刑房頂頭銀五十兩」、「工房頂頭銀五十兩」。

吏員們的收入當然不止頂首一項。海瑞記載，淳安縣的吏員們還有很多常例陋規收入。

吏房常例銀為「一兩考吏銀伍錢。起送農民或銀捌錢或伍錢。（府吏三兩，書手一兩，同房吏書各三錢。）酒席銀貳兩，眾吏農分。（府縣裡酒席銀壹兩貳錢，仍整酒一席，用銀柒捌錢。）起送吏農撥缺兵刑工銀伍兩，戶三兩，禮壹兩或伍錢，承發三兩，鋪長貳兩，架閣伍錢三人分。（府吏如數每人管二縣。）新里長不報農民。（銀貳錢。）」

戶房常例為「里長應役時每里銀三錢。造黃冊每里銀伍錢。（草冊府吏伍兩，管冊廳吏貳兩。）糧長應役時每名銀肆錢。夏絹每里銀三錢，三八共貳拾肆兩（三人分）。解絹時拾貳兩，承行吏獨取。（府該房捌拾兩，書手拾兩，家屬伍兩，糧廳吏書拾伍兩。）農桑絹貳兩（三人分）。府該房肆兩。秋鹽糧每壹石銀三厘。府每石伍厘。經過鹽每壹佰引銀貳分。住賣鹽每壹佰引銀三錢。折色玖佰玖拾玖石，每石銀三厘。凡錢糧壹佰兩，銀壹兩（三人分）。均徭每銀拾兩，銀壹錢（三人分）。」[29]

禮房為「收茶芽每里銀伍分。童生入學每人三錢。初考每人三分。里長應役不報老人者銀伍分。均徭銀拾兩，銀壹錢」。兵房陋規為「均徭每拾兩，銀壹錢。民壯每壹名銀壹錢。共貳拾伍

---

28 《明經世文編》卷二百三十七，許墩〈正國典明選法以便遵守疏〉。

29 海瑞著，李錦全、陳憲猷點校：《海瑞集》上冊，海南出版社（二〇〇三），頁二八四。

兩（三人分）。清軍每里銀伍錢。值日里長每日銀伍分。皂隸三十六名，每名銀伍錢」。[30]

刑房為「僉總甲每里銀三錢。年終總甲平安銀三錢」。工房為「值日里長每日銀伍分。審裡役丁田每里銀伍錢。清匠每里銀伍錢。塘長每里銀三錢共貳拾餘兩。買漆每銀壹兩取伍分。凡徵錢糧每壹佰兩，銀壹兩」。[31]

承發房為「里長應役時每里銀壹錢。審均傜丁田里甲銀壹錢。詞訟每狀一紙或壹分貳分」。

這些常例陋規公然記載，且有定數，是因為地方吏員幾乎沒有薪資，這些常例就相當於地方政府在攤派提留中為吏員們安排的半合法收入。除此之外，因為吏員在地方事務中擁有諸多廣泛的權力，他們營私的機會還有很多。

州縣內部人事變動是吏房吏員收取賄賂禮金的好時機。《警世通言．金令史美婢酬秀童》中描寫，戶房吏員金滿為了得到看庫的美缺，不得不賄賂吏房吏劉雲。

戶房經理國家錢糧，營私肥己的機會尤多。朱國禎說：「各縣戶房窟穴不可問，或增派，或侵匿，或挪移，國課民膏暗損，靡有紀極。」[32]

禮房表面上是清水衙門，但是吏員們也斂財有術。他們在採辦考試、祭祀、旌表和鄉飲大典相關的物資時，往往會以次充好，賺取差價。比如在科舉考試時「買濫惡紙筆花紅，希圖冒破」，祭祀時會「減送胙肉」，旌表時則「將不堪旗匾，克減行價」，鄉飲大典時會「扣克價值，以濫惡之物塞責」。縣考之時，禮房吏員還會幫助考生作弊，「得人財物、改換卷面」。在辦理「下程酒席」時，對里甲勒索也是禮房吏員的重要財源，本來地方政府辦理下程酒席是專款，但是吏員們仍然會攤派到里甲頭上：「下程酒席亦既額有官銀矣，即當責之禮房吏書買辦可也。今乃仍用里甲，賠費不貲蕩產從事，而該吏人等亦且因之為利，不得則以苟簡稟官罰治。以致官用其一，而吏反用其二」。[33]

縣級政府兵房的主要職能之一是徵兵，用明代術語叫「勾補軍士」，由於明代軍人待遇惡劣，百姓視兵役為苦役，想方設法逃避，所以兵房吏員有很多機會可以從徵兵中牟利，比如他們會「勾補逃軍力士，賣放正身，拿解同姓名者」。

刑房吏員協理刑名，處理案件，其營私手法更為百姓熟悉。他們為了讓人「出罪入罪，不得不使些機巧，弄些刀筆」。打官司的時候，當事人必須賄賂刑房吏員，才有獲勝可能，比如《警世通言．玉堂春落難逢夫》中描述皮氏與趙昂為了勝訴，「與刑房吏一百兩，書手八十兩」。刑房吏員兼理牢獄，所以敲詐罪犯也屬常事，比如獄囚丁啟本來無贓證應予釋放，刑房吏趙良仍向

30 海瑞著，李錦全、陳憲猷點校：《海瑞集》上冊，海南出版社（二〇〇三），頁二八五。
31 海瑞著，李錦全、陳憲猷點校：《海瑞集》上冊，海南出版社（二〇〇三），頁二八五。
32 朱國禎：《湧幢小品》卷一一《禁人試》。
33 《明經世文編》卷四三八張棟：《張給諫集》。

他「索銀五十兩」。

工房吏員負責主持地方上各種工程建設，這也是他們科派勒索民戶的大好時機。「修衙修船，既有徵銀在官矣，即當責之工房吏書管理可也。今乃仍點大戶，官銀不足傾家賠償，而該吏人等猶且從之索賄，不得則以冒破稟官究責，以致浮費之數反倍於賠補之數。」[34]

總而言之，明代吏員枉法營私非常普遍。事實上，大明王朝後期的腐敗已經到了淪肌浹骨的地步，侵蝕到了社會肌體的每一個細胞。辦一件事需要多少賄賂，有公開的明碼標價，「權門之利害如響，富室之賄賂通神。鈍口奪於佞詞，人命輕於酷吏。」小小的衙門胥吏通過把持官府可以家資上萬。

34《明經世文編》卷四三八，張棟：〈國計民生交詘敬伸末議以仰裨萬一疏〉。

第十三章 清代俸祿制度

清代吏員的待遇和社會地位與明代相似，其腐敗情況也與明代相似，所以清人感歎當時之大患在「吏」。御史湯斌說整個國家盡在書吏之手，馮桂芬說清代皇帝「與胥吏共天下」。由此可見清代書吏權勢之大。

清代順治康熙等前期帝王認為，明太祖開創的一系列政治制度，超越漢唐，極為完美，康熙甚至稱明太祖「治隆唐宋」。所以有清一代，在國家制度上大部分沿襲明制。比如清代俸祿制度基本是照搬明代俸祿。

順治元年（一六四四），朝廷議定京官俸祿，明確宣布「仍照故明例」，即照萬曆《明會典》所載的明代官員俸祿中的「本色俸」折銀部分和「折色俸」折銀部分合二為一。所以有學者說明代俸祿比清初俸祿高幾倍，是由於不了解明代俸祿行折色之制的緣故。

順治十年，對俸祿稍作調整，成為有清一代定制。標準如下表四。

到了乾隆年間，為了與外官的養廉銀作一點平衡，所以提高了京員薪資標準，「一二品官員雙俸雙米，其他京官食雙俸單米」。這樣，薪資標準表如下表五。

因此清代仍然是薄俸。在養廉銀改革之前，一個縣令，「支俸三兩零，一家一日，粗食安飽，兼餵馬匹，亦得費銀五六錢。一月俸不足五六日之費，尚有二十餘日將忍饑不食乎？」[1]

清代吏員的待遇和社會地位與明代相似，其腐敗情況也與明代相似，所以清人感歎當時之大患在「吏」。御史湯斌說整個國家盡在書吏之手，馮桂芬說清代皇帝「與胥吏共天下」。由此可見清代書吏權勢之大。

關於清代薄俸制下官員們的生活情況，可參考本書第三部分的詳細論述。

1 蔣良騏：《東華錄》卷九，中華書局（一九八〇）。

表四　清代文官俸祿定例

品級	俸銀（兩）	俸米（斛）	品級	俸銀（兩）	俸米（斛）
正從一品	180	180	正從六品	60	60
正從二品	155	155	正從七品	45	45
正從三品	130	130	正從八品	40	40
正從四品	105	105	正九品	33.1	33.1
正從五品	80	80	從九品	31.5	31.5

表五　清代道光年間京官俸祿表

品級	正俸（兩）	恩俸（兩）	祿米（斛）	祿米折銀（兩）	合計（兩）
正從一品	180	180	180×2	234	594
正從二品	155	155	155×2	201.5	511.5
正從三品	130	130	130	84.5	344.5
正從四品	105	105	105	68.25	278.25
正從五品	80	80	80	52	212
正從六品	60	60	60	39	159
正從七品	45	45	45	29.25	119.25
正從八品	40	40	40	26	106
正九品	33.114	33.114	33.114	21.52	87.748
從九品	31.5	31.5	31.5	20.48	83.48

註：本表以《中國俸祿制度史》中的「清代文官俸祿定例表」為基礎，祿米按每石值銀一兩三錢（即每斛0.65兩）折算。

第三部分

高貴的窮人：荒誕制度下的官員真實生活狀態

從道德層面，腐敗的官員是不值得同情的，但如果不了解官員階層的真實生存狀態，那麼，造成腐敗的荒誕制度一定是抽象的、冰冷的。腐敗頑疾為何蔓延千年，翻開清朝官員的帳本之後，答案或許會清晰起來。

第十四章

窘迫的曾國藩：清代京官的生活水準

理學學說認為「人皆可以成為聖賢」，就是說再普通的人也可以透過刻苦的心性修煉，成為道德上的完人，就是聖人。所以曾國藩立下了學做聖人之志，要脫胎換骨，重新做人。成為一個道德上的完人，體現在經濟生活上，就是不謀求任何經濟收入。

一

在我們的想像中，古代官員都很富有。然而清代京官，大部分生活都很「窮」。

我們翻開史料，隨處可見京官生活貧困的記載。比如晚清著名文人李慈銘在做京官時，有時候甚至吃不起飯，日記中有「近日窘絕，殆不能舉火」[1]的記載。他還記載他見到的另一個京官，刑部主事，因為經常饑餓，甚至面有菜色：「貧瘁不堪，門庭蕭索，屋宇欹漏，使令不供，人有菜色」。[2]這並不是個別現象，《藤陰雜記》中記述順治年間的京官張衡也是「貧不能舉火」。

京官之窮在當時的大清帝國，是眾所周知的事實，並且成為人們調侃的一個話題。有〈都門竹枝詞．京官〉描寫一品大員的窮狀云：「轎破簾幃馬破鞍，熬來白髮亦誠難。糞車當道從旁過，便是當朝一品官。」北京市井更有許多嘲諷京官的諺語。「京師有諺語：『上街有三厭物，步其後有急事無不誤者，一婦人，一駱駝，一翰林也』。其時無不著方靴，故廣坐及肆中，見方靴必知為翰林矣。」

京官為什麼這麼窮呢？我們可以以晚清名臣曾國藩為例，具體分析一下。

二

曾國藩是中國近代最重要的人物之一，他是一位著名的政治家、軍事家，同時也是一位著名的理學家。

除了這些「家」之外，曾國藩還是一個標準的傳統官僚，他科舉出身，從副處級的翰林院編修起家，九年之內做到了副部級的禮部侍郎。在那之後，他由文官轉為武官，創建湘軍，帶兵打仗。後來他因功又被授予兩江總督、直隸總督，最後做到位極人臣的大學士，可以說是「出將入相」。曾國藩經歷了傳統官場低、中、高三個級別階段，又經歷過京官和地方官兩種類型。所以說他的經歷在傳統官場，比較有代表性。與此同時，曾國藩又是一個心很細的人。我們在閱讀《曾國藩日記》、《曾國藩家書》等常見資料的過程中，經常會遇到關於他個人收支的零星記載。在台灣學生書局出版的《湘鄉曾氏文獻》中還保留有曾國藩親手記的日常生活帳簿，其中從買了一棵大白菜、剃了一次頭、雇了一次車到收了別人十兩「炭敬」、給某大學士送了三兩「節禮」和一兩「門包」，事無巨細，悉數記載。

所以我們可以幫曾國藩算算帳，看看曾國藩做官，賺了多少錢，他基本薪資多少？補助和津貼多少？他這些收入都花到哪去了？他的衣食住行，水準如何？他住多大面積的房子，坐什麼級別的車？通過曾國藩這個具體典型，我們可以觀察一下清代官員的經濟生活狀態，觀察一下清代官場的潛規則是具體如何運轉。

---

1 《越縵堂日記》光緒七年九月十日，廣陵書社（二〇〇四），頁九一八二。

2 《越縵堂日記》同治十年三月五日，廣陵書社（二〇〇四），頁四九五一。

三

要說清楚曾國藩的經濟生活，我們首先要來看一下曾國藩的出身背景是「小地主」。

為什麼說曾國藩出身小地主呢？

嘉慶十六年（一八一一）曾國藩出生的時候，家裡頭是八口人，一共有田地「百餘畝」（據趙烈文《能靜居日記》），人均十二畝半，按後來土改的標準，正好是小地主。其實曾家一開始只是一戶普通中農，是在他祖父曾玉屏手上發達起來，勉強進入小地主階層。

不過和我們想像中的大魚大肉的地主生活不同，晚清的小地主，其實也只不過是能吃飽糙米飯，頂多說家裡的大家長晚飯的時候，可以拿半個鹹鴨蛋來下酒而已。我們知道曾國藩參加過兩次會試，第二次去北京，家裡就已經拿不出幾十兩銀子的路費，是親戚們東拼西湊才把他送上路。所以曾國藩也可以說是一個典型的「鳳凰男」，一家人從小拚命供他讀書，希望他通過考學，改變整個家族的命運，起碼把自己的四個弟弟都帶出去，找份好工作。

曾國藩在道光十八年（一八三八），二十七周歲時中了進士，並且被「點了翰林」，成了翰林院「庶起士」。道光二十年，曾國藩參加了「散館」考試，被授予從七品的翰林院檢討一職。

翰林院乃儲材養望的輕閑之地，翰林們的職責是「充經筵日講，撰寫典禮冊文，纂修校勘書史，以文學侍從之臣入值侍班」[3]等，地位清要，職務閑簡。官品雖然不高，但因其「為天子文學侍從，故儀制同於大臣」。翰林院裡設有掌院學士（秩從二品，清後期多由大學士兼任）、侍讀學士、侍講學士（秩從四品）、侍讀、侍講（秩從五品）、修撰（秩從六品）、編修（秩正七品）、檢討（秩從七品）等職。

曾國藩科舉成功，成了從七品的翰林院檢討。那麼他是否馬上從一個鳳凰男變成富家，家裡人是不是都沾光了呢？那倒沒有。曾國藩在北京做了十三年京官，十三年當中，他的經濟生活的主旋律就是一個字——窮。

有兩個證據可以很好地說明他的窮狀。

一個是在道光二十二年，就是他做京官的第三年，身為翰林院檢討的曾國藩跟他的一個僕人，叫陳升的發生了一場衝突。按理說過去主人和僕人拌個嘴什麼的也是常事，但是衝突完了之後，陳升捲舖蓋另尋高枝去了。為什麼呢？因為曾國藩已經欠了人家好幾個月薪資。這件事使曾國藩頗受刺激，還寫下了一首《傲奴》詩：

---

[3] 清高宗敕撰：《皇朝通志》卷六十四，《職官略一》。

胸中無學手無錢，
平生意氣自許頗，
誰知傲奴乃過我！[4]

就是說，我又窮，脾氣又大，人家早就看不起我了。

另一件證據更有說服力。

曾國藩為人重感情，對親戚朋友都很關照，稍有餘力，必加周濟。道光十八年曾國藩中了進士之後呢，曾經衣錦還鄉，在家裡待了一段時間。臨走的時候，他曾專門去看望幾位母舅，跟他們告別。當時他的大舅已年過花甲，卻「陶穴而居，種菜而食」，過著半野人的生活。曾國藩不覺「為惻然者久之」。他的二舅江永燕比大舅強一點，也好不到哪兒去，三間茅草房，東倒西歪。二舅送他走時，向他預約工作說：「外甥做外官，則阿舅來作燒火夫也」。[5]外甥你將來如果做外官，我一定給你做燒火夫，就是你讓我跟你享幾天福吧。曾國藩握著舅舅的手，潸然淚下。結果曾國藩到北京整整當了五年的官，沒有給兩個舅舅寄過一文錢。這個二舅最後沒有等到享外甥的福，到第五年貧病而死。曾國藩聽到這個消息也非常難過，號啕大哭了一場。

作為一個從七品的翰林，為什麼這麼窮呢？

四

主要原因就是清朝的低薪制。

翰林地位清要，然而經濟待遇卻特別低下，以至於被人稱為「窮翰林」。解剖曾國藩這個典型，我們對清代京官俸祿之薄可以有一個具體的了解。

我們前面已經介紹過，清襲明制，官員俸祿水準很低。清代一品官員正俸全年不過一八〇兩，二品一五五兩，三品一百三十兩，四品一百〇五兩，五品八十兩，六品六十兩，七品四十五兩，八品四十兩，正九品三十三兩，從九品及未入流只有三十一兩有零。除此之外，每正俸一兩，還有一石祿米。

雍正年間，考慮到這個收入水準太低，根本不夠花，所以對地方官進行了養廉銀制度改革。改革完之後，地方官的薪俸水準幾十上百倍地增長。比如總督的收入增長了一百倍左右，知府增長了十至三十倍。知縣也增長了九至五十倍，其養廉銀最低四百兩，最高達二千二百五十九兩。但是京官只是在乾隆年間改開雙俸，正俸之外再開一份「恩俸」，就是薪資大約增加一倍。

4 《曾國藩全集·詩文》，嶽麓書社（一九九四），頁四三。

5 《曾國藩全集·家書》，嶽麓書社（一九九四），頁七六。

所以按這個標準，曾國藩這樣的從七品京官薪俸內容是正俸四十五兩，加上四十五兩「恩俸」，此外還有四十五斛（二十二點五石）「祿米」。一般祿米每石值銀一兩三錢，所以曾國藩的祿米值銀二九．二五兩。加上雙俸，曾國藩的薪俸總數為一一九．二五兩。

除此之外，京官還有數目不等的「公費」，也就是辦公經費。看起來這是很合理的一項規定，不過朝廷核定的公費銀水準極低，一品大員每月公費不過五兩，曾國藩這樣從七品翰林的公費標準是一兩半，但是國家還要苛刻一點，全年實發不過一〇．七一兩。將薪俸與公費兩項相加，曾國藩全年正式收入為合計一二九．九五兩。這就是曾國藩的全部收入。

關於白銀的幣值，我們可以用購買力換算，也就是晚清的一兩白銀能夠買今天多少大米來進行換算，結果是一兩白銀約相當於今天的九〇〇元台幣。所以今天電影電視劇中有一些常見的場景，是不合理的，比如一位大俠，到一個酒樓上吃飯，吃完了，扔下一錠白銀，二十兩或者五十兩，就走了。這說明什麼，說明編劇對白銀購買力不太了解。其實普通人吃飯，兩三個人吃一頓，幾錢銀子就夠了。

那麼曾國藩一年的薪資是多少錢呢？十二萬台幣，平均一個月一萬台幣。一個月賺一萬台幣，在北京能生活嗎？不可能。何況清代婦女是不工作的，所以這是曾國藩全家的收入，曾國藩老婆孩子好幾口人，這樣的收入當然不夠花。

所以曾國藩沒錢的第一個原因是收入低。第二個呢，也很簡單，花費大。

學者張德昌說：「和同時期的其他階層的人來比較，京官的收入並不菲薄。」[6]比如，李慈銘所用男僕，每月薪資為京錢十千文，在同治十一年（一八七二），可折銀九錢五分。也就是說，一個僕人的年薪資不過十兩多一些而已。

然而，官員與社會底層僕役的支出水準完全不可同日而語。這是由京官的特殊生活方式決定的。曾國藩這樣級別的京官，他一年大約要花掉多少錢呢？

五

我們先來看住。今天一個人從外地到北京來工作，遇到的第一個問題就是住房問題。曾國藩時代也是這樣。清代京官在住房問題上不享有任何福利，不但沒有宿舍，也沒有住房津貼之類。所以或者自己買房，或者租房。清代北京房價就已經很高，剛到北京就買得起房的人很少，曾國藩的選擇自然是租房。

在傳統時代，等級觀念很嚴重，一個官員必須要保持他的尊嚴和體面。不管朝廷給他的薪資多麼低，他也要維持一個官員的體統。比如說住房，作為一個京官，他就不可能採取合租的方

[6] 張德昌：《清季一個京官的生活》，香港中文大學出版社（一九七〇），頁五一—五二。

式，和那些拉洋車的、賣白菜的、賣煤的擠在一個大雜院裡，他必須租一個像樣的四合院，獨門獨院，門口還得掛塊牌子，某某官宅。那麼一個像樣的四合院那時候在北京租金就不低。

曾國藩到了北京之後不久，在騾馬市大街北的棉花六條胡同租了一處很小的四合院，全年租金六十七兩白銀，相當於他全年收入的一半。第二年也就是道光二十一年（一八四一），曾國藩又搬到了菜市口的繩匠胡同，租了一個有十八間房的四合院。這個四合院很漂亮，不過租金更高，一百六十兩白銀。所以僅房租一項，就比他全年的薪資還要高了。

曾國藩為什麼要搬到繩匠胡同呢？說起來還挺有意思。因為傳統時代，官員大多很迷信，選擇住房的時候，非常講究風水。有一天，曾國藩的一位朋友叫王翰城，到家裡來拜訪。王翰城是曾國藩的湖南老鄉，也是朋友圈中著名的一位「風水大師」。他一到曾國藩的家裡，就連說這房子，風水不好，「言余現所居棉花六條胡同房冬間不可居住」。說這個房子三面懸空，不利於堂上老人。曾國藩因為「翰城善風水，言之成理，不免為所動搖」[7]，問他怎麼辦。王翰城掐算了一下，說後兩個月不適合遷居，因此必須這個月就搬家。曾國藩一聽，心急火燎，放下手中所有其他事兒，東奔西走，去找房子，最後，在位於菜市口大街的繩匠胡同，終於選定了一處風水上佳的新宅。

繩匠胡同，在清朝歷史上是非常有名的，因為這裡住過清代三十多位重要的人物：乾隆朝的名臣徐乾學、洪亮吉、畢沅，以及晚清同治皇帝的老師大學士李鴻藻、湘軍領袖左宗棠、著名詩人龔自珍、「戊戌變法」六君子之一的劉光第，以及後來的北京大學校長蔡元培……這些人，都在這條胡同住過。

為什麼這麼多名人，都來這住呢？因為風水先生們說，這裡是北京最有「旺氣」，最能出主考的一條胡同。京官都渴望著能當主考，因為能收到一筆厚禮。後來晚清官員劉光第也曾經在家書中解釋說他為什麼住到這，他說：「此胡同係京師最有旺氣之街道，蓋氣旺則無事不旺也。」所以曾國藩也跑到這兒來住。

說起來也有意思，曾國藩搬到這兒，過了兩年之後，道光二十三年，他果然被外放為四川鄉試主考官。這是題外話了。

再以後，曾國藩官愈做愈大，人口愈來愈多，對排場的要求也愈來愈高。道光二十四年曾國藩升翰林院侍講後，搬到上朝更為方便的前門內碾兒胡同，房屋二十八間，年租金需二百五十一兩。道光二十七年三月，曾國藩又一次搬家，移寓南橫街路北，這次租住的宅院共有四十幾間房，更為寬敞氣派，價格應該也更高。

這是第一大支出，住。

7《曾國藩全集．家書》，嶽麓書社（一九九四），頁一〇。

曾國藩的第二大支出，是社交應酬，婚喪喜慶的紅白包、請客吃飯的錢。今天我們生活中，一個巨大的壓力是紅白包。有人算過，中國人收入的三分之一到四分之一，都花到紅白包上了。其實清代這個壓力更大。清代禮儀繁瑣，紅白包比今天多。親戚朋友生日節慶娶媳婦生小孩子，樣樣你都得隨。除此之外，請客吃飯也是一個重要支出。京官生活很清閑，很多人只需要初一十五去兩次衙門就可以了，剩下大量的時間是彼此交往，彼此唱和、請客吃飯。

我們說了，京官生活很苦，是賠錢的買賣，那麼大家為什麼還要待在北京當京官呢？當京官有兩大好處，一個是升官快。因為京官經常和皇帝、和各部尚書直接打交道，容易被賞識，容易被發現。比如曾國藩，就是因為有機會和道光皇帝打交道，道光覺得他是個人才，十年七遷，很快就升高官。在地方上，絕對沒有這個可能。第二個優勢，就是結交方便，可以編織起自己的人際關係網絡，認識很多有用的人。清代有一本筆記叫《平圃遺稿》，其中說，京官劇院，習以為常，若不赴席、不宴客，即不列入人數。就是說，別人請客你不能不去，別人請了之後，你也不能不回請，否則時間長了，你就會被大家排除在圈子之外，沒有自己的人際關係網絡。所以當時北京城的各大著名飯莊門口，每天晚上，都停滿了官員的車馬。當然，京官吃喝不能報銷，要自己花錢。

曾國藩很愛交往，人很熱心，朋友非常多，社交開支也不少。在道光二十一年，曾國藩給朋友的婚喪嫁娶、朋友父母的生日送的壽禮，加起來是七十多兩白銀。他自己請客吃飯用了四十多兩。這兩項加一起就是一百一十多兩。這可以列為第二項，食。

第三項開支大的就是買衣服。很多人對曾國藩的感覺是一個比較簡樸的人，由此引出後世的種種渲染，比如說他最好的衣服是一件天青緞馬褂，只在新年和重大慶典時才拿出來用，平素便放在衣櫥裡，因此用了三十年依然猶如新衣云云。

但是他在京官期間可不是這樣，在京官期間，曾國藩有很多很好的衣服。僅帽子這一項，在道光二十一年的他就買了大呢冬帽、小呢小帽、大毛冬帽、小毛冬帽、皮縫帽等，大概有十一頂，[8]這些帽子便宜的七八兩，貴的有一二十兩。

曾國藩為什麼要買這麼多的帽子、衣服呢？這和清代的官場體制也有關係。因為清代對官服的要求非常嚴格、又非常瑣碎。春夏秋冬，一個官員的帽子、衣服、鞋都有嚴格的要求。官服所要求的材料多較為貴重，官帽上的頂珠，皆以貴重材料製作，比如暖帽周圍有一道簷邊，須用名貴皮料，以貂鼠為貴，其次為海獺，再次為狐。然而清代，又沒有公款採購制度，官服要自己買。你進京當官，這一套都置辦齊了，至少得五百兩到八百兩。所以很多官員買不起官服，怎麼辦呢？租，向官服店租官服穿。比如晚清另一位京官，也是大名士李慈銘，就租了十多年官服，

---

8 吳相湘主編：《湘鄉曾氏文獻》，台灣：學生書局影印本（一九六五），頁四三七三。

到後來當上了御史才有錢自己買官服穿。[9]作為一個翰林，我們前面講到他經常要出席一些重大的場合，有的時候還要見皇帝。曾國藩為人固然節儉，但是在官派威儀上卻絕不含糊。曾國藩這個人是一個非常守規矩的人，所以他在買衣服方面花了很多的錢。連曾國藩的夫人和孩子們，基於社交需要，也都衣著相當體面。道光二十九年（一八四九），曾國藩在寫給弟弟們的信中說：

我仕宦十餘年，現在京寓所有唯書籍、衣服二者。衣服則當差者必不可少，書籍則我生平嗜好在此，是以二物略多。將來我罷官歸家，我夫妻所有之衣服，則與五兄弟拈鬮均分。[10]

確實，入都為官後，曾國藩的個人財物中最值錢者就是衣服了。

這是第三項，衣。

除此之外，交通費壓力也十分沉重。

清代北京道路都是土路和石子路，交通不便，特別是下雨颳風天，常難以行走。加上衙門離住地往往有一段距離，所以官員們多選擇乘轎、騎馬或者坐車出行。

當時北京的高級大臣交通費支出是非常昂貴的，何剛德在《春明夢錄》中說，高級大臣一年坐轎，就要費銀八百兩。因為必須雇有兩班轎夫，還需前有引馬，後有車輛及跟騾。曾寶慈說曾廣漢做戶部侍郎時，「均須值日，至頤和園路程很遠，騾車蹕路上午走顛簸，時間不短，因此侍郎以上，多乘四人大轎，大學士則乘八人大轎，即綠呢轎，下有紅拖泥。轎夫都是久經訓練的壯丁，上身不動，兩腿迅速而步子極小，既快又穩。每轎兩班，四人一班，每個人薪資月白銀一兩，轎夫約走百公尺即換班，行走如飛。換下來的轎夫就跳上二套車休息」。[11] 轎夫八人，每人每月一兩，則薪資一項每年就要九十六兩。

清代不但不配公車，連交通補助都沒有，這些都得自己掏錢。初入官場的曾國藩自然買不起轎子，但有些場合總不能徒步參加。北京平時暴土揚塵，一下雨到處都是泥濘，你去見皇上，見部長，到了，衣上都是黃泥點子，那也不行，所以隔三岔五就要租一回馬車，這也是一筆相當大的開銷。道光二十一年，他在這方面花了三十多兩白銀。

這是第四項，行。

---

9 光緒十六年，李慈銘終於補授山西道監察御史，他歎道：「行年六十有二，始以正五品左轉從五品，強號遷官（人們一般認為御史較郎中尊貴），始具輿服，衰頹冠獬，潦倒乘驄，草創威儀，未曾上事，已欲傾家，亦可笑矣。」（《郇學齋日記》，後甲集之下，光緒十六年六月二十六日，轉引自張德昌：《清季一個京官的生活》，香港中文大學出版社一九七〇年版，第六六頁。）

10 《曾國藩全集．家書》，嶽麓書社（一九九四），頁一八四。

11 曾寶慈：〈從曾文正公日記看晚清習尚〉，《曾國藩傳記資料》（五），台灣天一出版社，出版年不詳，頁一〇七。

除此之外，曾國藩還需要在生活日用，買米買麵，文化生活，買書買紙等方面花錢。發現道光二十一年，他零零總總一共花了六百〇八兩白銀。

那麼我們前面講過，他全年收入不過是一百二十九兩白銀，算下來他一年的赤字是四百七十九兩，約合台幣四十三萬一千一百元。

這麼大的赤字是如何彌補的呢？

六

在清代京官彌補赤字的途徑大概有以下幾種。第一，很多人到北京當官的時候就知道京官是賠錢的買賣，很多人都要從家裡帶一大筆銀子到北京去當官。在戊戌變法的時候，戊戌變法中的六君子劉光第中了進士之後，被授予京官，他曾經一度不想到北京當官，因為他家裡比較窮，他自己也拿不出做官的資本，後來還因為他遠方的一個族叔叫劉舉成，覺得自己家族多年好不容易出了一個進士，還做不了官，實在是太可惜了，答應每年資助他兩百兩白銀。這樣劉光第才勉強做了十年京官，這是第一個來源，就是家裡的資助。

那麼曾國藩曾從家裡帶過錢嗎？

帶了，而且沒少帶，一千五百兩。

我們說過，曾國藩出身是一個小地主，家裡沒多少錢。這些錢是哪來的呢？是曾國藩自己化緣來的。

道光十八年（一八三八），曾國藩中了進士，而且點了翰林。這就意味著湘鄉曾氏從一個普通農家，變成官員之家，曾家生活起居的排場，馬上發生了改變。新打造的木器傢俱運進了大門，曾玉屏、曾麟書出門有了跟班，曾家日常生活雖然不常大魚大肉，但宴客時已經能上「海菜」了。

這就是所謂的「鯉魚一躍過龍門」。

曾國藩剛中進士，還沒有薪資，怎麼曾家就一夜變富了呢？靠的是曾國藩的進士身分。一個人一旦成了進士，在當時人看來，就成了一隻極具投資價值的潛力股。所以進士在社會上會受到與現職官員相同的待遇。顧公燮描述：

> 明季……中式者，報錄人多持短棍，從門打入廳堂，窗戶盡毀，謂之改換門庭。工匠隨行，立刻修整，永為主顧。有通譜者、招婿者、投拜門生者，承其急需，不惜千金之贈，以為長城焉。[12]

12　顧公燮：《消夏閑記摘抄》卷上，〈明季縉紳之橫〉，商務印書館（一九一七）。

《儒林外史》中的一個情節，相信大家都很熟悉，說是范進在中舉前，家裡窮得借碗米都借不到。他的老丈人胡屠戶，非常看不起他，成天對他劈頭就罵。但是中了舉人之後，馬上就不一樣了，胡屠戶再也不敢跟范進耀武揚威了，在范進面前大氣也不敢出。原來范進連窮朋友都沒有幾個，一中舉人，城裡的張鄉紳馬上坐了轎來拜訪。「拿過一封銀子來，說道：『弟卻也無以為敬，謹具賀儀五十兩，世先生權且收著。』一看范進家太窮，馬上把自己一座大院子借給范進住。自那之後，緊接著又有許多人來巴結范進；有送田產的，有送店房的，還有那些破落戶乾脆投身為僕，做他僕役。不到兩三個月，范進家奴僕丫鬟都全了。」周進中舉後也是一樣，「回到汶上縣拜縣父母、學師。那典史拿晚生帖子上門來賀。汶上縣的人，不是親的，也來認親；不認識的，也來相認」。

曾國藩家裡的情況和范進家非常相似。作為新科進士翰林公，曾國藩前途實在不可限量。混得最不濟也是個知縣，那要是混得好的，部堂總督大學士，也都在意料之中。所以捷報傳出，前來攀附者立刻絡繹不絕。在曾國藩點翰林之前，曾家盡力巴結，也不過能認識幾個衙門裡的衙役。點了翰林之後，湘鄉縣令馬上坐著八抬大轎，前來曾家拜訪，和曾國藩弟弟們稱兄道弟，把手言歡，又把曾國藩的父親曾麟書稱為「老太爺」，曾麟書心裡那是非常得意。

剛中進士，雖然沒什麼薪資收入，但是曾國藩社會地位提升，卻使老曾家有了幾條收入管道：第一是接受饋贈，收受賀禮；第二是借錢，大家都樂意借錢給他家；第三則是作為紳士調解民間的糾紛，也可以獲得報酬。

先講第一條。

點了翰林之後，曾國藩請假回家，衣錦還鄉，在老家待了一年。這一年他沒閑著。做什麼呢？到湖南各地去拜客，通過收人家的賀禮，為將來進京當官籌集「資本」。

為什麼拜客能籌到錢呢？因為新科進士主動登門拜訪，那麼一般人家都得好吃好喝好招待，臨走還得送上幾兩銀子作賀禮。一家送幾兩，走的人家多了，積少成多，就有錢了。

所以從道光十八年年底回到湖南老家，到道光十九年（一八三九年）十一月離家進京，曾國藩在老家一共待了二百九十六天，這期間他花了一百九十八天，用來拜客。也就是說，回家這一年，他十分之七的時間都用於拜客了。

道光十九年正月十六日，曾國藩正式開始拜客。出了位新科進士翰林公，自然是方圓百十里內的轟動性事件，對這只嶄新的潛力股，大家表現出極大的投資熱情。曾國藩每到一地，都受到隆重歡迎，不但擺酒款待（常有海參席、魚翅席），有的還請戲班前來助興（如四月十一日日記載，「是日唱劇，客甚多」），臨走時都會給一筆錢。

他到的第一家是岳父歐陽家。岳父在歐陽宗祠大開筵宴，請客八席。在《湘鄉曾氏文獻》中，有一本曾國藩親筆所記的「流水帳簿」，專門記載他這一段拜客收入。從中我們可以查到，岳父送給他大錢就是十二貫〇八百文，相當於八兩白銀。[13]

除了拜自己的親戚朋友之外，曾國藩最重要的拜訪物件是各地的官員。為什麼？因為官員都有錢。其實就是明目張膽的，然而官員們一般來講都心甘情願送曾國藩錢。因為彼此都是官場中人，而官場生存，最重要的就是關係網絡。多個朋友多條路，誰知道哪塊雲彩有雨？所以官員的贈送普遍比其他人要重一些。比如八月二十二日，他到武岡州城，知州楊超任「請酒極豐，又送席」，又送銀二十兩。

除了親戚、朋友、地方官員之外，曾國藩拜客還有一類對象很有意思，那就是湘鄉人在其他縣裡所開店鋪，凡是湘鄉老鄉開的店，不論當鋪、紙行、布店還是雜貨店，曾國藩一概拜到。這種拜訪，目的就是赤裸裸地斂財了。而這些小老闆對這個新科大老爺當然不敢怠慢，多多少少都給點錢，有的還恭恭敬敬請他喝酒。因為在傳統時代，商人社會地位低下，經營風險很多。結識了一位翰林，自然只有好處沒有壞處。

曾國藩拜客，拜得非常辛苦。他共拜了四回，每次都要跑好幾個縣，一路餐風露宿，足跡遍布湖南湘鄉、寧鄉、衡陽、清泉、耒陽、永興、邵陽、武岡、新化、安化等十多個縣州。我在地圖上畫出他的拜訪路線，一段一段往起加，算出他兩百天之內，跑了一千五百公里左右。他一共拜了多少家呢？將近兩千戶人家。簡直像一個化緣的和尚一家一家去收錢，真是不容易。那麼四次拜客收入總共多少呢？收入還是不錯的。在曾國藩留下的帳本中，每一筆收入都有詳細記載。

我一筆筆加起來，細細算了筆帳，最後折算成白銀，收入共為一千四百八十九兩一錢二分。

嘉慶道光時期，物價水準很低。豬肉一斤多少錢？五六十文，就是五六十個大錢。鴨蛋一個二文，就是兩個大錢。黃瓜每斤二文，蔥每斤五文。至於一畝良田，只要三十多兩銀子。這樣說來，曾國藩的拜客收入，可以買五六十畝良田，或者四萬斤豬肉。這筆錢不是小數。

但是有了這些錢，到北京當官可能仍然不夠用。所以曾國藩還曾經主動向他人借錢，比如道光十九年四月，他在日記中記載說：「向大啟借錢為進京路費，大啟已諾」。向他人借錢，這是他籌資的第二個管道。

第三個管道，就是「干預地方公事」。

讀過《曾國藩家書》的人都知道，曾國藩當官之後，在寫給父親和弟弟的信中，經常要求他們潔身自好，不要結交官府，不要干預地方公事。其實這是他後來的看法，道光十九年裡，他自己就干預過好幾回地方公事。

比如道光十九年二月，曾國藩的朋友朱堯階典當別人的一處田地。典當到手，這塊地的舊佃戶卻阻撓新佃戶下地耕種。這種情況下，曾國藩的進士身分就發揮作用了。曾國藩在日記中寫

---

13 吳相湘主編：《湘鄉曾氏文獻》，台灣學生書局影印本（一九六五），頁四〇六一。

道，他「辰後（八點鐘）帶（彭簡賢）上永豐分司處法禁（給以刑法處罰）」。[14]帶人將那個強悍不服的舊佃戶抓送到了有關部門。

幾天後，三月初五，曾國藩在日記中又提到，朱堯階寫了兩張狀子，托他到縣裡去告狀。他當時就熟門熟路地告訴朱堯階，說此刻縣令正在主持「縣考」考試，不太方便，且等考試後再告。

透過這些記載，我們可以看出二十九歲的新科進士曾國藩此時已經是地方上的重要角色，和官府關係很密切。此時的新科翰林年輕氣盛，連父母官都已經不放在眼裡。那年五月分，曾氏家族和別的家族發生糾紛，「彼此毆傷」。他寫信給縣令宋某，托縣令幫曾家說話，然而宋縣令「亦未甚究」，沒給他面子。於是新科進士曾國藩勃然大怒，「是夜又作書讓宋公也」，[15]也就是寫了封信，去罵宋縣令。

曾國藩幫人打官司調解地方糾紛，並不是無償的。一般來說會獲得相當豐厚的酬謝。張仲禮先生說，做調解工作，是許多鄉紳的主要收入來源。我們大致估計，曾國藩調解這類案子，每次可獲得幾十兩銀子。

所以透過這三個管道，曾國藩從家裡帶來了一筆鉅款，讓他能在北京站穩腳步。

七

除了從家裡帶錢，京官彌補赤字的第二個經濟來源，是冰敬和炭敬，就是地方官到北京辦事的時候，都要給他自己認識的這些京官每個人送上十兩、八兩的銀子，數目不多，冬天就讓你拿這點兒錢買點兒炭，夏天就買點兒冰，消消暑，就叫冰敬、炭敬，這個嚴格來講也是一筆灰色收入，但是在清代這幾乎是一個公開的規則。在道光二十一年，曾國藩剛剛到北京當官，這一年他收了九次這方面的饋贈，加在一起是九十七兩白銀。

京官彌補赤字的第三個管道就是借錢，北京的商人比較願意借錢給京官，因為大家知道京官一旦發達了，還錢很容易。所以曾國藩在道光二十一年年底，家裡帶來的銀子就花光了，借了五十兩勉強過了這個年，在以後我們看曾國藩的日記、帳本上借銀的數量逐年增長，最後達到了一千多兩。

除了前述三種途徑，還有一些京官有一個比較大的來源管道，就是為地方官在北京辦事，謀取一些灰色收入。因為京官雖然收入不多，但很多部門手裡有權，可以影響國家政策的制定。所

14 《曾國藩全集．日記》，嶽麓書社（一九九四），頁八。

15 《曾國藩全集．日記》，嶽麓書社（一九九四），頁一八。

以很多地方官願意結交京官，讓他們在北京為地方官探路。很多京官透過這種方式獲得巨額的灰色收入。但在曾國藩的資料中，我們找不到任何一筆這樣的記載。

那麼，為什麼別人很多收灰色收入，曾國藩卻不這樣做呢？

因為曾國藩已經發誓要「學做聖人」。三十歲這一年，曾國藩正式到北京來做官。北京是人文薈萃之地，他在這裡交了很多朋友，從這些朋友身上他發現了一種新的風範、新的精神面貌、新的氣質，跟他在湖南鄉下所結交的那些讀書人大不一樣。所以在三十歲這一年，在曾國藩的生命史上是非常重要的一年，他開始專心研究理學。理學學說認為「人皆可以成為聖賢」，就是說再普通的人也可以透過刻苦的心性修煉，成為道德上的完人、聖人。所以曾國藩立下了學做聖人之志，要脫胎換骨，重新做人。「不為聖賢，便為禽獸」，我只能有一個選擇，或者做一個渾渾噩噩的人，或者做一個聖人，沒有中間道路可選。

在成為一個道德上的完人，體現在經濟生活上，就是不謀求任何經濟收入。

道光二十九年（一八四九）三月二十一日，曾國藩在寫給弟弟們的家信中說：「予自三十歲以來，即以做官發財為可恥，以宦囊積金遺子孫為可羞可恨，故私心立誓，總不靠做官發財，以遺後人。神明鑑臨，予不食言。」

在有關曾國藩的資料檔案中，我們沒有發現任何一筆營求私利的記載，但困窘的生活確實使道學家曾國藩在京官生涯中不斷為利心所擾，並導致不斷的自我批評。在京官時期，曾國藩立下了「不靠做官發財」的錚錚誓言。但是，做一個清官，其實是很痛苦的。由於經濟壓力如此之大，所以在曾國藩的日記中我發現了一條很有意思的記載，那是在道光二十二年二月初十的一段日記，他說「昨聞人得別敬，心為之動。昨夜夢人得利，甚覺豔羨，醒後痛自懲責，謂好利之心至形諸夢寐」，就是說白天跟人出去吃飯，一個朋友在酒桌上聊起來，說昨天有人送了他一筆別敬，數目很大。曾國藩當時就很羨慕。又想起昨天晚上自己做夢，夢見有一個朋友發了幾十兩銀子的財，他在夢中就羨慕得不得了。他反省起這兩點，覺得自己實在是太下流了，好利之心在夢中都不能忘，可見我已經卑鄙、下流到了什麼程度。

還有一篇日記也很有意思，在這一年的十月十九日，曾國藩在日記中說：「兩日應酬，分資較周到。蓋余將為祖父慶壽筵，已有中府外廄之意，污鄙以至於此！」什麼意思呢？就是我回想起來這段時間隨朋友的份子都很周到，誰通知我，我都去，而且隨的錢都很多。我為什麼這麼做呢？今天我想明白了，過幾天我祖父的生日到了，我準備在北京擺幾桌，通過祖父的生日收一點兒賀禮，渡過目前的財政危機。想想自己是一個堂堂的京官，一個要發誓學做聖人的人，居然打這麼一點兒小算盤，實在是太要不得，在日記當中痛罵自己。透過這兩則日記的記載，我認為並不能說明曾國藩這個人本性是多麼的卑污、多麼的貪財，只能說明清代的財政制度是多麼的不合理。在這種財政制度下，懲罰的是清廉之員，鼓勵的是貪官。

曾國藩進京為官前，他那富有遠見的老祖父就對家裡人說：「寬一（曾國藩乳名）雖點翰林，我家仍靠作田為業，不可靠他吃飯。」[16]這句話一方面說明老人深明大義，不願以家累拖累曾國藩仕途上的發展；另一方面也說明翰林之窮是普及到了窮鄉僻壤的常識。

八

曾國藩在京官時期，升遷非常迅速。曾國藩自己在家書中有一句話，說自己是「十年七遷，連躍十級」。就是說曾國藩在十年之內，升了七次官，品級由從七品，大致相當於今天的副處級，升到正二品，相當於今天的副部級。在當時，曾國藩這個升官速度也是創了紀錄的。

做初級、低級京官時曾國藩很窮，做了高官之後，他的經濟狀況如何呢？仍然非常窘迫。

清代侍郎級高官，年俸一百五十五兩。加以恩俸和祿米等補貼，年收入一共可達六百二十兩，此外還有一些公開的灰色收入。咸豐初年，曾國藩兼屬禮、吏、兵、刑、工五部侍郎，在好幾個部領津貼，收入應該更高。但是隨著交往等級的提高，開支也隨之增加。比如交通費一年就要四百兩，所以清代的侍郎仍是一介窮京官。

不僅侍郎是窮官，其實清代連尚書的生活也算不上特別富裕。乾隆二十八年（一七六三），陳宏謀由地方上內調，任吏部尚書，晉太子太保銜。乾隆二十九年三月十八日，他寫了封家信訴苦說：

> 太宰（吏部尚書之別稱——作者注）每年飯銀約一千二三百兩，今停捐之後，飯銀減少，每年不及千兩，入不敷出，又無來路，不得不事事減省。「以儉養廉」，今日之謂也！決不肯到處告窮，向舊屬借索，有損晚年志操，重負「寧僅苦節稱」（乾隆賜詩中句——作者注）之聖訓也。[17]

此封家書中他還提到：

> 每年九卿及各京官俱蒙聖恩許買官參一票，吾得買二斤。從前諸公無銀兌庫，將票賣與商人自領，可淨得銀四百餘兩不等。今年人參壅滯，止賣得銀二百兩上下。但吾尚須自己吃用，只得設法兌票領出，酌留自用，餘者設法賣去。

堂堂尚書，須要將皇帝賜予的特權人參賣掉來補貼生活，可見生活迫窘，並非虛言。這是乾隆中期的事情，到晚清，情況也大致相似。《春明夢錄》的作者何剛德的座師孫詒經

16 《曾國藩全集．家書》，嶽麓書社（一九九四），頁一二六四。

17 郭志高、李達林整理：《陳宏謀家書》，廣西師大出版社（一九九七），頁二一一五。

就曾做過光緒年間的戶部侍郎，兼管三庫，在副部級官員中是最「肥」的。有一次孫氏說家裡有好菜，留何吃飯。何氏興沖沖坐到席上一看，六個碗裡不過是些尋常的燉肉和炒菜而已。還有一次留何吃飯，「乃以剩飯炒雞蛋相餉」。何剛德不禁感慨地說：「戶部堂官場面算是闊綽，而家食不過如此，師之儉德，可以愧當時之以八十金食一碗魚翅者矣。」孫詒經光緒七年（一八八一）調戶部，光緒十六年卒，未趕上戶部大賣實官的高潮期，加上他清廉自持，故手頭顯得很緊。

曾國藩也是這樣，在升任侍郎後的道光二十九年（一八四九）七月十五日，他在家書中提到：「今年我在京用度較大，借帳不少。」咸豐元年（一八五一）九月初五日，他更是說：「但京寓近極艱窘」。

曾國藩任職京官後，從未回過家鄉。他在「夢寐之中，時時想念堂上老人」，對弟弟說：「如堂上有望我回家之意，則弟書信與我，我概將家眷留在京師，我立即回家。」雖然說了幾次，但一直沒有行動，可見自有不得已的苦衷，那就是籌不起路費，不能回家。道光二十八年（一八四八），曾國藩在家書中說：「餘自去歲以來，日日想歸省親。所以不能者，一則京帳將近一千，歸家途費又須數百，甚難措辦。」做了堂堂副部長，居然掏不起回一趟老家的路費，不知今日讀者讀了這段資料，會有何感想。

咸豐二年六月，曾國藩終於得到了江西鄉試正考官的外差。他興沖沖地逃離這個讓他失望而厭惡的京城，準備從此引退歸山。不料剛走到安徽太和縣，接到了母親去世的訃聞，當即換裝回鄉奔喪，至此正式結束了他十四年的京宦生涯。然而困窘並沒有因此離他而去，因為他在北京欠了一屁股債務。

從曾國藩書信中判斷，一直到同治三年（一八六四），也就是離開北京十二年之後，曾國藩才把在北京欠的錢還清。同治三年，曾國藩在寫給朋友的一封信中這樣說：「弟京居時所借西順興店蕭沛之名光浩銀項，……茲接沛之來信，索及前項，因從徽商吳惇成茶行匯兌湘紋銀一千兩，函囑沛之約同江南提塘李福厚往取」。[18]到這時曾國藩已經做了五年兩江總督了。可見做了多年總督之後，曾國藩才有能力徹底將京官生涯的欠帳了結。

[18]《曾國藩全集．書信》，嶽麓書社（一九九四），頁四三二六。

第十五章

曾國藩的小金庫：清代地方官員的真實收入

一方面，曾國藩確實是一名清官。他的「清」貨真價實，問心無愧。在現存資料中，我們找不到曾國藩把任何一分公款裝入自己腰包的紀錄。另一方面，曾國藩又和光同塵，有意識地不想讓大家知道他是一個清官。因此我將他定義為「非典型類清官」。只要清官之實，不要清官之名。內清而外濁，內方而外圓。

一

我們以前介紹了曾國藩京官時期的經濟收入。一個人之所以在北京苦熬、苦掙，做這個京官，目的就是將來能有機會外放做地方官，京官很窮，但是一旦做了地方官，馬上就會變富。所謂「三年清知府，十萬雪花銀」。為什麼呢？因為一旦做了地方官，就掌握了地方上財政稅收的大權。而且清代財政沒有嚴格的審計制度，地方官在稅收上彈性非常大，國家規定你一畝地收一兩，你可以收到一兩半，甚至二兩，所以要想獲得一些灰色收入易如反掌。

咸豐十年（一八六〇），曾國藩被任命為兩江總督。

兩江包括今天的江蘇、江西、安徽，總督既管民政，也管軍隊，所以清代的一個兩江總督，相當於今天的三個省的省長加上大軍區司令的權力。

如此重要的人物，年收入是多少呢？

正如大清王朝的許多事情一樣，兩江總督的年收入，不是一兩句話能說清楚的。

如果說基礎薪資，或者叫法定薪資，說來令人難以置信。大清帝國的總督，年收入只有區區一百五十五兩。如果大致以一兩兌換九百元台幣計算，大約為台幣三萬一千元，合成月薪約為二萬一千六百。

當然，和今天的薪資制度一樣，這一百五十五兩只是薪資條上的基本薪資。今天形容貪官有句話，叫「老婆基本不用，薪資基本不動」，清代就是這樣。因為從雍正時期起，皇帝又特批給督撫們一筆重大補貼，叫「養廉銀」。兩江總督養廉銀為一萬八千兩。

只此一項，比起曾國藩的窮京官時代，就已經是翻天覆地，不可同日而語了。

然而事實上，「養廉銀」仍然不是兩江總督收入中的大頭。大頭是什麼呢？是陋規，或者收灰色收入。清代總督和巡撫級別的官員，平均每年要收陋規也就是灰色收入，是十八萬兩，合台幣十六億二千萬元。

如果真的這樣，那曾國藩差不多可以說能排進大清帝國的富豪榜了。

那麼，成了富豪，曾國藩的生活水準是不是也發生了翻天覆地的變化呢？確實是有變化，但是呢，不是變好了，而是變差了。別人眼中的富豪曾國藩卻活得像窮人一樣。我們先來看看穿著。

曾國藩晚年的祕書趙烈文，說他第一次見到曾國藩時，曾國藩「所衣不過練帛，冠靴敝舊。」[1]也就是說，曾國藩穿著一件料子非常普通的衣服，而且帽子和鞋子都很破舊。

這一記載得到了外國人的印證。同治二年（一八六三），幫助曾國藩鎮壓太平天國的洋槍隊首領，英國人戈登在安慶跟曾國藩見了一面。這個戈登的祕書寫了本回憶錄，他在回憶錄當中說，他驚訝地發現「曾國藩……穿著陳舊，衣服打皺，上面還有斑斑的油漬……」[2]就是吃飯時候不小心，上面呢，落了些湯湯水水。

那麼問題來了，為什麼曾國藩在北京時候，經濟那麼困難，卻穿得那麼講究，當了總督之後，手裡有了錢了，卻穿得這麼破舊呢？這是因為，曾國藩本人對穿著並沒有什麼要求，在北京

1 趙烈文：《能靜居日記》，嶽麓書社（二〇一三），頁三四四。
2 伯納特·M·艾倫：《戈登在中國》，上海古籍出版社（一九九五），頁四二。

穿得好，是因為他經常要見自己的上級。到了兩江之後，他就是最大的官員，每天面對的都是自己的下屬，所以呢，穿衣服就愈來愈簡單。豈止簡單，有時候簡直到了不修邊幅的程度。

不光自己的生活很簡單，他對家裡人的要求也非常嚴格。曾國藩當了總督之後，就把家裡人都接到總督府和他一起生活，一大家子幾十口人，只有兩個女僕。一個是老太太，一個是小女孩，幹不了什麼太多的活。人手不夠，怎麼辦呢？曾國藩要求曾家的女人們，每個人都要參與體力勞動。而且還給她們制定了一個功課表，要求她們每天從早上睜開眼睛，就開始幹活，一直得忙到晚上。

曾國藩給他們制定的工作日程表，今天還保留在曾國藩孫女的回憶錄當中，內容如下：

> 早飯後，做小菜、點心之類，這是食事。上午，紡棉花織布，這是衣事。中飯後，要刺繡，繡花，這是細工。晚上，要做鞋子，這是粗工。[3]

那麼從洗衣做飯醃製小菜，到紡線繡花到縫衣做鞋，這些活，都是總督侯爵曾國藩家的女眷親力親為。她們從早上睜開眼睛，直到晚上睡覺，基本上不得休息。如此辛苦的總督府家眷，恐怕大清天下找不到第二家了。當時每晚南京城兩江總督府內，曾國藩點上蠟燭，在大堂的一邊批閱公事，全家長幼女眷都在另一邊的麻油燈下做鞋織布，這是中國歷史上的一幅動人畫面。

曾國藩生活得如此清苦，那麼，我們說的那十八萬兩白銀，都去了哪呢？

其實，這陋規中的大部分，曾國藩都沒收。

過去官場上最主要的陋規之一，就是所謂三節兩壽的節禮。也就是過年過節，官長生日，下屬都要給上級送禮，主要是送錢。

但是曾國藩規定，凡是送錢的，一律不要。這就相當於拒收了大部分陋規。

當然，除了送錢，還有人送禮品。對於禮品，曾國藩沒有全部拒收。

既成為地方高官，如何處理禮品，是一個無法回避的問題。你身在官場，一點禮不收也是不可能的，因為禮物不只是代表著金錢，也代表著感情，片禮不收，不利於曾國藩與下屬及朋友的情感交流。所以在實在拒絕不了的情況下，曾國藩也會收禮。不過他收禮，很有特點。

咸豐十一年（一八六一）十月，湘軍名將鮑超親自來到安慶，給曾國藩賀壽。鮑超是一個粗人，大字不識幾個，性格很粗豪，同時他也很有錢。其他部下不敢給曾國藩送禮。鮑超卻不管這一套，一共帶來十六大包禮物，其中許多是珍貴的珠寶古玩之類。曾國藩一看，很高興，說你打開，我都看一看。鮑超把禮物打開，曾國藩一一細看了一遍，然後挑了一頂繡花的小帽收下，說這個帽子我很喜歡，其他的，你都帶回去。曾國藩在日記中這樣記載：鮑春霆來，帶禮物十六包，以余生日也。多珍貴之件，將受小帽一頂，餘則全璧耳。[4]

---

3 曾紀芬：〈崇德老人自訂年譜〉，《曾寶蓀回憶錄》附錄，嶽麓書社（一九八六），頁一五。

4 《曾國藩全集．日記》，嶽麓書社（一九九四），頁六七一。

鮑超知道曾國藩說一不二，也無可奈何，只好又把這十六大包東西帶回去了。

我們從史料上判斷，曾國藩還收過美籍華人容閎「報效」的禮物。

容閎被稱為中國留學生之父，他是中國第一個畢業於耶魯大學的人，學成之後他回國，和曾國藩一起辦洋務。同治二年（一八六三），曾國藩派他到美國採購機器。買來機器後，他到曾國藩家匯報工作。此時曾國藩已經離開南京，北上剿捻。曾國藩知道，按中國官場慣例，容閎一定會帶些禮物，因為曾國藩給他的是一個所謂「肥缺」。所以曾國藩特意寫信給兒子曾紀澤，囑咐說：「容閎所送等件如在二十金以內，即可收留，多則璧還為是。」[5]就是說，容閎送的東西，如果價值不超過二十兩白銀，那麼可以收下，要是超過，那麼就退還掉。

由此可見，這個時候的曾國藩收受禮品，有一條默認的「價格線」。那就是二十兩白銀，也就是一萬八千台幣。今天大陸公務員收受禮物，超過五千元人民幣就構成犯罪，可見曾國藩的這個價格線，定得很科學。

二

前述所講的，是曾國藩身上非常清廉的一面。從這些內容來看，曾國藩是一個清官。

可是除了清的一面，曾國藩身上也有「濁」的一面。

首先，曾國藩做兩江總督時也和一般的官員一樣，經常大吃大喝。

同治十年（一八七一），曾國藩到蘇州去閱兵。他寫信給兒子曾紀澤，談到在蘇州這幾天的情況。我們看他在蘇州，是天天請客吃飯，開始是蘇州本地官員請他吃飯，喝酒，聽戲，臨走，他也擺了兩桌，回請當地官員。可見，曾國藩的所作所為，與一般官僚並無二致。

第二點，曾國藩也會給別人送禮。兩江地區，是南北交通要道，經常有人出差經過這裡。凡是外地官員經過，曾國藩除了請他吃飯之外，還會送上一二百兩銀子的程儀，也就是路費。

我們講過，曾國藩做京官的時候，收了很多冰敬和炭敬。那麼現在他做了地方官，而且是總督，當然要給京官送冰敬炭敬。曾國藩家書中有相關記載，比如同治五年十二月，曾國藩在給曾國潢的信中說過，說：「同鄉京官，今冬炭敬猶須照常饋送。」

除此之外，曾國藩還送過「別敬」。所謂別敬，就是地方官進京辦事，離開京城時，給自己在官場上的熟人送的禮金。

那麼同治七年，曾國藩由兩江總督調任直隸總督。需要進京見皇帝和太后。

在出發之前，曾國藩身上帶了一張二萬兩的銀票。為什麼要帶這麼多錢呢？主要就是為了給

---

5 鐘叔河評點：《曾國藩往來家書全編》（大字典藏本）上，中央編譯出版社（二〇一一），頁二二八。

京官們送「別敬」。他已經多年沒有進京，那些窮京官早就盼他去了，所以他送的別敬當然不可能太少。在給兒子曾紀澤的信中，曾國藩說：「余送別敬一萬四千餘金，三江兩湖五省全送，但不厚耳。」[6]總共送了一萬四千兩，他仍然認為送得不多。

以上是第二點，送禮。

第三點，曾國藩也像其他官員一樣，遵從官場上的「潛規則」。

同治七年，捻軍也被消滅，天下恢復太平，軍費報銷的事，就提上了議事日程。曾國藩帶兵打仗多年，軍費花了三千多萬，需要到戶部報銷。

要報銷就要不可避免地遇到「部費」問題。

按照清代財務制度，曾國藩需要先將這些年來的軍費開支逐項進行統計，送交戶部。由戶部審核，看看帳目是否合理。

那麼，戶部憑什麼來確定合不合理呢？憑「部費」也就是「活動經費」送的多少而定。如果戶部高抬貴手，什麼不合規定的費用都能報銷；如果他們雞蛋裡找骨頭，再光明正大的支出也過不了他們的關。各地為了順利報銷，要在戶部花掉一筆專門的活動經費，這筆經費就叫「部費」。

所以在報銷前，曾國藩就托李鴻章到北京，打聽一下戶部打算要多少部費。李鴻章跑北京一問，給曾國藩寫了封信，說：

> 報銷一節……托人探詢，則部吏所欲甚奢。雖一厘三毫無可再減。……皖蘇兩局前後數年用餉約三千萬，則須銀近四十萬。如何籌措，亦殊不值細繹。……若輩欲壑，真難厭也。[7]

也就是說，李鴻章托人去找戶部的書吏，探探他們的口風。回饋回來的消息說，書吏們要一厘三毫的回扣，也就是報銷一百兩給一兩三錢。曾國藩需要報銷的軍費總額是三千多萬兩銀子，按一厘三毫算「部費」需要四十萬兩。

這封信，今天就收在《李鴻章全集》當中。

曾國藩一聽，也嚇了一跳。四十萬，實在是太多，無論如何是不能答應的。怎麼辦呢？只有繼續公關。曾國藩命江甯（南京）布政使李宗羲托人，到北京，請戶部的人吃吃喝喝，溝通感情。公關工作很見成效，討價還價的結果是給八萬兩，顯然戶部的書吏作了極大讓步。[8]

恰好在這時，皇太后的批復到了。出於對他們平定太平天國、捻軍的卓越功勳，皇帝（實際是太后）說，曾國藩一直很忠誠，而且他們的軍費很多是自籌的，所以同意他們免於審核，直接

---

6 《曾國藩全集．家書》，嶽麓書社（一九九四），頁一三五〇。
7 顧廷龍、戴逸主編：《李鴻章全集》信函一，安徽教育出版社（二〇〇八），頁七〇四。
8 見同治七年十一月二十七日給曾紀澤的信。《曾國藩全集．家書》，嶽麓書（一九九四），頁一三四五。

報銷，曾國藩對此感激涕零，但是這說好的八萬兩銀子「部費」他還是照給了。因為閻王好見小鬼難搪，畢竟以後他還需要和戶部打交道。你這次不給，下次沒法再進戶部。

三

那麼，以上這些開支，總和起來可是很大的數目，這些錢都是從哪兒來的呢？

原來曾國藩為自己建了一個「小金庫」。如前所述，總督的陋規平均一年會有十八萬兩之多。陋規為兩部分，一部分是下屬官員三節兩壽送的禮，另一部分是下屬一些部門，以公款的名義送的錢。對這些錢，曾國藩有選擇地收了一部分。他屬下有一些油水很多的部門，比如鹽運司送的「緝私經費」，上海海關、淮北海關等幾個海關送的「公費」，他都收下了。因為這些單位，是有錢單位，清代實行食鹽專賣，所以鹽運司就如同今天的菸草專賣局，錢很多，你要是不收，他們年底也給職工發福利了。

收這些錢的用途呢，就是主要供曾國藩官場應酬打點之用。曾國藩送的別敬，給戶部送的八萬兩，平時請客吃飯的錢，都是「小金庫」中的錢，並沒有動用自己的「養廉銀」。

他的養廉銀主要是供自己家庭開支所用。

所以說，曾國藩當官，有和光同塵的一面，他的很多作法，和各地的貪官一樣。

但是，和貪官不一樣的是，其他各地官員，為官任滿，走的時候，小金庫中的錢都要帶回老家。曾國藩不這樣做。在曾國藩不做兩江總督，北上就任直隸總督之際，他查了一下，「小金庫」中還剩了一萬兩白銀。

曾國藩寫信給曾紀澤說：

其下餘若干，散去可也，凡散財最忌有名。[9]

就是說，剩下的錢，你想辦法捐掉，但是不要署名。

曾國藩要求匿名捐款，說「凡散財最忌有名」，他說，「一有名便有許多窒礙」。所以「總不可使一人知也」。一個人捐款出了名，就會有很多事找上門來，所以不能使任何人知道。他還說：「余生平以享大名為憂，若清廉之名，尤恐折福也。」[10]

這是解讀曾國藩為官風格最關鍵的兩句話。一方面，曾國藩確實是一個清官。他的「清」貨真價實，問心無愧。在現存資料中，我們找不到曾國藩把任何一分公款裝入自己腰包的紀錄。但

9 《曾國藩全集．家書》，嶽麓書社（一九九四），頁一三四三。
10 《曾國藩全集．家書》，嶽麓書社（一九九四），頁一三五〇。

另一方面，曾國藩又和光同塵，有意識地不想讓大家知道他是一個清官。因此我將他定義為「非典型類清官」。只要清官之實，不要清官之名。內清而外濁，內方而外圓。

曾國藩為什麼這麼做呢？

這是因為在中國歷史上，有一個規律，那就是，清官辦不成事。海瑞就是代表。海瑞拒絕任何灰色收入，恪守低得可憐的薪俸，以致不得不在官署之中自辟菜園才能維持生活，而偶爾買幾斤肉也能成為「轟動性事件」。

在官場上，海瑞受到大家的排擠。對同事來說，你清官，顯得我們都是貪官了。所以海瑞一到哪做官不久，當地官員就會聯名向朝廷表揚他，說他做得太好了，品質太高尚了，太清廉了，建議朝廷趕緊升他的官，讓他走人。海瑞一生有幾次升官，都是這樣升的。所以我們看海瑞一生，沒辦成什麼大事。

曾國藩卻不想以這樣的清官形象被載入歷史。曾國藩是想做大事的。他做事更重效果，而非虛名。因此，曾國藩有意取海瑞一塵不染之實，卻竭力避免一清如水之名。他的選擇，遠比做「清官」更複雜更沉重。他的這種做官方式，也許可以給我們今天的廉政建議提供一些啟示。

第十六章

劉光第和那桐：晚清京官一窮一富的兩個極端代表

作為一個龐大的群體，京官的生活水準自然不盡相同。雖然明清兩代京官通常都很窮，但是並不是說所有京官都生活在困窘當中。京官之中，也有少部分人身處巨富階層。這些人一般分兩類。一類是立身不謹的重臣權臣，因為掌握的資源廣而巨，夤緣攀附者門庭若市，所以營私肥己的空間很大。另一類是「肥缺」官員。京官中有些職務，表面不顯山露水，但「實惠」卻非常之巨。

一

如果要數清代歷史上最窮的京官，劉光第應該可以上榜。

我們知道劉光第，一般都是因為他是「戊戌六君子」之一，因參與百日維新，被殺害於菜市口，同時他也有詩名，是清末維新派著名愛國詩人。但是對於他的經濟狀況，很少有人注意。

劉光第是四川人，光緒九年（一八八三）高中進士，授刑部候補主事，時年不過二十四歲，在當時可謂少年得志。但是奇怪的是，中了進士之後，他卻一直沒有到北京去當官。為什麼呢？因為家裡太窮，他拿不出到北京當官的本錢。直到光緒十四年（一八八八），就是中進士五年後，他獲得了親戚一筆資助，才能起程奔赴北京。他在北京做了十年京官，在京官生涯的最後幾個月，劉光第才因參與戊戌變法達到仕途的頂點：一八九八年九月五日被授予四品卿銜，在軍機章京上行走。但是這個輝煌持續時間十分短暫，到了九月二十八日他就因變法失敗被殺害。

劉光第的整個京官生活，都窮得一塌糊塗。一般京官都住城裡，上下班方便，他卻住在郊外，因為他付不起城內的高昂房租。所以他在北京南西門外找到一座廢棄的菜園子，當中有幾間舊房，簡單收拾了一下，在這住下來。當然，史書說得很客氣，說他之所以住在這，是因為不願意在北京城裡呼吸PM二．五：「君惡京師塵囂，於南西門外僦廢圃，有茅屋數間，籬落環焉，躬耕課子。二三友人過訪，則沽白酒，煮芋麥餉客。」[1]

劉光第一大家子人的生活水準都很低。清代京官的收入當中，有一項實物補貼，叫「祿米」，就是大米。但是大部分時候，京官領到手的祿米都品質低劣，根本無法食用。因為管理糧倉的官員往往會把好米私下販賣掉，然後把劣米偷運進倉充數。在發放俸米時，糧倉官員會「先將黴爛之米充放」，雖「兼有好米，多以摻和灰土」。因此一品大員可能能領到點好米，中下級官員領到的基本都是放了好幾年的陳化老米。[2]這些老米「多不能食」。[3]一般人都領出來低價賣掉，買的人用作牲畜飼料。只有劉光第一家，領到之後，是自己吃掉的。劉光第在書信中說：「幸兄齋中人俱能善吃老米。」[4]「幸兄宅中大小人口均能打粗，或時買包穀小米麵及番薯貼米而食……」[5]因為一直處於艱難之中，所以大人小孩子都很能吃苦。

一家人穿得也十分破舊。劉光第唯一一件體面衣服，一穿就是十年，「一布袍服，十年不易」，「除禮服外，平日周身衣履無一絲羅」，「筆墨書卷之外無長物」。其夫人則「帳被貧窶」，被子蚊帳千瘡百孔，看起來根本不像一位官員夫人，而像是一位城市貧民。他的幾個兒女則更是「敝衣破褲，若乞人子」，[6]像是要飯花子。因為住在城外，所以上班路程很遠，「從寓至

---

1 《劉光第集》編輯組：《劉光第集》，中華書局（一九八六），頁四三九。
2 「六品給老米，五品給白米。」何剛德：《春明夢錄》卷下，上海古籍書店（一九八三）。
3 何剛德：《春明夢錄》卷下，上海古籍書店（一九八三）。
4 《劉光第集》編輯組：《劉光第集》，中華書局（一九八六），頁二一五。
5 《劉光第集》編輯組：《劉光第集》，中華書局（一九八六），頁二八〇。
6 《劉光第集》編輯組：《劉光第集》，中華書局（一九八六），頁一三一。

署，回轉二十里」，因為無錢坐車，所以平時「均步行，唯雨天路太爛時偶一坐車」。[7]每天步行十公里，倒是非常鍛煉身體。

劉光第避居城外，除了無力支付城內高昂房租外，還有一個原因，是這樣可以避免頻繁的應酬往還，換句話說，就是可以少點隨份子。別人家都是三天兩頭請客吃飯，只有他們一家人很少出門交遊，他老婆在北京待了十一年，沒出過一次門：「尋常宴會酒食，亦多不至。其夫人自入都至歸，凡十一年，未嘗一出門與鄉人眷屬答拜。宅中唯一老僕守門，凡炊爨灑掃，皆夫人率子女躬其任。其境遇困苦，為人所不堪，君處之怡然」。[8]

綜合以上情狀，劉光第的生活比北京普通市民強不了太多，自然應該被歸為京官中最貧困的一類。他的生活之所以如此窮困，有以下幾個原因：

第一個原因是收入低微。晚清太平天國戰爭興起，為了彌補軍費不足，朝廷不得不賣官籌錢，結果官多職少。所以劉光第到京之後，一直以候補的身分工作。按清代官制，劉光第正途候補的京官，只有正俸，他所任主事為六品官，國家正俸為六十兩，除此還有六十斛祿米。但是因為財政困難，正俸又經常折扣發放，劉光第在家書中曾說自己的「俸銀五十餘金。」[9]除此之外，晚清捐官興起後，官員每年給老鄉作保人，每年可以獲印結銀收入一百五十兩左右，加上五十兩俸銀，劉光第每年全部收入為二百兩左右。但是在北京拖家帶口生活，一個官員每年至少需要六百兩，所以正常情況下，他每年的赤字要在四百兩左右。

第二個原因，是劉光第出身非常貧寒。

京官生活水準如何，與家庭背景有關。有些收入低微的京官在北京也能過上安定優越的生活，因為其家族在背後提供了強大的經濟支撐。比如翁同龢狀元及第後受翰林院修撰，每年薪資收入不過一百多兩，但是他的生活從來沒有遇到什麼窘迫。因為翁氏一族在北京仕宦多年，他的父親翁心存時任體仁閣大學士，家資豐厚。

而劉光第則出生於貧窮的農民兼小商人家庭。讀《劉光第集》，他的祖父冬天連棉襖都穿不起，成天賴在鄰居家的鐵爐邊不肯走，燻得臉面漆黑，親戚來了都不認識：「隆冬時猶衣敗絮，寒不可支，則竟日負鄰家鐵爐坐不去。面目黧黑，親故至不可辨識」。[10] 到了他父親一代，家境也沒什麼好轉，全家兩三個月才能吃一次肉，一次不過幾兩：「家經變故多，支用絀，入

---

7 《劉光第集》編輯組：《劉光第集》，中華書局（一九八六），頁四五一。

8 《劉光第集》編輯組：《劉光第集》，中華書局（一九八六），頁四三九—四四〇。

9 何剛德說：「余初到部時，京官俸銀尚是六折發給。六品一年春秋兩季應六十兩，六六三十六，七除八扣，僅有三十二兩。後數年，改作全俸，年卻有六十金，京官許食恩，正兩俸補缺後，則兩份六十金，升五品則有兩份八十金。俸之外有米，六品給老米，五品給白米。老米多不能食，折與米店，兩期僅能得好米數石。若白米則尚可不換也。」見何剛德：《春明夢錄》卷下，上海古籍書店一九八三年版。

10 《劉光第集》編輯組：《劉光第集》，中華書局（一九八六），頁三五—三六。

不敷出，食常不買生菜。兩三月一肉，不過數兩。中廚炭不續，則弟妹拾鄰舍木店殘杈剩屑以炊」。[11]

劉光第欽點刑部主事，因家境貧寒不能支持京官生活的浩大費用，沒有進京。後來，他的一位族叔，自貢鹽場紳商劉舉臣，主動提出每年資助他銀二百兩。富順縣令陳錫鬯一度也「亦年助百兩」。[12]這樣，劉光第才在母喪服闋後進京為官。因為自己花費全靠他人捐助，欠著巨額人情債，劉光第自然能省即省，不敢大手大腳。

二

劉光第其實有著強烈的出人頭地欲望，也不怎麼掩飾自己對仕途的熱衷，到北京之後，很想快快升官。蓋因他之讀書，是全家人節衣縮食供出來的，母親甚至「賣屋而買書」，[13]供他讀書。所以全家人發達之願望，皆在他一身。

到刑部上班後，他工作十分勤奮。一般人一個月到衙門上二十天班，就已經算非常勤奮的了，他每個月出勤可達二十八九天。《年譜簡編》載：「銷假就職後到署甚勤，每月必到二十八九次。」[14]在致劉舉臣的信中，他這樣解釋自己為什麼這樣勤奮：「主稿等均勸勤上衙門，一月得二十天都好，如能多上，便見勤敏」。[15]如此勤敏，大家都說，過不了幾年就能升官，「同鄉皆言，如此當法，數年後，必定當紅了」。大家如此鼓勵，他對自己的仕途也很有信心，認為像自己這樣拚命做官，不難飛黃騰達。一八九〇年十二月二十日，他在家信中說：

故就兄一人一身而論，盡可無慮，十數年間，一帆風順，便可出頭。

雖然如此說，事實是十年之間，他卻始終在候補主事一職上不能遷轉。原因一方面是晚清仕途過於擁擠，另一方面則是劉光第個性並不適合混跡官場。

劉光第從小在艱難困苦中長大，個性強硬方剛，能吃尋常人不能吃之苦。《年譜簡編》記載，有一次他走在路上被瘋狗咬傷，為了怕感染病毒，他硬是從附近人家借了把菜刀，活生生把傷口周邊的肉都挖下來了：「一八八六年（光緒十二年丙戌）二十七歲，常步行富瀘間，為瘈犬

11 《劉光第集》編輯組：《劉光第集》，中華書局（一九八六），頁四四。
12 《劉光第集》編輯組：《劉光第集》，中華書局（一九八六），頁四五一。
13 《劉光第集》編輯組：《劉光第集》，中華書局（一九八六），頁四四。
14 《劉光第集》編輯組：《劉光第集》，中華書局（一九八六），頁四五一。
15 《劉光第集》編輯組：《劉光第集》，中華書局（一九八六），頁一九三。

所傷。從鄉人借廚刀削去傷口，鄉人圍觀駭歎。」[16]此舉斷非尋常人所能為，可見其性格之強。

劉光第的另一個性格特點是內向、孤介。對於社交活動，劉光第既不擅長，也不感興趣。除了必不可少的禮儀比如師門的三節兩壽之禮外，[17]平日「少交遊，避酬應」。[18]偶爾應酬，也多獨坐「寡相諧」，坐在那不和別人交流。胡思敬在《碑傳集補》中說他「恂慎寡交，稠人廣坐中，或終日不發一言，官刑曹十餘年，雖同鄉不盡知其名」。他當了十年官，連同鄉都沒認全。他這樣做，原因當然主要是對官場上的喧囂浮華十分看不慣，也不願意對高官做諂媚之態。劉光第也說自己「冷僻猶昔」，「在人稠交」，他「不善作便佞趨承之狀」，以至於「眾皆木石視之」。[19]這樣的性格，自然影響他在官場中廣結機緣，導致遲遲不能升遷。

劉光第的收入中缺少外官「饋贈」等灰色收入。這是因為入仕不久，他就立志要做清官名臣。一八八九年，也就是進京為官的第二年，他就在家信中說，自己要效仿康熙朝的名臣魏象樞，有了親戚的資助，就不收什麼灰色收入，而是力圖保持清廉之節：

昔康熙時魏敏果公（名象樞）為一代名臣，俗所稱保薦十大清官者也。其初得京官時，亦患無力，不能供職，其戚即應酬之，後來竟成名臣。（有人接濟，免致打饑荒，壞人品，此亦魏公之福也。）[20]

因為立志要做名臣，劉光第十分愛惜羽毛，其清峻程度遠過於曾國藩。步入官場之初，劉光第也一度和光同塵，接受過一些饋贈。[21]後來，隨著做清官名臣的人生規畫日益清晰，他開始拒絕絕大多數官員視為正常的饋贈：「兄……不受炭別敬（方寫此信時，有某藩司送來別敬，兄以向不收禮，璧還之）。」[22]甚至連好朋友的幫助他也不要，因為他不想沾染任何灰色收入。有一個好朋友發了筆小財，得到三四千兩白銀，想幫他一把，也被他拒絕：「京中今年結費太壞，用頗不敷。掄三（劉光第的朋友王掄三）已補員外，別項進款約三四千金，平時頗知兄，常欲分潤，

16　《劉光第集》編輯組：《劉光第集》，中華書局（一九八六），頁四五〇。

17　劉對師門應酬從不懈怠。「秋節在即，各處師門，餽送方殷（第自奉事事從儉，唯應酬師門一事，斷不敢菲薄）」師門應酬周到，不為有所干求，而只是盡師生之情：「誠欲自奉儉約，多餘點數，以為師門應酬，並非有所干求，只是情不能已」。見《劉光第集》編輯組：《劉光第集》，中華書局（一九八六），頁一九六。

18　《劉光第集》編輯組：《劉光第集》，中華書局（一九八六），頁四五三。

19　《劉光第集》編輯組：《劉光第集》，中華書局（一九八六），頁二三〇。

20　《劉光第集》編輯組：《劉光第集》，中華書局（一九八六），頁二〇〇。

21　比如一八九一年十二月十六日這封家書中透露的：兄京寓諸尚穩適，今歲外來冰炭費稍多於前年而仍形不足者。良以入數微多出數亦因之以多。諺所謂「水漲船高」是也。見《劉光第集》編輯組：《劉光第集》，中華書局（一九八六），頁二二五。

22　《劉光第集》編輯組：《劉光第集》，中華書局（一九八六），頁二八七。

露於言句，不知兄不敢受也。」甚至有人看他成天穿著破舊衣服，想給他兩件衣服，他也不要：「趙寅臣欲出京時，欲以紗麻等袍褂相送，因兄所穿近敝故也，兄亦婉而卻之而已」。[23]這樣他就失去了「他人饋贈」這一京官頗為重要的收入來源。

及至後來因參與變法而獲得重用後，他的作風在軍機中也獨樹一幟。升了官，別人都要給報信的太監賞錢，只有他一個錢不給：「向例，凡初入軍機者，內侍例索賞錢，君持正不與」。不僅如此，誰家有事，他也不隨禮：「禮親王軍機首輔，生日祝壽，同僚皆往拜，君不往；軍機大臣裕祿擢禮部尚書，同僚皆往賀，君不賀；謂時事艱難，吾輩拜爵於朝，當劬王事，豈有暇奔走媚事權貴哉？其氣節嚴厲如此」。[24]

當了軍機章京，別人每年都可以收到大筆外官送的禮金，只有他一文不要：「（光第）性廉介，非舊交，雖禮饋皆謝絕。既入直樞府，某藩司循例饋諸章京，君獨辭卻。或曰：『人受而君獨拒，得毋過自高乎？』君赧然謝之。」[25]

如此做官之法，使得他升官反而更為賠錢，每年要賠五百兩。他自己在家信中說：「兄又不分軍機處錢一文（他們每年可分五百金之譜，貪者數不止此）……如不當多時，所賠猶小；如尚不能辭脫，則每年須乾賠五百金。」

基於以上原因，劉光第的生活自然擺脫不了艱窘。他在書信中描述自己的生活說，因為今年收入少，所有家務，都是老婆帶一女僕親自處理：「兄今年京中尤窘迫非常，以致連廚手亦不能請了，全是一婢女與敝室同操作，日無停趾」。[26]家裡愈發破舊得不像樣子：「去夏大雨後，頂槅全漏，爛紙四垂，屢次覓裱糊匠不得（通京俱從新裱糊，匠人忙極）。及覓得，又以價太昂，屢相齟齬，直至冬月，始迫於不得已，費十餘金，乃收拾完好。……唯是頂棚未裱好時，客廳堵事，俱頗潦草。」[27]

這種貧困狀況貫穿了劉光第京官生涯的始終。一般人苦熬苦做做京官，一是期望能在級別上快些升上去，二是期望能外放到外地做地方官，收入可以名正言順地大漲。資助他的族叔也是這樣期望。可惜，因為參與維新變法，劉光第沒有迎來自己經濟狀況改善的那一天就斷送了性命，他的族叔也沒能收回投資。他在變法失敗後被捕之時，連執行抓捕任務的官兵都驚歎他家之窮：「緹騎見傢俱被帳甚簡陋，夫人如傭婦，皆驚詫曰：『乃不是一官人！』」[28]

23《劉光第集》編輯組：《劉光第集》，中華書局（一九八六），頁二三三。
24《劉光第集》編輯組：《劉光第集》，中華書局（一九八六），頁四三六。
25《劉光第集》編輯組：《劉光第集》，中華書局（一九八六），頁四三九—四四〇。
26《劉光第集》編輯組：《劉光第集》，中華書局（一九八六），頁二〇七—二〇八。
27《劉光第集》編輯組：《劉光第集》，中華書局（一九八六），頁二〇七—二〇八。
28《劉光第集》編輯組：《劉光第集》，中華書局（一九八六），頁四五七。

三

作為一個龐大的群體，京官的生活水準自然不盡相同。雖然明清兩代京官通常都很窮，但是並不是說所有京官都生活在困窘當中。京官之中，也少部分人身處巨富階層。

這些人一般分兩類。一類是立身不謹的重臣權臣，因為掌握的資源廣而巨，夤緣攀附者門庭若市，所以營私肥己的空間很大。典型代表當然非清中期的和珅和晚期的奕劻莫屬。

另一類是「肥缺」官員。京官中有些職務，表面不顯山露水，但「實惠」卻非常之巨，比如內務府及戶部的某些職官、銀庫官員、各榷關稅務官員等。但是他們絕大多數是滿人，這是因為清代的「首崇滿洲」的民族政策。王志明說：

> 中央機關的滿缺最多，據《清朝文獻通考》的記載，一七八五年朝官中滿洲缺、蒙古缺、漢軍缺、漢缺分別是二七五一、二五三、一四二、五五八名，其中戶部和工部的某些機要部門如銀庫、緞匹庫、火藥局等，全為滿缺所獨占。可見要津和中央機關為滿人所控制，牢固了滿人的統治權。[29]

這類滿族京官自然活得特別滋潤。那桐就是其中的代表。

那桐是中國近代史上的一位重要人物，晚清歷任戶部尚書、外務部尚書、總理衙門大臣、軍機大臣、內閣協理大臣等要職，對晚清政局產生過重要影響。在這裡我們不論其政績，只來看一看他的經濟生活。

那桐乃內務府鑲黃旗滿洲人，姓葉赫那拉氏，咸豐六年（一八五六）生於北京。他的家族是內務府世家，家資豐厚。不過和大部分內務府紈綺子弟不同，他自幼肯於讀書，並且取得了舉人功名，這在滿人中算得上相當難得，所以被人稱為晚清「旗下三才子」之一。他又頗有辦事才幹，在滿族官員當中屬於一位「能員」，所以升遷之路相當順遂。

那桐留下了一部日記，讀這本日記，我們發現，從青年時代起，那桐的生活就是極為優裕甚至奢華的。

那桐的住宅位於金魚胡同，這是一座豪華宅邸，是一座橫向並聯的七跨大院，占地二十五畝之多，房屋三百多間。特別是其中的「那家花園」「台榭富麗，尚有水石之趣」，[30]聞名京師。

《那桐日記》起自光緒十六年（一八九〇）。從日記記載來看，那桐幾乎天天都是在飲宴應

---

29 王志明：《雍正朝官僚人事探析》，華東師範大學（二〇〇三），頁一六。

30 賈珺：〈台榭富麗水石含趣——記清末京城名園那家花園〉，《中國園林》，二〇〇二年，頁七一。

酬、唱戲聽曲中度過，生活既按部就班，又富足滋潤。比如光緒二十二年三月，他共有十九天赴宴或者在家宴請別人，「約晚飲」、「到同興樓小食」、「赴福壽堂之約」、「在家晚飲」、「赴九九園消寒九集」、「到福全館晚飯，談崇文門公事」、「同和樓晚飯」、「赴九九園之約」……名目繁多，經常子正才歸。[31]除了日常錦衣玉食外，「那家愛聽戲，經常一唱就是一整天，甚或連唱幾天。那家花園經常舉辦各種演出，京戲名角大都是那家的常客」。[32]

在晚清時代，能不能玩得起「西洋玩意兒」是一個家庭是否有實力的重要標誌。一八九七年有一次赴天津旅遊之後，那桐迷戀上了西洋事物，從那一年起，「那家隔三岔五吃西餐，買洋貨。……坐汽車、安電話，甚至買汽車，反正什麼東西時髦，那家便很快擁有」。[33]

那桐日常應酬手筆也很大。日記記載，光緒二十二年（一八九六）四月初九日，「熙大人宅」有喜事，他出二百兩白銀。[34]光緒二十四年他升為正部級後，到各處拜謝老師，送給榮祿銀一千兩，其他送崇綺等十一人，從四十兩至一百兩不等。[35]光緒二十五年，慶親王女兒結婚，他送「大裁江綢二套，九件荷包二匣，宴席二桌，紹酒二壇，茶葉百斤，羊燭百斤，喜分百金」，[36]日記中經常可見他借錢給別人，比如光緒二十四年六月十六日，倫貝子借去一千兩京松銀。[37]

四

那桐的生活水準如此之高，來自三個方面的因素。第一是那桐的特殊出身。那桐出身內務府，家底本來就很厚。

第二個因素也是最重要的因素，是那桐一生工作多與經濟收支有關，且多次屬肥缺。中舉之前，那桐因為精明能幹，就經常被派一些臨時性職務，比如「充戶部恭辦皇帝大婚典禮處派辦司員」、「充恭辦皇帝萬壽慶典總辦」。[38] 雖然都是臨時充任，但這些皇家慶典，例來開支浩大，承辦人員扯虎皮做大旗，有許多可乘之機。甚至修辦光緒朝《大清會典》這類看起來沒什麼油水的工程，也有很大閃展騰挪空間。光緒二十五年，那桐任《大清會典》館提調官，事

31 北京市檔案館編：《那桐日記》，新華出版社（二〇〇六），頁二〇三—二〇六。
32 孫燕京：〈從〈那桐日記〉看清末權貴心態〉，《史學月刊》二〇〇九年第二期，頁一二四。
33 孫燕京：〈從〈那桐日記〉看清末權貴心態〉，《史學月刊》二〇〇九年第二期，頁一二三。
34 北京市檔案館編：《那桐日記》，新華出版社（二〇〇六），頁二〇七。
35 北京市檔案館編：《那桐日記》，新華出版社（二〇〇六），頁三〇〇。
36 北京市檔案館編：《那桐日記》，新華出版社（二〇〇六），頁三二四。
37 北京市檔案館編：《那桐日記》，新華出版社（二〇〇六），頁二八一。
38 北京市檔案館編：《那桐日記》附錄，《那桐親書履歷本》，新華出版社（二〇〇六），頁一〇七九。

畢將工程用剩下的六萬兩白銀交還朝廷，得到慈禧太后的專旨表彰，說他「奉公潔已，辦事認真」。[39]這件「小事」能引起最高層的注意，說明這六萬兩如果想法分掉，才更符合那時官場之慣例。

那桐長期擔任戶部的職務。戶部的職掌均與經濟財政相關，戶部官員的公開收入名正言順地高於其他部門：「各部之中，以戶部為較優。」[40]那桐長期任職戶部，到底獲得多少收入未見記載，不過他自光緒十一年至十九年在錢法堂當差，做到主事。十一年起在捐納房當差，光緒十八年任總辦，直至光緒二十四年。這幾個地方都是極有油水的所在。此外他還在貴州司掌過印。那桐為人，並不在意清節，反而是貪名久著，正如攝政王載灃的胞弟載濤在回憶錄中說「那桐平日貪得無厭」，「只認得錢」，「亦是著名的大貪污者」，[41]所以在戶部期間，他的收入應該就已經不菲。

那桐還出任過一些著名的肥缺。

第一個肥缺，就是「戶部銀庫郎中，佩帶銀庫印鑰」。戶部銀庫是收貯各地送到京師的賦稅餉銀之所。

眾所周知，銀庫一直是清代財政中水最深的部門，那桐在這個正五品的職務上每年的養廉銀五千兩，除此之外到底有多少灰色收入，他在日記中當然不可能透露。不過在擔任銀庫郎中後的第二年，他就開始在京城繁華地段經營當鋪。《那桐日記》光緒二十三年八月廿四日記載：

> 余托孟麗堂價買北新橋北大街路東增裕當鋪作為己產。計占項一萬二千餘金，架本三萬金，存項一萬金，統計領去五萬三千餘金。[42]

時隔一年多，那桐再次購買當鋪。光緒二十四年十月十五日那桐在日記中寫道：

> 余托孟麗堂價買燈市口北，東廠胡同口外，路東元豐當作為己產，改字型大小曰「增長」。總管為孟麗堂，價本市平松江銀三萬兩，占項市松一萬七千兩，存項京松二萬五千兩，統計市松七萬二千餘金。[43]

這兩筆高達十二萬餘兩的巨額投資顯然不是他的公開收入所能承擔的。事實上，分析那桐的

---

39 北京市檔案館編：《那桐日記》，新華出版社（二〇〇六），頁三二七。

40 何剛德：《春明夢錄》卷下，上海古籍書店（一九八三）。

41 載濤：《載灃與袁世凱的矛盾》，全國政協文史資料研究會編：《晚清宮廷生活見聞錄》，文史資料出版社（一九八二），頁八二。

42 北京市檔案館編：《那桐日記》上冊，新華出版社（二〇〇六），頁二五二。

43 北京市檔案館編：《那桐日記》上冊，新華出版社（二〇〇六），頁二九三。

升遷之路，我們可以很清楚看到，銀庫郎中一職是他宦途升騰的關鍵點，在此之前，他一直是中低級京官，在此之後僅一兩年間就躋身高級京官，後更飛黃騰達成了軍機大臣、文淵閣大學士。

那桐做過的另一類肥缺是「派充左翼稅務委員」、「崇文門正監督」等稅收官員，也是著名的肥缺。

清代稅關官員都是肥缺，崇文門稅關更是肥中之肥。崇文門稅關處於萬方輻湊的京師，商賈往來頻繁，徵稅總額巨大，此關的稅務官員和胥吏很容易暴富。[44]清代巨貪和珅之發家致富，一個重要來源就是擔任崇文門監督所獲收入。那桐擔任這些職務的具體收入我們不得而知，但從他一生行跡來看，我們可以肯定的是他不會潔身自好。

除去前述兩個因素，那桐個人的理財水準也是一個關鍵因素。那桐極具經濟頭腦，擅長理財，「這也許與他長年在北檔房、戶部工作不無關係。他辦事經常習慣性地核算成本，比如光緒十六年（一九八〇年），第一次隨兩宮赴東陵謁陵，來回十餘天，回來他曾算了一筆帳，『此次一役除戶部應領津貼銀四十兩，尚須賠數十金』。他熱衷於從事各種經營活動。比如，他經營商鋪、置田產、地產、買房產、出租房屋，把自家的經濟活動搞得有聲有色」，[45]資產積聚相當迅速。

那桐的經營活動中，獲利最豐的當屬當鋪。清代皇族和大員熱衷於開典當業，這是因為開當鋪稅收少，獲利豐厚。據夏仁虎記載：「質鋪九城凡百餘家，取息率在二分以上。」[46]

那桐生活優裕奢華的最後一個原因，是他的性格因素。與晚清大部分滿族官員一樣，那桐雖然是「能員」，但他的「能力」僅限於操辦具體事務，對朝廷大政，國家興衰，他從沒表現出什麼獨到的政治見解或思想主張。圓融、開朗、外向和精明使他很善於構建自己的人際關係網，在國步艱難之際仍然全力經營自己的「幸福生活」。從《那桐日記》看，他每年春節登門拜年往還的數字相當驚人。光緒十六年（一八九〇），那桐三十四歲，身為中級京官，當年正月初一至十五，他登門所拜的人家約計二百六十家，第二年春節期間，拜年約三百三十餘家。官至一品後，前往各府拜會的數量略有減少，但來訪的客人卻明顯增加。成為重臣的一九〇四至一九一一年，那家每年過年更是門庭若市。這自然也預示著他灰色收入的來源愈來愈廣：除去附加效應不提，最直觀的收穫是每個登門者所攜的節禮。那桐日記中記載的「持贄」者中，所持最高的為一千金。[47]

所以，雖然國難重重，但因那桐經濟實力雄厚，人際關係廣泛，性格開朗樂觀，在晚清社會政治灰暗沉鬱的大背景下，他的生活卻是一派陽光、熱鬧和快活。看《那桐日記》九十萬言中，

---

44 萬依：〈供宮廷及稅官染指的「崇文門」〉，《故宮博物院院刊》一九八七年第二期，頁二六。
45 孫燕京：〈從〈那桐日記〉看清末權貴心態〉，《史學月刊》二〇〇九年第二期，頁一二六。
46 夏仁虎：《舊京瑣記》卷九《市肆》，民國刻本，首都圖書館北京地方文獻部藏。
47 北京市檔案館編：《那桐日記》，新華出版社（二〇〇六），頁五三五。

最頻繁的記載是家居生活、飲宴應酬、禮尚往來的繁忙和享受。不論年歲如何，每逢年節，那家肯定會舉辦各種頻繁奢華的飲宴聚會。甚至國難臨頭之際，遇到紅白喜事也從未草率行事，各種喜份、奠份一絲不苟。孫燕京在〈從〈那桐日記〉看清末權貴心態〉中寫道：

「一八九〇至一九一一年間，那家的娛樂活動多得不可勝計。如果外出聽戲（包括入宮聽戲）、看花燈……出遊不計算在內的話，那桐及家人最鍾愛的文娛活動是堂會，內容包括什不閑、八角鼓、大鼓書、說書、影戲（含皮影、幻燈）、洋傀儡戲（木偶戲）和京劇。雙處評書、抓髻趙什不閑、子弟什不閑、馬老什不閑、馬老八角鼓，多是那家固定邀請的演員，甚至成為門客。日記裡常提到這些演員的名字，有時還進行評論和比較。什不閑很受那家老少的歡迎，隔三差五就會被請到那家來娛樂一番。家庭祝壽，友朋拜壽多以演戲為樂，甚至把京劇當成『賀禮』相互送來送去。一九〇三年，那桐的二女兒十九歲生日，『在新西花廳唱安慶高腔戲一天，倫貝子、誠玉如、三祝、小川、彭子嘉、陶杏南送昆戲六齣，來客甚多，午正開戲，子初散』。」[48]「對這些活動，那桐總是興致勃勃，樂此不疲，偶爾才會感慨兩句『忙累』、『倦極』」。[49]「幾乎未間斷記日記的晚清到民國的三十五年裡，那桐絕少出現失望、煩躁、不安、不如意、心灰意懶等負面情緒。相反，倒是興奮、昂揚、興味盎然、興致勃勃、心滿意足表現得淋漓盡致。」[50]

綜前所述，那桐是京官中優裕派的典型。清代優待滿族的特殊政策，內務府出身的背景和屢署肥缺，使他擁有了雄厚的家底。而善於理財投資的天賦，「貪財好利」和開朗圓滑的個性，推動他在動盪的政治大背景下斂財投資，成為京城巨富，其生活水準是曾國藩等普通漢族京官無論如何難以達到的。

48 孫燕京：〈從〈那桐日記〉看清末權貴心態〉，《史學月刊》二〇〇九年第二期，頁一二六。

49 孫燕京：〈從〈那桐日記〉看清末權貴心態〉，《史學月刊二》〇〇九年第二期，頁一二三。

50 孫燕京：〈從〈那桐日記〉看清末權貴心態〉，《史學月刊》二〇〇九年第二期，頁一二二。此段直接引文以外部分也主要參考了此文。

國家圖書館出版品預行編目資料

低薪的盛世：從俸祿窺看中國二千年官場經濟與腐敗人性／張宏杰著. -- 初版. -- 臺北市：麥田, 城邦文化出版：家庭傳媒城邦分公司發行, 民106.09
面； 公分. --（歷史選書；65）
ISBN 978-986-344-483-1（平裝）
1. 官制 2. 薪資 3. 中國史
573.43 106012774

歷史選書65

低薪的盛世：從俸祿窺看中國二千年官場經濟與腐敗人性

作　　者／張宏杰
特約編輯／吳　菡
主　　編／林怡君

國際版權／吳玲緯　蔡傳宜
行　　銷／艾青荷　蘇莞婷　黃家瑜
業　　務／李再星　陳美燕　枏幸君
編輯總監／劉麗真
總 經 理／陳逸瑛
發 行 人／凃玉雲
出　　版／麥田出版
10483臺北市民生東路二段141號5樓
電話：(886)2-2500-7696　傳真：(886)2-2500-1967
發　　行／英屬蓋曼群島商家庭傳媒股份有限公司城邦分公司
10483臺北市民生東路二段141號11樓
客服服務專線：(886) 2-2500-7718、2500-7719
24小時傳真服務：(886) 2-2500-1990、2500-1991
服務時間：週一至週五09:30-12:00・13:30-17:00
郵撥帳號：19863813　戶名：書虫股份有限公司
讀者服務信箱E-mail：service@readingclub.com.tw
麥田網址／https://www.facebook.com/RyeField.Cite/
香港發行所／城邦（香港）出版集團有限公司
香港灣仔駱克道193號東超商業中心1樓
電話：(852)2508-6231　傳真：(852)2578-9337
E-mail：hkcite@biznetvigator.com
馬新發行所／城邦（馬新）出版集團【Cite(M) Sdn. Bhd. (458372U)】
41, Jalan Radin Anum, Bandar Baru Sri Petaling, 57000 Kuala Lumpur, Malaysia.
電話：(603)9057-8822　傳真：(603)9057-6622
電郵：cite@cite.com.my

封面設計／黃聖文
印　　刷／前進彩藝有限公司

■2017年（民106）9月14日　初版一刷　Printed in Taiwan.

定價：380元

ISBN 978-986-344-483-1